insel taschenbuch 2849
Reinhard Pohlke
Das wissen nur die Götter

Reinhard Pohlke
Das wissen nur die Götter

Deutsche Redewendungen
und ihr griechischer Ursprung

Insel Verlag

Umschlagfoto: Bavaria/Getty Images

insel taschenbuch 2849
Erste Auflage 2002
Insel Verlag Frankfurt am Main und Leipzig 2002
© 2000 Artemis & Winkler Verlag, Düsseldorf/Zürich
Vertrieb durch den Suhrkamp Taschenbuch Verlag
Umschlag nach Entwürfen von Willy Fleckhaus
Satz: Hümmer GmbH, Waldbüttelbrunn
Druck: Nomos Verlagsgesellschaft, Baden-Baden
Printed in Germany

1 2 3 4 5 6 – 07 06 05 04 03 02

Inhalt

Vorwort 9
Abkürzungsverzeichnis 13

Lexikonteil · Von »A und O« bis »Zyniker« 15

Literaturhinweise 301

Vorwort

Griechisches im Deutschen

Es ist bekannt, daß viele deutsche Fremd- und Lehnwörter auf das Griechische zurückgehen (z. B. »Chaos«, »Telefon«, »Philosophie«). Doch dies gilt auch für eine Fülle von übertragenen Begriffen und Redewendungen: → »Augiasstall«, → »Sirenengesang«, → »Danaergeschenk« oder → »Prokrustesbett« gehen auf Motive der griechischen Mythologie zurück, anderes, das → »Damoklesschwert«, → »Krösus« oder → »herostratischer Ruhm«, auf die griechische Geschichte und Kultur. Bei dem, was keine antiken Eigennamen enthält, ist man sich des griechischen Ursprungs oft gar nicht bewußt: → »aus einer Mücke einen Elefanten machen«, → »wissen, wo der Schuh drückt«, → »ins Gras beißen«, → »an der Nase herumführen« – all dies konnte man so oder in ähnlicher Formulierung schon im alten Griechenland sagen.

Die meisten dieser Wendungen sind im Humanismus, dem Zeitalter der Wiederentdeckung der Antike um 1500, über das Lateinische ins Deutsche eingegangen, teils sind sie aber auch schon früher aus dem Lateinischen oder direkt aus dem Griechischen übernommen oder nach einem griechisch-römischen Motiv gebildet worden.[1] Heute finden sie sich bei genauem Hinsehen in Literatur und Musik, in Rundfunk und Fernsehen, in Zeitungen, Zeitschriften, Comics und bisweilen sogar in Alltagsgesprächen. Eine weitere große Fundgrube ist die Werbung, in der Sprichwörter und

[1] Der Humanist Jakob Wimpfeling (1450-1528) sprach wegen der vielen damals modischen lateinischen »Stilblüten« (flores Latini) als erster von einem »verbliemten Dutsch« (verblümten Deutsch).

Redensarten gern – um des Effektes willen meist leicht abgewandelt – verwendet werden. Oft spielt ein bloßer Produktname auf ein antikes Motiv an: Wenn sich eine Werbeagentur »Sisyphos«, eine Kneipe »Tantalos«, eine Optikerkette »Apollo« nennt,[2] dann werden Gestalten aus der griechischen Mythologie bemüht: Sisyphos mußte sich gewaltig anstrengen (→ Sisyphusarbeit), Tantalos hatte einen Riesenappetit (→ Tantalusqualen), und der Gott Apollo sorgte für Licht und damit für gutes Sehen (→ apollinisch). Auch für solche Anknüpfungen will dieses Buch den Blick schärfen und das Verständnis erleichtern.

Bildhafte Redeweise

Bei den Stichworten in dieser Sammlung handelt es sich um:
a) Einzelwörter (z. B. → »Dilemma«, → »Koloß«, → »Pyrrhussieg«),
b) sprichwörtliche Redensarten (z. B. → »auf Rosen gebettet sein«, → »Glück im Unglück haben«)[3] oder
c) »echte« Sprichwörter, also Sätze, die eine feste Formulie-

[2] Ich entnehme diese Beispiele der Glosse »Mein Name sei Omega« von Peter Bender aus der »Zeit« vom 15. 9. 1995. [3] Im Gegensatz zum bildkräftigen Einzelwort ist eine sprichwörtliche Redensart ein zusammengesetzter bildhafter Ausdruck, der in seiner Formulierung stehend, aber in seinem sprachlichen Zusammenhang meist noch nicht festgelegt ist. So heißt es z. B. stets → »die Gelegenheit beim Schopfe fassen« (nie »beim Schopfe ziehen« oder »an den Haaren fassen«), aber erst im ganzen Satz wird festgelegt, wer wann welche Gelegenheit beim Schopfe faßt. Manche sprichwörtlichen Redensarten sind aber auch feststehende Formeln oder Ausrufe (z. B.→ »Das wissen die Götter!«), sind dann aber inhaltlich immer auf das vorher oder nachher Gesagte bezogen.

rung aufweisen[4] (z. B. → »Eine Schwalbe macht noch keinen Sommer«, → »Zeit ist Geld«).

Allen diesen »idiomatischen« (d. h. bildhaften) Ausdrucksweisen ist gemeinsam, daß mit ihnen etwas anderes gemeint ist als der bloße Wortlaut: Mit → »drakonisch« z. B. meinen wir beispielsweise nicht ein Gesetz, das tatsächlich auf den athenischen Gesetzgeber Drakon zurückgeht, sondern eine Strafe, die hart und mitleidslos ist *wie* dessen Gesetze, die auf diese Weise durch unseren Begriff »drakonisch« sprichwörtlich geworden sind.

Auch das Zitat an passender Stelle (z. B. »Der Würfel ist gefallen«, »Nichts im Übermaß«) ist eine Art der übertragenen Rede, da mit der Zitierung eine bestimmte Botschaft an den Gesprächspartner verbunden ist. Doch ist im folgenden bewußt auf Zitate verzichtet worden, weil sie kaum zur alltäglichen Rede gehören und sich bei Bedarf in gängigen Zitatenlexika gesammelt finden lassen.[5] Allerdings sind Aussprüche dann aufgenommen worden, wenn sie im Deutschen nicht mehr als Zitat empfunden werden und damit zu einem Sprichwort geworden sind (z. B. → »Arbeit schändet

[4] Anders als eine sprichwörtliche Redensart ist ein Sprichwort stets ein abgeschlossener Satz in fester Formulierung und drückt eine allgemeingültige Erfahrung, Einsicht oder Aufforderung aus (z. B. »Es ist noch kein Meister vom Himmel gefallen«); es kann bildhaft sein, muß es aber nicht (ohne Bild ist z. B. »Ende gut – alles gut«). Der Übergang von einer sprichwörtlichen Redensart, die in sprachlichem Zusammenhang steht, zu einem Sprichwort ohne einen solchen ist manchmal fließend (»Er ist durch Schaden klug geworden« – »Durch Schaden wird man klug«), doch existiert meistens nur eines von beiden.
[5] Für das Griechische recht reichhaltig ist z. B. die Sammlung von Klaus Bartels (siehe Literaturverzeichnis); für das Lateinische empfiehlt sich Karl Bayer, Expressis verbis. Lateinische Zitate für alle Lebenslagen, Düsseldorf/Zürich ³1996.

nicht«, → »Liebe macht blind«, → »Das Leben ist ein Puppenspiel«).[6]

Motive und Entlehnungen aus dem griechischen Neuen Testament sind übrigens nur in Ausnahmefällen berücksichtigt (z. B. → »A und O«), da dieses im hellenistisch-vorderasiatischen Umfeld entstanden und somit weniger der »klassischen« griechischen Gedankenwelt zuzuordnen ist; auf das Neue Testament zurückgehende Sprichwörter und Begriffe verzeichnen die entsprechenden Sammlungen und Bibellexika.

Hilfreiche Hinweise

Die meisten der alphabetisch aufgelisteten Begriffe und Wendungen sind im heutigen Deutsch noch gang und gäbe; solche, die hingegen nur noch selten oder fast gar nicht mehr gebraucht werden, sind mit einem Stern (*) markiert. Der kleiner gesetzte Teil am Ende jedes Artikels enthält Stellennachweise und verschiedene Hinweise auf benutzte oder weiterführende Literatur, auf literarische Nachwirkung, Verwendungsbeispiele und Entsprechungen in anderen Sprachen (vgl. das folgende Abkürzungsverzeichnis, dort findet sich auch ein Hinweis bezüglich der Abkürzungen der antiken und mittelalterlichen Quellen sowie der Textsammlungen). Vollständigkeit ist bei all diesen Anmerkungen verständlicherweise weder jemals erreichbar noch überhaupt

---

[6] Die Entstehung einer sprichwörtlichen Redensart (oder eines Sprichworts) aus einem Zitat beschreibt Röhrich 1,29 treffend so: »Ein Zitat wird dann zu einer Redensart, wenn es anonym, verfügbar geworden ist, wenn eben nicht mehr ›zitiert‹ wird. In dem Augenblick, wo bei einem Zitat der literarische Urheber vergessen wird, ist der Schritt zur Redensart schon getan.«

beabsichtigt, weshalb auch mehrfach nur auf weiterführende Werke verwiesen wird. Für Ergänzungsvorschläge bin ich – ebenso wie für Kommentare und Hinweise aller Art – dem mitdenkenden Leser jederzeit dankbar und bitte um Mitteilung unter der E-Mail-Adresse reinhard@pohlke.de.

Ich hoffe nun, daß der Leser oder die Leserin mit diesem Buch auf Entdeckungsreise geht und sich der griechischen Antike über den eigenen deutschen Sprachgebrauch einmal auf andere Weise nähert. Dabei kann diese Sammlung zwar gewiß kein → »ktema es aei« sein, aber doch zumindest ein »Leitfaden« (→ »Ariadnefaden«) in die noch recht lebendige altgriechische Welt.

Abkürzungsverzeichnis

Zum Anmerkungsapparat

L̲ verwendete neuzeitliche Literatur v. a. zu den sprachlichen Ausführungen des Stichworts, daneben ggf. Hinweise auf weiterführende historische, religionsgeschichtliche, kunstgeschichtliche oder andere Literatur, wenn darin auf Ursprung, Bedeutung oder Nachwirkung des beschriebenen antiken Motivs ausführlich eingegangen wird

[1], [2] … Nachweise zu einzelnen Details der Ausführungen, insbesondere Quellenbelege; daneben auch Hinweise z. B. auf spezielle Literatur

R̲ weitere Rezeption eines Motivs in der Literaturgeschichte, d. h. Nennung von Dramen, Gedichten, Opern etc.

B̲ ausgewählte Textbeispiele für die Verwendung des Wortes oder der Wendung in der Literatur

S̲ Entsprechungen in anderen Sprachen

Allgemeine Abkürzungen

*	wenig oder fast nicht mehr in Gebrauch	ndl.	niederländisch
		neugr.	neugriechisch
ā	lang ausgesprochener Vokal (z. B. hier langes a)	o.	oder
		o. g.	oben genannt
		o. J.	ohne Jahr
a̱	betonter Vokal (z. B. hier betontes a)	o. O.	ohne Ort
		o. Z.	ohne Zählung
Abb.	Abbildung(en)	Pl.	Plural (Mehrzahl)
Adj.	Adjektiv (Eigenschaftswort)	Pt.	Partizip (Mittelwort)
		russ.	russisch
ahd.	althochdeutsch	Schol.	Scholien (antike Textkommentare)
altind.	altindisch		
Bez.	Bezeichnung	schwed.	schwedisch
dän.	dänisch	Sg.	Singular (Einzahl)
dass.	dasselbe	sog.	sogenannt
ders.	derselbe	Sp.	Spalte(n)
dt.	deutsch	span.	spanisch
ed.	*[editus]* herausgegeben von …	Subst.	Substantiv (Hauptwort)
engl.	englisch	s. v.	[sub voce] unter dem Stichwort …
Fr.	Fragment(e)		
frz.	französisch	Taf.	Tafel(n)
griech.	griechisch	u.	und
ital.	Italienisch	umgspr.	umgangssprachlich
Kap.	Kapitel	V.	Verse(e)
lat.	lateinisch	v. a.	vor allem
Lit.	Literatur	Z.	Zeile(n)
mhd.	mittelhochdeutsch		

Antike Autoren und ihre Werke werden in der allgemein üblichen Weise abgekürzt zitiert, desgleichen Sammelwerke und Lexika (vgl. die Verzeichnisse im Kleinen Pauly, Bd. 1).

A

A und O

Anfang und Ende; das Wichtigste, die Hauptsache, der grundlegende und entscheidende Kern einer Sache.

A und Ω (Alpha [Ἄλφα] und Omega [Ὠμέγα, lat. omega], d. h. »a« und langes »o«) sind der erste und letzte Buchstabe des griechischen Alphabets und stehen für das Wesentliche, von dem eine Sache ganz und gar abhängt.

Der Ausdruck erscheint erstmals als Bezeichnung für Gott bzw. Christus im griechischen Neuen Testament[1] und umschreibt symbolisch alttestamentliche Wendungen, in denen Gott als »der Erste und der Letzte« (d. h. als der Umfassende und Entscheidende) beschrieben wird.[2]

Ⓛ Borchardt-Wustmann-Schoppe 21; Büchmann 62; Duden 11,19; Duden 12,19; Rannacher 5; Röhrich 1,51. [1] Offb. 1,8: »Ich bin das A und das O, der Anfang und das Ende, spricht Gott der Herr ...; Offb. 21,6: »... Ich bin das A und O, der Anfang und das Ende ...«; Offb. 22,13: »Ich bin das A und das O, der Erste und der Letzte, der Anfang und das Ende.« [2]: Jes. 41,4; 44,6; 48,12.

* Aberit

Spießbürger, Einfaltspinsel; abderitisch: dumm, albern, beschränkt; * Abderismus: albernes Handeln, Beschränktheit.

Die Abderiten (Ἀβδηρῖται), Einwohner der Stadt Abdera in Thrakien (Ἄβδηρα, lat. Abdera; heute Ruinen bei Polystylo, Griechenland), galten in der Antike als skurril, einfältig und dumm.[1] Der Grund hierfür ist wohl die Lage der Stadt im »barbarischen« Norden Griechenlands (vgl. → Barbar). Der griechische Schriftsteller Lukian verfestigte den einfältigen Ruf der Abderiten durch seine Schrift »Wie man Geschichte schreiben muß«.[2] Damit sind die Abderiten Vorläufer der deutschen »Schildbürger« (Einwohner von Schilda).[3] Bereits in der Antike wurde »Abderit« sprichwörtlich gebraucht.[4]

Christoph Martin Wieland benutzte die Abderiten in seinem Roman »Geschichte der Abderiten« (1781) als historische Verkleidung, um das damalige deutsche Spießbürgertum zu kritisieren. Er beschreibt sie folgendermaßen: »... und ihre Einbildung gewann einen so großen Vorsprung über ihre Vernunft, daß es dieser niemals wieder möglich war, sie einzuholen. Es mangelte den Abderiten nie an Einfällen: Aber selten paßten ihre Einfälle auf die Gelegenheit, wo sie angebracht wurden; oder kamen erst, wenn die Gelegenheit vorbei war. Sie sprachen viel, aber immer ohne sich einen Augenblick zu bedenken, was sie sagen wollten, oder wie sie es sagen wollten. Die natürliche Folge hiervon war, daß sie selten den Mund auftaten, ohne etwas Albernes zu sagen. Zum Unglück erstreckte sich diese schlimme Gewohnheit auch auf ihre Handlungen [...]. Sie wurden endlich zum Sprichwort unter den Griechen. Ein abderitischer Einfall, ein Abderitenstückchen war bei diesen ungefähr, was bei uns ein Schildbürger- oder bei den Helvetiern ein Lalleburgerstreich ist; und die guten Abderiten ermangelten nicht, die Spötter und Lacher reichlich mit sinnreichen Zügen dieser Art zu versehen.«[5]

[L] Büchmann 363; Otto 1 (Nr. 1) u. Nachträge 94; Rannacher 5; Röhrich 4,1336. [1] Demosth. Über die Verträge mit Alexander 23. [2] Lukian. hist. conscr. 1-2. [3] Eine entsprechende Bezeichnung ist unter anderen z. B. »Schöppenstedter« (nach Schöppenstedt, dem Wirkungsort Till Eulenspiegels).   [4] Beispielsweise Cic. Att. 4,17,3 (über den römischen Senat): »Hier ist Abdera« (Hic Abdera); 7,7,4: »Das ist abderitisch [lächerlich]« (Id est ἀβδηριτικόν); für weitere Belegstellen siehe Otto 1 (Nr. 1).   [5] Christoph Martin Wieland, »Geschichte der Abderiten« Buch 1, Kap. 1.

Abwechslung macht Freude

(lat. variatio delectat): Abwechslung tut gut; aber: (umgspr.) die Abwechslung lieben: häufig die Liebhaber wechseln.

»Abwechslung ist bei allem angenehm«, sagt bei dem griechischen Tragödiendichter Euripides Elektra zu ihrem Bruder Orest;[1] das Wort wurde schon für die Griechen zum geläufigen Sprichwort, was seine mehrfache Zitierung bei Aristoteles zeigt.[2] Die lateinische Fassung »Varietas delectat« erscheint zuerst in der anonymen »Rhetorik an Herennius«[3] und dann bei Cicero und anderen lateinischen Autoren.[4] Heute gebräuchlicher – denn Abwechslung macht ja Freude – ist die gleichbedeutende Abwandlung »Variatio delectat«.

L Bartels 186; Büchmann 301; Der neue Büchmann 367; Duden 11,25.   [1] Eur. Or. 234: »μεταβολὴ πάντων γλυκύ«.   [2] Aristot. eth. Nic. 7,15 (Bekker 1154b): »Abwechslung aber ist gemäß dem Dichter bei allem angenehm« (μεταβολὴ δὲ πάντων γλυκύ, κατὰ τὸν ποιητήν); ähnlich eth. Eud. 7,1 (Bekker 1235a); rhet. 1,11 (Bekker 1371a).   [3] Rhet. Her. 3,12,22.   [4] Cic. nat. 1,9,22; Phaedr. 2, prologus 10; Val. Max. 2,10, externi 1; Iust. praefatio 1; für eine Zitierung von 1591 mit dt. Zusatz siehe Büchmann 301.

Achillesferse

Angreifbare Seite, wunder Punkt, Schwachstelle eines Menschen.

Der griechische Held Achilles (oder Achilleus, griech. Ἀχιλλεύς; lat. Achillēs; dt. auch Achill) wurde von seiner Mutter Thetis durch Eintauchen in den Unterweltsfluß Styx unverwundbar gemacht – bis auf die Ferse, an der sie ihn festhielt.[1] An dieser Stelle traf ihn später der trojanische Prinz und Frauenheld Paris (→ einer Frau den Apfel reichen) mit einem von Apollon (→ apollinisch) gelenkten Pfeil tödlich; freilich wird dies noch nicht in der homerischen »Ilias« geschildert – sie endet mit dem Sieg Achills über Hektor (→ rangehen wie Hektor an die Buletten) –, sondern erst bei späteren griechischen und lateinischen Autoren.[2]

Für die Römer war Achilles der Inbegriff von Schönheit und Schnelligkeit, Kraft und Zorn, nicht aber von Verwundbarkeit; die Redensart von der »Achillesferse« ist erst im Humanismus aufgekommen, im Deutschen sogar erst Anfang des 19. Jh. belegt.[3]

Der Wunsch nach Unverwundbarkeit und das Motiv vom »wunden Punkt« eines Helden (man vergleiche z.B. den Siegfried der Nibelungensage) sind im übrigen weltweit verbreitet.[4]

[L] Borchardt-Wustmann-Schoppe 24-25; Büchmann 72; Duden 12,24; Hunger 2-7; Macrone 186-187; Otto 3 (Nr. 11) u. Nachträge 94.126.231; Rannacher 5; Röhrich 1,63-64; Rössing 132-133. [1] Hyg. fab. 107; Fulg. myth. 3,7; Serv. Aen. 6,57. [2] Apollod. epit. 5,3; Aethiopis ed. Kinkel S. 33-34; Serv. Aen. 6,57; nach Hyg. fab. 107 tötet ihn Apollon selbst in Gestalt des Paris. [3] Borchardt-Wustmann-Schoppe 25; Röhrich 1,64. [4] Röhrich 1,64 mit Lit. [R] Zur breiten Nachwirkung der Achilleus-Figur in der Dichtung siehe ausführlich Frenzel, Stoffe 4-8. Goethe schrieb eine »Achilleis« (Epenfrag-

ment, d. h. 1. Gesang von 8, 1799). B Schiller, Don Carlos 1,6. Popsong: Bob Dylan, »Temporary like Achilles« (»vergänglich wie
Achilles«, 1966). S Engl. »the heel of Achilles« (zuerst Samuel Taylor
Coleridge, der Irland »that vulnerable heel of the British Achilles«
nennt: The Friend, 1810) oder »an Achilles' heel« (zuerst Carlyle,
1864; George Bernard Shaw in einem Brief 1897: »Divorce is the Achilles heel of marriage.«); frz. »le talon d'Achille; russ. »Ахиллесова
пята« (achiljesowa pjata).

Adonis

Schöner junger Mann, Schönling.

Adonis (Ἄδωις, lat. Adon Adonis o. Adoneus), der Sohn
der Myrrha und ihres Vaters, des zyprischen Königs Kiny-
ras, war ein schöner Jäger und Geliebter der Aphrodite.[1]
Deren Ehemann Mars schickte daher einen Eber, der Adonis tötete, und aus seinem Blut entstand das Adonisrös-
chen.[2] Aphrodite erwirkte von den Göttern, daß Adonis
jährlich sechs Monate lang zu ihr in die Welt zurückkehren
dürfe.

In seinem Ursprung eine syrische Vegetationsgottheit,
stand Adonis in hellenistischer Zeit im Mittelpunkt eines
Mysterienkultes, in dem er mit seinem Mythos die jährlich
sterbende und auferstehende Vegetation symbolisierte. Übertragen bezeichnete man in der Antike nicht fest angelegte,
schnell wieder verblühende Beete als »Gärten des Adonis«
(griech. κῆποι Ἀδώνιδος, lat. Adonis/Adonidis horti).[3]

L Büchmann 71; Otto XLII; Rannacher 5; Rössing 71-72.
[1] Theokr. 1,109-110. 15,84-86. 126-144; Apollod. bibl. 3,14,4; Bion
Epitaph. 1,1 u. ö.; Verg. ecl. 10,18; Prop. 2,13,53-54; Ov. met. 10,522-
524. Über den Adonis-Mythos vgl. ausführlich Hunger 7-9; Kerényi
1,62-63. [2] Ov. met. 10,503-739. [3] Plat. Phaidr. 276b; Plin. nat.
19,49; vgl. auch Otto XLII.

* Was gibt es Neues aus Afrika?

(lat. Quid novi ex Africa?): Welche neuen schlimmen
Nachrichten gibt es?

In seiner »Tiergeschichte« schreibt Aristoteles, daß die Tiere
in Afrika am vielgestaltigsten seien: »Und man nennt ein
Sprichwort, daß Libyen [d. h. der Kontinent Afrika] immer
etwas Neues hervorbringt.«[1] Dies wurde bei den Griechen
sprichwörtlich für ständig neue (und eventuell unangenehme) Überraschungen, wie es bei Zenobius überliefert
ist: »Immer bringt Afrika etwas neues Schlimmes hervor:
[Dies sagt man] über die verbrecherischsten Menschen und
die, die sich immer etwas noch neueres Schlimmes ausden-
ken.«[2] Der athenische Komödiendichter Anaxilas variierte
das Wort im 4. Jh. in einem Vers: »Die Musik aber bringt
genau wie Libyen – bei den Göttern! – alljährlich eine neue
Tierart hervor.«[3]

Auch der Römer Plinius d. Ä. erwähnt die griechische Redensart in seiner »Naturgeschichte«.[4] Später wurde daraus
eine sprichwörtliche Frage formuliert (»Quid novi ex Africa?«), die allerdings für die Antike noch nicht nachweisbar
ist. Sie wurde direkt ins Deutsche übernommen.

Eine Anspielung auf die Redensart könnte in dem geflügelten Wort »Vor Paris nichts Neues« (aus Depeschen Pod-
bielskis aus dem Dt.-frz. Krieg 1870/71; d. h. »keine negativen Nachrichten«) vorliegen.[5]

[L] Bartels 146; Büchmann 307.445; Der neue Büchmann 373.
[1] Aristot. hist. an. 8,28 (606b): »καὶ λέγεται δέ τις παροιμία ὅτι ἀεὶ
Λιβύη φέρει τι καινόν; vgl. gen. an. 2,7 (746b): »Und es heißt auch,
daß das, was man über Libyen sprichwörtlich gebraucht: daß Libyen
immer etwas Neues großzieht (... ὡς ἀεί τι τῆς Λιβύης τρεφούσης
καινόν ...), daß man dies wegen der Vermischung auch von nicht Art-

20

gleichen miteinander gesagt hat.« [2] Zenob. 2,51 (CPG 1,45): »... ἐπὶ
τῶν κακουργοτάτων καὶ ἀεὶ προσεξευρισκόντων νεώτερόν τι κακόν.« [3] Anaxilas Fr. 27 (CAF 2,272 273): »ἡ μουσικὴ δ' ὥσπερ
Λιβύη πρὸς τῶν θεῶν | ἀεί τι καινὸν κατ' ἐνιαυτὸν θηρίον | τίκτει.«
[4] Plin. nat. 8,42-43: »Daher auch die volkstümliche Redensart
Griechenlands, daß Afrika immer etwas Neues hervorbringe« (unde
etiam vulgare Graeciae dictum semper aliquid novi Africam adferre).
[5] Dazu ausführlich mit Belegen Büchmann 445; dagegen ist der Buch-
titel »Im Westen nichts Neues« (E. M. Remarque, 1929) an Formeln
aus Kriegsberichten des 1. Weltkriegs angelehnt.

Ägide

**Schirm, Schutz, Obhut (v. a.: unter der Ä. des/der/
von ...).**

Die Aigis oder Ägide (αἰγίς, lat. aegis), ein Ziegenfell, ist
ein von dem Schmiedegott Hephaistos hergestellter Schild
des Zeus, der mit dem Haupt der Gorgo geschmückt und
ringsum mit goldenen Quasten behangen ist; durch das
Schütteln der Aigis entstehen furchterregende Sturmwol-
ken.[1]

In nachhomerischer Zeit leitete man die alte Bezeichnung
des Schildes von αἴξ (Ziege) ab und deutete es als Ziegenfell,
das mit dem »Palladion« (→ Palladium), einem Holzbild der
Göttin Pallas Athene, verbunden und in der Kunst über
Brust und Schultern der Göttin dargestellt wurde.[2]

[L] Duden 11,30; Rannacher 5. [1] Hom. Il. 2,447-449; 5,738-744;
15,307-311; 17,593-595. [2] Der Kleine Pauly 1,164-165 mit weiteren Details und Lit.

* Äginetenlächeln

Kaltes, ausdrucksloses, stereotypes Lächeln.

An den Giebeln des um 500 v. Chr. erbauten dorischen Aphaia-Tempels auf der Insel Ägina (Αἴγινα, lat. Aegina) wurde die Beteiligung Äginas an den Kämpfen um Troja dargestellt;[1] die Kämpfer zeigen ein starres, empfindungsloses Lächeln. Seit 1828 stehen sie nach Erwerb durch Kronprinz Ludwig von Bayern in der Münchner Glyptothek. Sie wurden im 19. Jh. von Bertel Thorvaldsen ergänzt, befinden sich aber seit 1965/66 wieder im ursprünglichen Zustand. Weitere Bruchstücke (gefunden 1901-1907 und seit 1968) befinden sich in den Museen von Ägina und Athen.

Ⓛ Rannacher 5. [1] Der Kleine Pauly 1,161.

Amazone

Kämpferische, starke Frau, Reiterin; amazonisch/amazonenhaft (bei Frauen): stark, kämpferisch; * Zirkusamazone: Reitakrobatin; * Amazonenkleid: Damenreitkleidung; Amazonenspringen: Pferdespringturnier für Frauen.

Die Amazonen (Ἀμαζόνες, spätgriech. auch im Singular Ἀμαζών, lat. Amazon Gen. Amazonis)[1] waren ein sagenhaftes, kriegerisches Frauenvolk im Bereich des Schwarzen Meeres.[2] Um Pfeil und Bogen ungehindert gebrauchen zu können, sollen sich die Amazonen die rechte Brust abgeschnitten oder ausgebrannt haben, weshalb auch die meisten antiken Etymologien den Namen »Amazone« irrtümlich als die »Brustlose« (griech. μαζός Brust) deuteten.[3] Die antiken Autoren stellen die Amazonen als völlig vermännlichte und männerfeindliche Frauen dar, die von den Helden Herakles (der den Gürtel ihrer Königin Hippolyte erringt;[4] → Herkules) und Bellerophon[5] (→ Bellerophonsbrief) bekämpft und natürlich besiegt werden. Im trojanischen Krieg kommen sie unter ihrer Königin → Penthesilea den Trojanern zu Hilfe.[6] Als der attische Nationalheld Theseus die Amazonenkönigin Antiope raubt, ziehen die Kriegerinnen nach Athen, wo sie am → Areopag im Kampf geschlagen werden.[7]

Über die Existenz und das Aussehen eines Amazonenstaates wurde schon in der Antike lebhaft diskutiert. Seinen historischen Kern hat das Motiv der kriegerischen Frauen vermutlich in Reitervölkern im Gebiet der heutigen Ukraine, wo Gräber mit Frauen als Kriegerinnen und sogar Fürstinnen gefunden worden sind.

[L] Büchmann 64; Rannacher 6. Weiterführende kunstgeschichtliche Lit.: E. Bielefeld, Amazonomachia. Beiträge zur Geschichte der Motivwanderung in der antiken Kunst, Halle 1951. [1] Daher findet sich bei Martin Opitz im 17. Jh. noch die Betonung »Amazonen«: »wie die amázonen gleich allen hohen Helden« (Grimm 1,276). [2] Ausführlich: Der Kleine Pauly 1,291-293 und Hunger 29-32 mit weiterführender Lit. [3] Diese finden sich gesammelt bei Robert Maltby, A Lexicon of ancient Latin Etymologies, Leeds 1991, S. 27. [4] Eur. Herc. 408-418; Apoll. Rhod. 2,777.966-969; Diod. 4,16,1. [5] Apollod. bibl. 2,3,2,2; Plut. mul. virt. 9 (mor. 248a). [6] Diod. 2,46,5; Apollod. epit. 5,1; Q. Smyrn. Buch 1; Schol. Lycophr. 999. [7] Diod. 4,28; Plut. Thes. 26-28; Paus. 1,2,1. 1,15,2; Isokr. 4,68.70. [R] Zum literarischen Fortleben des Motivs der kriegerischen oder streitbaren Frauen siehe ausführlich Frenzel, Motive 11-27. Dramen, Dichtungen, Kantaten, Opern und Ballette nennt Hunger 31. [S] Russ. »амазонка« (amasonka).

Ambrosia

Götterspeise, köstliches Gericht; ambrosisch (auch:
* ambrosin): süß, erfrischend, köstlich, göttlich (z. B.:
a. Nächte, Düfte, Wohlgerüche, Locken des Zeus).

Von Ambrosia (ἀμβροσία [von ἀμβρόσιος unsterblich], lat.
ambrosia) und → Nektar ernährten sich die griechischen
Götter.[1] Dabei ist Ambrosia meist eine Speise, Nektar meist
ein Getränk.

Auch die von einigen Insekten (Termiten, Ameisen, Bor-
kenkäfer) gezüchtete Pilznahrung wird Ambrosia genannt.

L Büchmann 66; Grimm 1,277; Rannacher 6. [1] Beispielsweise:
Hes. Theog. 639-642; weitere Quellen: Der Kleine Pauly 1,295-296.
B Belege für das Adjektiv »ambrosin« bietet Grimm 1,277.

* einer Frau den Apfel reichen

Ihr den Preis der Schönheit zuerkennen; * ein goldener
Apfel/goldene Äpfel: etwas höchst Verlockendes.

Im nach ihm benannten »Parisurteil« mußte der trojanische
Prinz Paris einen Streit der Göttinnen Hera, Athene und
Aphrodite um die Schönheit entscheiden und einer von ihnen den von Eris unter die Göttinnen geworfenen goldenen
Apfel (den »Erisapfel«, → Zankapfel) überreichen.[1] Hera
bot ihm Macht, Athene Weisheit und Aphrodite die schönste Frau der Welt. So entschied er sich für Aphrodite und
durfte die wunderschöne Helena aus Sparta entführen, womit er den Trojanischen Krieg auslöste. Das »Parisurteil« ist
ein von der Antike bis heute in Kunst und Literatur sehr
beliebtes Motiv.[2]

Der Apfel, insbesondere der goldene (d. h. der vollkom-
men reife und kostbare), spielt überhaupt in der griechi-

schen Mythologie als Symbol von Liebe und Fruchtbarkeit eine große Rolle: Jenseits des Okeanos dachte man sich einen Göttergarten, ein Hochzeitsgeschenk der Gaia für Zeus und Hera, mit Bäumen voller goldener Äpfel; diese wurden von den Hesperiden (den »Westlichen«) gepflegt und dem Drachen Ladon bewacht, doch gelang es dem Helden → Herkules, sie zu pflücken.[3] Ferner gewann Akontion von Iulis die Hand der Keyxtochter Kydippe, indem er ihr einen Apfel mit der Inschrift »Bei Gott, ich werde Akontios heiraten« zurollte; indem Kydippe die Aufschrift laut vorlas, war sie an den gesprochenen Eid gebunden.[4] Auch gewann Meilanion die Hand der Jägerin Atalante (die alle mit ihr um die Wette laufenden Freier besiegt und getötet hatte), indem er beim Lauf drei goldene Äpfel, ein Geschenk der Aphrodite, fallen ließ, nach denen sich Atalante bückte.[5] Vielleicht wegen dieser Verbindung von Äpfeln und Sexualität wurden die weiblichen Brüste schon in der antiken Dichtung bisweilen als Äpfel bezeichnet.[6] Auch wurde im christlichen Mittelalter die lockende »Frucht« (פְּרִי), in die Adam in der Erzählung vom Sündenfall beißt (1. Mose 3,6), als Apfel gedeutet, der dadurch in der christlichen Symbolik sexuelle Lust und verbotene Erkenntnis (die »Erbsünde«) verkörpert. Daneben wurde der Apfel aber auch zum Symbol weltlicher Herrschaft und als »Reichsapfel« zum Attribut deutscher Könige und Kaiser.

Allgemein für etwas Wunderbares und Verlockendes steht der reife, »goldene« Apfel schon in den Sprüchen Salomos (Kap. 25,11): »Ein Wort, geredet zu rechter Zeit, ist wie goldene Äpfel auf silbernen Schalen.« So lebt er auch literarisch weiter, z. B. bei Goethe: »Ich wußte die goldnen Äpfel des göttlichen Wortes auch aus irdenen Schalen unter gemeinem Obste heraus zu finden«.[7]

L Röhrich 2,471; Stichwörter 12-15 u. Komm. 28-34. [1] Kyprien argumentum (ed. Bernabé Z. 4-11); Hom. II. 24,28-30. [2] Zur Rezeption vgl. ausführlich Hunger 305-308. [3] Zum Garten der Hesperiden vgl. Der Kleine Pauly 2,1117-1118 mit Quellen. [4] Der Kleine Pauly 3,390 mit Quellen. [5] Der Kleine Pauly 1,672 mit Quellen. [6] Aristoph. Lys. 155; Eccl. 903; Theokr. 27,50. [7] Nach Grimm 1,533; weitere Beispiele bei Grimm 1,534.

apollinisch

Strahlend schön, stattlich (z. B.: a. Schönheit, Wuchs, Haltung); * ein Apoll: ein Mensch von strahlend schöner Erscheinung.

Apollon ('Απόλλων, lat. Apollo; Beiname Φοῖβος, lat. Phoebus) war der jugendlich schöne Gott der Musik, Dichtung und Weissagung.

Bereits bei den Römern wurde Apollo als Inbegriff der Schönheit genannt und das Adjektiv »apollinisch« im Sinne von »äußerst schön« verwendet.[1] Der Philosoph Friedrich Nietzsche (1844-1900) deutete Apollon vor allem als Verkörperung von Ordnung und Harmonie und sah im »Apollinischen« das Gegenstück des rauschhaften »Dionysischen« (→ dionysisch).[2]

L Otto, Nachträge 21; Rannacher 6. [1] Beispielsweise Martial 6,29,6: »von apollinischem Aussehen« (Apollineo ore); weitere Stellen nennt Otto, Nachträge 21. [2] Friedrich Nietzsche, Die Geburt der Tragödie aus dem Geist der Musik, 1872.

Arbeit ist keine Schande

(griech. Ἔργον δ᾽ οὐδὲν ὄνειδος. sprich: Ergon d'üden oneidos): Es ist nicht unehrenhaft, seinen Lebensunterhalt durch Arbeit zu verdienen, und man sollte ihr nicht aus dem Wege gehen; auch: Arbeit schändet nicht.

Mit diesen Worten preist der frühgriechische Dichter Hesiod in seinem Gedicht »Werke und Tage« das einfache, arbeitsreiche Leben (siehe auch → der steile Pfad der Tugend): »Von Arbeit aber sind Männer herdenreich und begütert, | und der Arbeitende wird viel lieber sein den Unsterblichen | und auch den Sterblichen; sehr nämlich hassen sie die Untätigen. | [311] *Und Arbeit ist keinesfalls eine Schande*, Untätigkeit aber ist eine. Wenn du aber arbeitest, wird dich bald der Untätige beneiden, | weil du reich bist; und den Reichtum begleiten Ansehen und Ruhm.«[1] Der griechische Schriftsteller Plutarch (um 100 n. Chr.) zitierte den entscheidenden Versteil.[2]

Ähnlich positive Aussagen über die Arbeit – sei es aus Überzeugung oder zum eigenen Trost – finden sich quer durch die Jahrhunderte, z. B. in Schillers »Glocke«: »Arbeit ist des Bürgers Zierde.«

L Bartels 15; Büchmann 291; Der neue Büchmann 358; Duden 11,48; Duden 12,46; Röhrich 1,96-97. [1] Hes. erg. 308-313. [2] Plut. Sol. 2,6.

* Areop_ag

Streng richtende, unparteiische Versammlung (z. B.: der A. des Premierenpublikums).

Der Areopag war der athenische Gerichtshof, der auf dem »Areshügel« (῍Αρειος πάγος) tagte (offizielle Bezeichnung: »der Rat auf dem Areshügel«, griech. ὁ ἐν ᾿Αρείῳ πάγῳ βουλή); hier soll der Gott Ares nach dem Mord an Halirrhothios (dem Vergewaltiger seiner Tochter Alkippe) von den

Göttern vor Gericht gestellt und freigesprochen worden sein.[1] Der Areopag bestand aus den ehemaligen Archonten (den höchsten athenischen Beamten); er sprach Recht und kontrollierte die gewählten Beamten, wurde aber 462/461 v. Chr. endgültig zugunsten der Volksversammlung entmachtet.

Schon in der Antike erscheint die Bezeichnung »Areopag« für eine würdevolle Versammlung und »Areopagit« für einen ernsten, entschlossenen Menschen.[2] Daneben war aber auch die Verschwiegenheit der Areopagiten sprichwörtlich.[3] Erasmus erläuterte um 1500 in seiner Sprichwörtersammlung »Adagia«: »Wahrscheinlich war es den Richtern strengstens untersagt, was dort verhandelt worden war, an die Öffentlichkeit dringen zu lassen. Auch heute gibt es bei den Westfalen Reste dieser Art von Richtern: ›Die Wissenden‹ werden sie allgemein genannt.«[4]

[L] Otto, Nachträge 84; Rannacher 6. [1] Der Kleine Pauly 1,524-525 mit Quellen und Näherem zur Geschichte des Areopags; vgl. 2,925. [2] Cic. Att. 1,14,5: »Der Senat ist ein Areopag: Nichts ist beständiger, nichts ernsthafter, nichts entschlossener« (senatus ἄρειος πάγος: nihil constantius, nihil severius, nihil fortius); vgl. ironisch Att. 1,16,5; 4,15,4. Vgl. Diogen. 2,91 (CPG 1,212): »›Areopagit‹«: [Das sagt man] über die finster Blickenden, Schweigsamen und im Übermaß Ehrwürdigen« (Ἀρειοπαγίτης ἐπί τῶν σκυθρωπῶν καὶ σιωπηλῶν καὶ ὑπερσέμνων). [3] Belege siehe Otto, Nachträge 84. [4] Er. ad. 4,10,6 (»Areopagita taciturnior«).

* Argonauten

Kühne Seefahrer und Entdecker (z. B.: die Portugiesen waren die A. des Mittelalters); Argonautenzug / Argonautenfahrt: abenteuerliches Unternehmen.

Die Argonauten (»Argo-Fahrer«, griech. Ἀργοναῦται, lat. Argonautae) segelten unter Führung des Iason (Ἰάσων, lat. Iaso[n], dt. Jason) mit ihrem Schiff Argo (benannt nach seinem Erbauer Argos, der mit dem hundertäugigen Argos [→ Argusaugen] nicht identisch ist) nach Kolchis an der Ostküste des Schwarzen Meeres, um das Goldene Vlies zu holen; dabei half ihnen die kolchische Prinzessin Medea, die sich in Iason verliebte, aber später von ihm verlassen wurde. Mit dem Vlies erlangte Iason den Thron der Stadt Iolkos in Thessalien von seinem Onkel Pelias. Er kam jedoch später zu Tode, als er sich unter der Argo ausruhte und ein Stück des Schiffes auf ihn fiel.[1]

Schon früh wurden den Argonauten weite Reisen und diverse Abenteuer auf ihrer Rückfahrt zugeschrieben: Nach → Kirkes Schilderung bei Homer sei es z.B. allein den Argonauten gelungen, die Meerenge zwischen Skylla und Charybdis (d.h. die Straße von Messina; → von Skylla zu Charybdis) zu durchfahren.[2]

[L] Macrone 16-17; Rannacher 6. [1] Ausführliches mit Quellen siehe: Der Kleine Pauly 1,537-540; Kerényi 2,197-219. Weiterführende Lit. nennt Hunger 60. [2] Hom. Od. 12,69-72. [R] Die Argonautensage wurde im 3. Jh. v. Chr. von Apollonios Rhodios in seinem Epos »Argonautika« behandelt, darauf von dem Römer Valerius Flaccus (»Argonautica«, 1. Jh. n. Chr.) und in dem orphisch geprägten Epos »Orphika Argonautika« (3.-4. Jh. n. Chr.); spätere Epen, Romane und Opern nennt Hunger 59-60. [B] Elisabeth Langgässer, »Märkische Argonautenfahrt«, Roman, Hamburg 1950. [S] Engl. »Argonaut« für: Abenteurer, v.a. beim Goldrausch in Kalifornien (1849) verwendet: Macrone 17.

Argusaugen

Wachsame, mißtrauische Blicke (auch: Argusblick);
Argus: mißtrauischer Beobachter; Argusaugen haben/
mit Argusaugen beobachten/hüten: mißtrauisch beobachten.

Der Hirte Argos (Ἄργος, lat. Argus; Beiname: πανόπτης
[Panoptes], »der Allessehende«) wachte mit hundert Augen,
die über seinen ganzen Körper verteilt waren, sogar im
Schlaf im Auftrag der Hera über die von ihr in eine Kuh
verwandelte Io, die Geliebte des Zeus; Hermes schläferte ihn
im Auftrag des Zeus mit seinem Flötenspiel ein und schlug
ihm den Kopf ab, um Io zu befreien (Hermes' Beiname war
seither »Argeiphontes« [»Argostöter«]); seine Augen setzte
Hera auf das Gefieder des Pfaus, ihres Lieblingsvogels.[1]

Schon in der Antike wurde Argus gern als Inbegriff des
aufmerksamen Wächters genannt[2] und auch in Vergleichen
oder übertragen verwendet.[3] Auch im Mittelalter wurde Argus in entsprechenden lateinischen Wendungen benutzt, im
Deutschen erst seit Ende des 17. Jh.[4] In Schillers »Kabale
und Liebe« (3,6) spricht Wurm von dem Major, der ihn
»den ganzen Tag wie ein Argus hütet«; in »Maria Stuart«
(2,8) wird der Graf von Leicester »vom Argusblick der Eifersucht gehütet«.

In der Zoologie sind der Argusfasan (auch: Arguspfau)
und die Argusfische wegen ihrer gefleckten Färbung nach
Argus benannt.

[L] Borchardt-Wustmann-Schoppe 35-36; Büchmann 69; Duden
12,48; Kluge 29; Otto XLII.37 (Nr. 162) u. Nachträge 96.135; Rannacher 6; Röhrich 1,97; Wiesenthal 45. [1] Aischyl. Hik. 303-305;
Ov. met. 1,722; für weitere Quellen u. andere Versionen des Mythos
siehe: Der Kleine Pauly 1,540 Nr. 2. [2] Plaut. Aul. 555-557.
[3] Lukian. hist. conscr. 10; die Vielzahl der lat. Belege bietet Otto

XLII.37 (Nr. 162) u. Nachträge 96.135; Erasmus (ad. 1,5,74) kennt
»Argum fallere« im Sinne von »auch den mißtrauischsten Menschen
täuschen«. [4] »Argusaugen« bei Gichtel (1696) Briefe 10,38.
$\boxed{\text{S}}$ Ndl. »met Argusogen ergens naar kijken«.

Ariadnefaden

**Mittel, das durch große Schwierigkeiten einen Weg weist,
Rettungsmittel in aussichtsloser Lage.**

Ariadne (᾿Αριάδνη [kretisch für ᾿Αριάγνη »überaus heilig«],
lat. Ariadna o. Ariadnē), Tochter des Königs Minos von
Kreta, gab Theseus ein Wollknäuel, das er am Eingang des
→ Labyrinths befestigte und abrollte, so daß er den Weg
wieder hinaus fand, nachdem er den Minotaurus getötet
hatte.[1]
Der lateinische Begriff »filum Ariadnaeum« (Ariadnefaden) oder »filum Ariadnes« (Faden der Ariadne) wurde im
18. Jh. mit dem Wort »Leitfaden« wiedergegeben, unter anderem von Kant (1747): »Der Mathematiker gehet an dem
Leitfaden der Geometrie fort, und alle andere Wege sind
ihm verdächtig«;[2] seit dem Ende des 18. Jh. bezeichnet man
damit einen Wegweiser oder ein in ein Thema einleitendes
Hilfsbuch.

$\boxed{\text{L}}$ Borchardt-Wustmann-Schoppe 129; Büchmann 71-72; Duden
12,48; Kluge 29; Rannacher 7; Rössing 122; Stichwörter 51-54 u.
Komm. 85-89. [1] Ov. her. 10,101-102; met. 8,172-173; fast. 3,462;
Hyg. fab. 42. [2] Gedanken von der Schätzung der lebendigen Kräfte
§ 91 nach A. Gombert, Noch einiges über Schlagworte und Redensarten, Zeitschrift für dt. Wortforschung 3, 1902, 317-318, wo sich weitere Belegstellen finden. $\boxed{\text{R}}$ Der Schwerpunkt der Ariadne-Rezeption
liegt auf ihrem weiteren Schicksal (sie wird auf Naxos von Theseus
zurückgelassen und dort von Dionysos zur Frau genommen), während
den Trick mit dem Faden nur wenige Werke enthalten; Dramen, Dich-

tungen, Prosa, Oratorien, Kantaten, Opern und Ballette nennt Hunger
62-63. ⑤ Dän. »ledetraad«.

arkadisch

Ländlich, einfach, friedlich (z. B.: a. Tage, Traumland,
Wunschland, Spiel); Arkadien: friedliche, stille Land-
schaft; in Arkadien geboren: ein einfacher, unverbildeter
Mensch.

Arkadien ('Αρκαδία, lat. Arcadia) ist ein abgeschiedenes,
vor allem von Hirten bewohntes Hochland auf der Peloponnes. Schon in der römischen Antike sprach man bei einfältigen Menschen sprichwörtlich vom »Arcadium germen«
(arkadischer Sproß) oder »Arcadius iuvenis« (arkadischer
Jüngling). Als Schauplatz der Hirtendichtung Vergils wurde
Arkadien in der Folge mit ursprünglicher Glückseligkeit
(vgl. → goldenes Zeitalter) und idyllischem Leben gleichgesetzt.

Gegen die pathetische italienische Barockliteratur des
17. Jh. wurde 1690 in Rom die literarische Gesellschaft
»Accademia dell' Arcadia« gegründet.[1] In der deutschen
Klassik wurde Arkadien als Land der Unschuld und des
Friedens gefeiert. Die lateinische Grabinschrift »Et in Arca-
dia ego« (Auch ich in Arkadien!) ist seit dem 17. Jh. auf
Gemälden belegt[2] und bedeutete, daß auch im glücklichen
Arkadien der Tod zugegen sei. Sie wurde zuerst von J. G.
Jacobi,[3] später von Herder,[4] E. T. A. Hoffmann[5] und Ei-
chendorff in der Wortfolge zu »Et ego in Arcadia« verändert
und mit »Auch ich war in Arkadien« (d. h.: Auch ich habe
das Glück erlebt / Auch ich bin zum Glück geboren) wiedergegeben. Wieland formulierte »Auch ich lebt' in Arkadia!«
(»Pervonte«, 1778); Schiller begann sein Gedicht »Resigna-

tion« (1786) mit den Worten »Auch ich war in Arkadien geboren ...«.

»Et in Arcadia ego« war auch Goethes Motto für seine 1816/17 erschienene »Italienische Reise«.[6] Ingeborg Bachmann wählte »Auch ich habe in Arkadien gelebt« 1952 als Titel und Anfang einer Kurzgeschichte.[7]

[L] Bartels 73-74; Büchmann 141.354-355; Duden 12,51; Rannacher 7; Röhrich 1,97-98.   [1] Seit 1925 »Accademia letteraria italiana dell' Arcadia«.   [2] Zuerst auf einem Gemälde von Giovanni Francesco Barbieri (1591-1666, genannt Guernico), Rom, Galleria Corsini; allgemein bekannt wurde die Inschrift durch zwei Gemälde von Nicolas Poussin (1593-1665) in Chatsworth und Paris. Im 18. Jh. findet sie sich bei Joshua Reynolds (1723-1792) und auf einem Stich von C.W. Kolbe (1757-1835).   [3] Winterreise, 1769 (Sämtl. Werke, Halle 1770, 2,87).   [4] Ideen, 1785, Bd. 7,1: »Auch ich war in Arkadien ist die Grabschrift aller Lebendigen in der sich immer wieder verwandelnden, wiedergebärenden Schöpfung.«   [5] Lebensansichten des Katers Murr, 2. Abschnitt: »Lebenserfahrungen des Jünglings. Auch ich war in Arkadien« (Bd. 1, Berlin 1820, S. 182).   [6] Artemis-Gedenkausgabe, Zürich/Stuttgart 1948 ff., Bd. 11.   [7] In der Wiener Monatsschrift »Morgen«: Duden 12,51.   [R] Ausführlicher als oben über Arkadien als literarisches Motiv siehe Frenzel, Stoffe 27-37.   [B] Rückert, Aprilreiseblätter (1811), 20. Sonett: »Auch ich war in Arkadien geboren | und ward daraus entführt vom neid'schen Glücke. | Ist hier der Rückweg? fragt ich jede Brücke; | der Eingang hier? fragt ich an allen Toren.«; Studentenlied: »Als noch Arkadiens goldene Tage mich jungen Burschen angelacht ...« (Röhrich 1,98); Jacques Offenbach, Orpheus in der Unterwelt (Operette), Arie »Als ich einst Prinz war von Arkadien ...« (Röhrich 1,98).

Atlas

1. Mann, der eine gewaltige Aufgabe zu erfüllen hat; Atlaslast: ungeheure Last oder Aufgabe; Atlant: tragende architektonische Figur, zumeist in der Gestalt eines Mannes.[1]

Der Riese Atlas (Ἄτλας, lat. Atlās o. Atlāns), Sohn des Iape-
tos und der Klymene,[2] wurde zur Strafe für seine Beteiligung
am Titanenaufstand von Zeus verurteilt, das Himmelsgewölbe auf seinen Schultern zu tragen.[3] Nur einmal wurde er
von Herakles (→ Herkules) dabei abgelöst und brachte ihm
dafür die Äpfel der Hesperiden (→ einer Frau den Apfel reichen).

**2. Sammlung von Erd-, See-, Himmels- und anderen Kar-
ten, Pl. Atlanten.**

Der holländische Geograph und Kartograph Gerhard Mercator (1512-1594) setzte als erster den himmeltragenden Atlas (→ Atlas 1.) auf die Titelseite seiner Kartensammlung.[4]

L̄ Büchmann 68; Rannacher 7.   [1] Jedoch nicht immer (vgl. z. B.
die »Atlanten« von Tula in Mittelamerika).   [2] Hes. Theog. 509.
[3] Hes. Theog. 517-520. 746-749; weitere Quellen und Einzelheiten
nennt Hunger 77-78.   [4] G. Mercator, Atlas sive cosmographicae
meditationes de fabrica mundi et fabricati figura, 1595 (1. Teil 1585,
vollendet 1602). R̄ »Atlas« wird auch der erste Halswirbel genannt,
der den Kopf trägt.

* attalische Schätze

Unermeßliche Reichtümer.

Attalos (Ἄτταλος, lat. Attalus) ist der Name von griechischen Königen der Stadt Pergamon in Kleinasien,[1] die für
ihren Reichtum berühmt waren.

Schon im 2. Jh. v. Chr. erwähnt der römische Dichter
Plautus den pergamenischen König Attalos I. als Beispiel für
einen mächtigen und reichen Herrscher;[2] als Pergamon
133 v. Chr. auf dem Erbwege an die Römer fiel und man die
nach Rom überführten Schätze als »Attalica« bezeichnete,[3]

wurde das Attribut »attalisch« für großen Reichtum in Rom beliebt.[4] Aus dem Lateinischen dürfte die Wendung im Humanismus (16. Jh.) ins Deutsche eingegangen sein.

In der Archäologie sind vor allem das »große« und das »kleine Attalische Weihgeschenk« bekannt, zwei von Attalos I. für Pergamon bzw. von Attalos II. für Athen gestiftete Statuengruppen, von denen Kopien in Rom bzw. Neapel erhalten sind.

[L] Otto 43-44 (Nr. 199); Rannacher 7.   [1] Attalos I. Soter 241-197 v. Chr.; Attalos II. Philadelphos 159-138 v. Chr.; Attalos III. Philometor 138-133 v. Chr.   [2] Plaut. Pers. 339.   [3] So in der Inschrift an der Cestius-Pyramide in Rom: CIL 6,1375, Z. 10. 4: Hor. c. 1,1,11-13; 2,18,5, vgl. Tert. ieiun. 15.

* attische Anmut

Besondere Grazie, Feinheit, Höflichkeit; * attisch: geschmackvoll, elegant, vornehm, witzig; * attisches Salz: witzige, geistvolle Rede, geistreicher Witz, Geistesblitz.

Attika (Ἀττική, lat. Attica), mittelgriechische Landschaft mit der Hauptstadt Athen, galt in der Antike als Zentrum von Bildung und Lebensart. Der attische Witz galt schon in der Antike – etwa im Gegensatz zum beißenden sizilianischen – als besonders fein.[1] Bei den Römern wurde daneben vor allem die »attische Eleganz« sprichwörtlich,[2] die als »attische Anmut« ins Deutsche übersetzt wurde.

[L] Duden 11,602-603; Otto 44 (Nr. 200) u. Nachträge 96.137; Rannacher 8.   [1] Lukian. Anach. 18; Prom. es 1; lat. z.B. Plaut. Pers. 395; eine Fülle weiterer Belege nennt Otto 44 (Nr. 200) u. Nachträge 96.137.   [2] Beispielsweise Ter. Eun. 1093; weitere Belege nennt Otto 44 (Nr. 200) u. Nachträge 137.

Augiasstall

(landläufig unrichtig: Augiasstall): völlig vermisteter,
lange vernachlässigter Ort oder Zustand (v. a.: einen A.
reinigen, den A. ausmisten); wie Herkules vor dem
Augiasstall stehen: vor einer gewaltigen Aufgabe stehen.

Augias (Αὐγείας, lat. Augeas/Augias), König von Elis, besaß einen Stall mit 3000 Rindern, der 30 Jahre lang nicht
gereinigt worden war; Herakles (→ Herkules) reinigte ihn an
einem Tag, indem er die nahegelegenen Flüsse Alpheios und
Peneios hindurchleitete.[1]

In übertragener Bedeutung für eine Arbeit gewaltigen
Ausmaßes wird der Augiasstall schon in der griechischen
und römischen Antike verwendet.[2] Beispielsweise schreibt
Lukian (2. Jh. n. Chr.) in der Einleitung seiner Schrift über
einen Zeitgenossen, den »Lügenpropheten« Alexander: »Ich
werde die Mühe auf mich nehmen und den Rinderstall des
Augias, wenn auch nicht ganz, so doch nach meiner Kraft we-
nigstens auszumisten versuchen.«[3] Im Deutschen erscheint
der Ausdruck erst seit dem 19. Jh.[4] und betont dabei weniger die Größe einer Aufgabe als das Ausmaß von Unord-
nung und Vernachlässigung.

[L] Borchardt-Wustmann-Schoppe 44-45; Büchmann 71; Duden
11,69; Duden 12,60; Kluge 39; Otto 46 (Nr. 206) u. Nachträge 53;
Rannacher 8; Röhrich 1,118; Rössing 123; Stichwörter 46 u. Komm.
75; Wiesenthal 24.   [1] Diod. 4,1 3,3; Theokr. 25,7-19; Apollod. bibl.
2,5,5,3. Näheres über Augias und das Heraklesabenteuer siehe in: Der
Kleine Pauly 1,732-733.   [2] Apostol. 6,70c (CPG 2,384): »Du bist in
den Augiasstall hineingeraten« (εἰς τὴν Αὐγέου κόπρον ἐμπέπτωκας);
Theophyl. epist. 64: »... schwieriger als den Augiasstall zu reinigen
oder den ganzen Atlantik mit einem Schälchen auszuschöpfen«; vgl.
Varro bei Non. Buch 4 s. v. agerere (ed. Lindsay S. 363); Sen. apocol.
7,5; Tert. nat. 2,9 (CSEL 20,112,26-28).   [3] Lukian. Alex. 1; vgl. fug.

23.　[4] Borchardt-Wustmann-Schoppe 45; Röhrich 1,118. ☒ Friedrich Dürrenmatt, Herkules und der Stall des Augias (1954). ☒ Engl.
»to clean the Augean stables«; frz. »nettoyer les écuries d'Augias«; ndl.
»een Augiasstal reinigen«.

B

bacchantisch

Betrunken, begeistert (z. B.: b. Taumel); Bacchant/Bac-
chantin: Betrunkene(r), Begeisterte(r); Bacchanal:
ausschweifendes Trinkgelage; bacchanalisch: trinklustig;
dem Bacchus huldigen: Wein trinken; * Bacchusanbeter/
* Bacchusjünger/* Bacchuskind/* Bacchusknecht: Wein-
trinker.

Βάκχος (sprich: Bakchos; lat. Bacchus, sprich: Backus) war
ein anderer Name des Weingottes Dionysos, für den in Rom
die Bacchanalien (lat. Bacchanalia, Sg. Bacchanal, -alis), ein
rauschhaftes Fest mit ausgelassenen Umzügen, gefeiert wurden.

　　Das Wort »bacchantisch« ist vom lateinischen Verb »bac-
chari« (das Bacchusfest feiern, schwärmen, toben; Pt. bac-
chans, -antis) abgeleitet. Wegen solchen Umherziehens wurden im 15./16. Jh. wandernde angehende Studenten auch
als »Bachanten« bezeichnet.[1]

☒ Rannacher 8-9.　[1] Grimm 1,1060 mit einer Fülle von Belegen.

Banause

Ungebildeter, Spießer (z. B.: Kunstbanause); banausenhaft, banausisch: ungebildet, spießerhaft; Banausentum/ * Banausie: Spießigkeit, Unbildung.

Die Berufsbezeichnung »Banausos« (βάναυσος, eigentl. »der am Ofen Arbeitende«, d. h. »Handwerker« oder »Krämer«; aber auch adjektivisch), wurde schon bei den Griechen zur abschätzigen Bezeichnung.[1] Als Lieblingswort des Grafen und Homer-Übersetzers Friedrich Leopold Stolberg (1750-1819) wurde es um 1800 direkt ins Deutsche eingeführt.[2] Zum Beispiel spricht Heinrich Heine von »banausisch schwerhinwandelndem Hornvieh«.[3]

Ⓛ Kluge 48; Rannacher 8-9. [1] Für Belege siehe z. B. TGL 2,104-106 oder LS 1,305. [2] Kluge 48. [3] Heinrich Heine, Seekrankheit (in: Reisebilder, Zweiter Teil [1827], Die Nordsee, Zweite Abteilung), V. 52 (ausführlich zitiert unter dem Stichwort → schwerhinwandelndes Hornvieh).

ein ungeleckter Bär

Grober, unkultivierter Mensch, auch: ein Bär, der erst noch geleckt werden muß; * den Bären lecken: kultivieren; (modern auch negativ:) Dich hat der Bär geleckt: Du hast schlechten Umgang gehabt.

Im griechischen Altertum gab es die Vorstellung, der Bär werde noch unfertig als ein gestaltloses Stück Fleisch geboren und erst durch die Mutter in die richtige Form geleckt.[1] Im 18. Jh. wurde der »ungeleckte Bär« im Deutschen gängig;[2] dabei steht die mütterliche Fürsorge der Bärin v. a. für die wandelnde Kraft der Kultur,[3] die auch z. B. bei Goethe fortlebt: Im »Faust« begründet Mephistopheles der

Hexe seine kultivierte Erscheinung mit dem Satz: »Auch die Kultur, die alle Welt beleckt, | hat auf den Teufel sich erstreckt«.[4] Dadurch erlangte die Wendung »von der Kultur beleckt (bzw. nicht beleckt/unbeleckt)« im 19. Jh. allgemeine Verbreitung. Heinrich Heine sprach davon, daß dem deutschen Edelmann seine Umgangsformen »in der bärenleckenden Lutetia [d. h. in Paris] mühsam eingeübt worden« seien.[5]

Heute kann man »von etwas unbeleckt sein« scherzhaft in Bezug auf Einflüsse verwenden, die einen Menschen leider – oder auch zum Glück – noch nicht geprägt haben.

[L] Grimm 12,479 u. 24,738; Röhrich 1,145-146. [1] Ail. nat. 2,19. 6,3; Gal. de ther. ad Pis. 14,255; Opp. kyn. 159-169; Plut. am. pr. 2 (mor. 494c); Ov. met. 15,379; Plin. nat. 10,63. [2] Zahlreiche Beispiele nennt Grimm 24,738. [3] Die Kunst wurde seit dem 16. Jh., z. B. von Joachim Camerarius (Centurien, 1615), als mächtiger als die Natur angesehen: Röhrich 1,145-146. [4] Faust IV. 2495-2496. [5] Nach Grimm 12,479. [S] Engl. »an unlicked cub«; frz. »un ours mal leché«; ndl. »een ongelikte beer«; schwed. »oslickad«.

Bärenhunger

Großer Hunger (auch: Bärenappetit).

Vermutlich als Allesfresser und aufgrund seiner Körpergröße galt der Bär schon in der Antike als besonders hungrig: Die griechische Wendung »gefräßig sein wie ein Bär« (γαστριμαργεῖν ὡς ἄρκτος, sprich: gastrimargáin hōs arktos) erscheint mehrfach bei dem Prediger Johannes Chrysostomos im 4. Jh. n. Chr.[1] sowie bei Isidoros von Pelusium im 5. Jh.[2] In einem Vergleich wurde der Bär aber auch schon von dem römischen Dichter Horaz zur Illustration enormen Hungers herangezogen: »Schüsseln von Rinderinncreien aß er | und von billigem Lammfleisch, was für drei Bären genug wäre.«[3]

Im Deutschen findet sich das Motiv des (vor allem nach Honig) gierigen Bären schon bei Reinmar von Zweter, einem Spruchdichter des 13. Jh., der über den Mainzer Erzbischof schreibt:»Im ist nach eren also ger | daz nie dem hungergitigen ber | so not enwart nach süezes honeges raze« (Ihm ist nach Ehren eine solche Gier, | daß nicht einmal dem hungergierigen Bären | solch eine Not ist nach des süßen Honigs Wabe).[4]

L̲ Otto 359 (Nr. 1836); Rannacher 8-9. [1] Ioh. chrys. de ang. port. PG 51,44; in Matth. PG 57,48; Ecl. PG 63,692. [2] Isid. Pelus. epist. 2,135 (PG 78,577). [3] Hor. epist. 1,15,34-35 über den gierigen Maenius:»patinas cenabat omasi | vilis et agninae, tribus ursis quod satis esset.« [4] 228,10 nach W. Borchardt/G. Wustmann, Die sprichwörtlichen Redensarten im deutschen Volksmunde (Leipzig 2. Aufl. 1894) 50-51.

Barbar

Rohling, Unmensch, Ausländer; barbarisch: roh, unmenschlich, ausländisch (z. B.: b. Kälte, Strenge, Sitten, Kriegführung); Barbarismus: fehlerhaftes Sprechen einer Fremdsprache, sprachlicher Schnitzer (Pl. Barbarismen);»Berber«: als »barbarisch« angesehenes Volk in Nordafrika, auch eine in Nordafrika gezüchtete Pferderasse (frühere Bez.: Barbar/Barber); Barbarei: Grausamkeit, Unmenschlichkeit (früher: Barbarenland, insbes. Nordafrika); * Barbarzier: fremdländischer Schmuck; * Barbareskenstaaten: alte Bez. für die »Seeräuberstaaten« an der Küste Nordafrikas (Marokko, Algier, Tunis, Tripolis).

»Barbaren« (βάρβαροι, Sg. βάρβαρος [Adj. o. Subst.], von altind. bárbaras »stammelnd«; Adj. βαρβαρικός) nannten die Griechen alle Nichtgriechen, in abschätzigem Ton vor allem die Perser. Der Gebrauch einer ausländischen Sprache, ein ausländischer Akzent oder ein Sprachfehler wurde »barbarismos« (βαρβαρισμός, also »Barbarismus« [nach lat. barbarismus]) genannt; das Verb »barbarisieren« (βαρβαρίζειν) wurde gebraucht, wenn jemand sich wie ein Barbar benahm oder redete oder gar ein Barbarenfreund [Perserfreund] war. Auch die Römer bezeichneten alle Völker außerhalb der griechisch-römischen Kultur als »Barbaren« (lat. barbari, Sg. barbarus; barbaria/barbaries: Barbarei).

Im Deutschen erscheint der Ausdruck zuerst bei Georg Henisch (1549-1618); er trug noch bis ins 18. Jh. die griechisch-lateinische Betonung (Barbar/Barber, Pl. Barbarn, Barbern), bis die französische Aussprache (barbare) durchdrang. Ebenfalls auf den »Barbaren« geht der Frauenname Barbara (bereits griech. Βαρβάρα; verkürzt »Bärbel«) zurück.

[L] Grimm 1,1124; Kluge 51; Rannacher 9. [S] Engl. »barbarian« (Adj. und Subst.), »barbarous« (Adj.); frz. »barbare« (Adj. und Subst.), »barbarie« (Barbarei), »barbarisme« (Barbarismus).

Bellerophonsbrief

Unangenehme, unheilvolle Botschaft.

Der korinthische Sagenheld Bellerophon (Βελλεροφόντης o. Βελλεροφῶν, lat. Bellerophōn) wies in Theben die Liebe der Königin Stheneboia (bzw. nach Homer: Anteia) zurück, die ihn dafür bei ihrem Mann verleumdete, er habe sie anrühren wollen;[1] König Proitos wollte seinen Gast Bellerophon aber nicht selbst bestrafen, sondern schickte ihn zu seinem Schwiegervater, dem lykischen König Iobates (griech. Ἰοβάτης), mit einem Brief, in dem er um die Tötung des Überbringers bat. Iobates sandte Bellerophon auf einige gefährliche Abenteuer aus, um dem Auftrag zu entsprechen;[2] als dies jedoch ohne Erfolg blieb, bereute Iobates sein Vorgehen, gab Bellerophon seine Tochter zur Frau und teilte mit ihm die Königsherrschaft.

»Bellerophon« (für jemanden, der etwas für ihn selbst Schlechtes überbringt) und der »Bellerophonsbrief« wurden bereits in der Antike sprichwörtlich verwendet.[3] Gleichbedeutend ist der »Uriasbrief«, mit dem König David befahl, den Ehemann Bathsebas umkommen zu lassen (2. Sam. 11,15).

L Otto 54 (Nr. 243) u. Nachträge 10.140; Rannacher 9; Wiesenthal 14. [1] Für dies und das Folgende Hom. Il. 6,160-193; Apollod. bibl. 2,3; Plut. cur. 9 (mor. 519e). [2] Er vernichtete von seinem geflügelten Roß → Pegasus herab die → Chimäre, besiegte die kriegerischen Solymer und kämpfte gegen die Amazonen (→ Amazone). Bei den Römern war Bellerophon daher auch als kampfstarker Reiter sprichwörtlich: Otto, Nachträge 140. [3] Plaut. Bacch. 810: »Dein Sohn hat mich zum Bellerophon gemacht: | Ich brachte selbst den Befehl, gefesselt zu werden« (Bellerophontam tuos me fecit filius: | Egomet tabellas tetuli, ut vincirer); Eust. Il. 2,277 (zu Il. 6,168) bildete »Bellerophon [bringt] einen Brief betreffs seiner selbst« (Βελλεροφόντης καθ' ἑαυτοῦ γράμματα); Zenob. 2,87 (CPG 1,54-55): »[Ein] Bellerophon [bringt] den Brief« (Βελλεροφόντης τὰ γράμματα); Diogen. 5,45 (CPG 1,261): »καθ' ἑαυτοῦ Βελλεροφόντης· ἐπὶ τῶν καθ' ἑαυτῶν τι ποιούντων« (ein Bellerophon betreffs seiner selbst: [so sagt man] bei denen, die etwas betreffs ihrer selbst tun); vgl. Er. ad. 2,6,82.

goldene Berge versprechen

Großen Gewinn versprechen, überzogene Versprechungen
machen (auch: g. B. vormachen/zeigen/zusagen; früher
auch im Sg.); * ein goldener Berg: sehr großer Reichtum
(z. B.: Vor uns steht ein g. B.).

Bei dem griechischen Komödiendichter Aristophanes heißt
es, der Perserkönig sitze »auf goldenen Bergen«.[1] Bei den
Römern standen dann die »Berge der Perser« (Persarum
montes) für ungeheuren Reichtum;[2] außerdem wurde das
Motiv der goldenen Berge zu der Redensart »goldene Berge
versprechen« erweitert.[3] Über den Kirchenvater Hieronymus (um 350-420)[4] ging sie ins Mittelalter über und wurde
im Humanismus von Erasmus weiter verbreitet.[5] Im Deutschen ist das Bild des goldenen Berges für großen Reichtum zuerst im Gudrun-Epos vor 1200[6] und dann seit dem
16. Jh. belegt,[7] wo auch schon das Versprechen, Zeigen
oder Zusagen goldener Berge geläufig ist.[8] So heißt es im
»Reineke Fuchs« in der Fassung von 1650: »... der ihnen
gute Worte gibet und güldene Berge zusaget.«[9]

[L] Büchmann 313-314; Duden 11,98; Duden 12,194; Grimm 8,744;
Otto 227 (Nr. 1132) u. Nachträge 188.280; Otto 273 (Nr. 1383);
Röhrich 1,173. [1] Aristoph. Ach. 82. [2] Plaut. Stich. 24-25; Varro
bei Non. Buch 4 s. v. religio (ed. Lindsay S. 604): »Weder die Berge der
Perser noch die Hallen des prunkenden Crassus | Können die Herzen
befreien von Angst und von nagenden Skrupeln« (Non demunt animis
curas ac religiones | Persarum montes, non atria diviti' Crassi); vgl.
Hor. c. 2,12,21. [3] Zuerst Ter. Phorm. 68: »nicht nur Berge von
Gold versprechend« (modo non montis [montes] auri pollicens); ferner
Pers. 3,65 m. Schol.; Gualbert. act. 281 (PL 146,919d). Vgl. außerdem
die ähnliche Wendung Sall. Cat. 23,3: »Er begann Meere und Berge zu
versprechen« (maria montisque polliceri coepit). [4] Hieron. adv.
Ruf. 3,39 (Sp. 565 Vall.): »..., so daß du, obwohl du goldene Berge

versprochen hast, nicht einmal einen lausigen Heller von deinen Schätzen hervorholst« (ut cum montes aureos pollicitus fueris, ne scorteum quidem nummum de thesauris tuis proferas). [5] Er. ad. 1,9,15. [6] 492,2.3: »und waere ein berg golt, den naeme ich niht dar umbe.« [7] Vgl. die Beispiele von Johann Winnigstedt (um 1500-1569) und aus dem »Geschichten und Taten Wilwolts von Schaumburg« (1507) bei Grimm 8,744. Im Rheinischen gibt es den Satz »De sett op enen golden Berg« für »Der ist sehr reich«. [8] Diverse Belege bei Grimm 8,744. [9] Reinicke Fuchs, Rostock 1650, 373. [S] Engl. »to promise a person whole mountains of gold«; frz. * »promettre des montagne dor«; »promettre monts et merveilles« (Berge und Wunder versprechen); ndl. »iemand gouden bergen geloven«.

Was zu beweisen war

Da sieht man es wieder, und wieder hat es sich geklärt.

Bei dem griechischen Mathematiker Euklid (um 300 v. Chr.) heißt es in den »Elementen« (griech. Στοιχεῖα, lat. Elementa) am Schluß jeder Beweisführung und damit insgesamt 462mal: »Was zu beweisen war« (griech. ὅπερ ἔδει δεῖξαι, sprich: hoper edäi däixai). Die gängige lateinische Fassung (»quod erat demonstrandum«, abgekürzt: q. e. d.) erscheint erstmals in der Euklid-Übersetzung von B. Zambertus (Venedig 1500).[1]

[L] Bartels 150; Büchmann 309; Der neue Büchmann 375. [1] Buch 3,4,13 nach Büchmann 309.

* Böotier

Ungebildeter, bäurischer Mensch; * böotisch: ungebildet, bäurisch.

Die Bewohner von Böotien (Βοιωτία lat. Boeotia; Böotier: griech. Βοιώτιος, lat. Boeotius) in Mittelgriechenland galten als dumme, schwerfällige Bauern.[1] Daher wurde die Bezeichnung »Böotier« oder »böotisch« bei Griechen und Römern sprichwörtlich (vgl. auch → kundiger Thebaner).[2] Beispielsweise urteilte der römische Dichter Horaz respektlos über den literarischen Geschmack Alexanders des Großen: »Du hättest schwören können, er sei als Böotier im dicken Nebel geboren worden.«[3]

L Otto 56 (Nr. 256); Rannacher 9. [1] Tert. anim. 20,3 (CSEL 20,332 Z. 17-18): »In Theben, so berichtet man, werden Stumpfsinnige und Dumme geboren« (Thebis hebetes et brutos nasci relatum est). [2] Diogen. 2,1 (CPG 2,18): »Ein ›böotisches Ohr‹ (Βοιώτιον οὖς): Über die Stumpfsinnigen und Ungebildeten; denn so wurden die Böotier verspottet«; vgl. 3,46 (CPG 1,223); Greg. Cypr. Mosq. 2,45 (CPG 2,105): »Ein ›böotischer Verstand‹ (Βοιώτιος νοῦς): [Das sagt man] über die Ungebildeten; denn so wurden die Böotier immer beleidigt«; Nep. Alc. 11,3-4: »Denn alle Böotier fördern mehr die Körperkraft als den geistigen Scharfsinn.« [3]: Hor. epist. 2,1,244: »Boeotum in crasso iurares aere natum.« B Titel einer Satire von Gottfried Wilhelm Sacer (1635-1699): »Reime dich, oder ich fresse dich, das ist, deutlicher zu geben, schellen- und scheltenswürdige Thorheit boeotischer Poeten in Deutschland« (nach Duden 12,397).

C

Chamäleon

Mensch, der seine Meinung je nach den Verhältnissen wechselt, unzuverlässiger Mensch, Heuchler, Verstellungskünstler (z.B.: * politisches C.; ein wahres C. sein; seine Farbe wie ein C. wechseln); * chamäleontisch/chamäleonartig: wandelbar, unzuverlässig, opportunistisch.

Das Chamäleon (χαμαιλέων, »Erdlöwe«, lat. chamaeleon)
ist eine in Afrika, Südspanien, Kleinasien und Indien vorkommende Eidechse (in ca. 90 Arten), deren Hautfarbe
veränderlich ist – nicht jedoch zur Tarnung, sondern in Abhängigkeit von Stimmung (Angst, Hunger) und Umgebung
(Wärme, Lichtverhältnisse). Für Aristoteles war das Chamäleon noch Symbol für Unbeständigkeit und Wechsel-
haftigkeit des Schicksals: »Denn es ist klar, daß wir, wenn
wir den Schicksalen folgen möchten, oft denselben glücklich
und wieder mühselig nennen werden, indem wir den Glücklichen als ein Chamäleon und einen schwach Gegründeten
aufzeigen.«[1] Dagegen war es für Plutarch schon ein Bild für
einen schmeichlerischen und sich verstellenden Menschen:
»Dem Schmeichler geht es einfach so wie dem Chamäleon.
Denn jenes paßt sich mit jeder Farbe außer der weißen an,
und auch der Schmeichler läßt bei denen, die des Eifers
wert sind, aus Ohnmacht, sich ebenbürtig zu zeigen, nichts
Schändliches unnachgeahmt…«[2] An anderer Stelle schreibt
Plutarch über den athenischen Politiker Alkibiades, er habe
»schnellere Wechsel [d.h. Seitenwechsel zwischen Athen
und Sparta] vorgenommen als ein Chamäleon«.[3] Für das
13. Jh. ist im Griechischen die sprichwörtliche Redensart
»veränderlicher als ein Chamäleon« (χαμαιλέοντος εὐμε-
ταβολώτερος) belegt.[4]

Im frühen Christentum verwendete man das Wort insbesondere für Heuchler in Glaubensangelegenheiten. Im
Deutschen fand es über altfranzösisch »gamalion« im 13. Jh.
Eingang. Im 19. Jh. erhielt die Bezeichnung »Chamäleon«
vor allem durch seine Darstellung im »Staats- und Familien-
leben der Tiere« des französischen Zeichners Grandville
(1803-1847) die Bedeutung des sich verstellenden Opportu-
nisten.

⌊L⌋ Büchmann 65-66; Kluge 116; Otto 82 (Nr. 381) u. Nachträge 265; Rannacher 10; Röhrich 1,289-290 mit weiterführender Literatur. [1] Aristot. eth. Nic. 1,10 (Bekker 2,1100b): »... χαμαιλέοωτά τινα τὸν εὐδαίμονα ἀποφαίνοντες καὶ σαθρῶς ἰδρυμένον«; Aristoteles beschreibt das Chamäleon und seine Farbveränderung hist. an. 2,11 (Bekker 1,503). Weitere Quellen siehe in RE 3,6,2105. [2] Plut. quom. adul. 9 (mor. 53 d). [3] Plut. Alc. 23: »... ὀξυτέρας τρεπομένῳ τροπὰς τοῦ χαμαιλέοντος.« [4] Greg. Cypr. Leid. 3,32 (CPG 2,90); vgl. Athan. decr. Nic. 1,2; 35,16. ⌊S⌋ Frz. »être un vrai caméléon«; auch englisch, italienisch, spanisch und im arabischen Raum belegt.

Chimäre/Schimäre

Hirngespinst, Ausgeburt der Phantasie, schreckliche Wahnvorstellung; auch konkret: Mischwesen, (botanisch:) Organismus oder Trieb aus genetisch verschiedenen Zellen; * chimärisch/schimärisch: eingebildet, erdichtet, unrealistisch.

Die Chimäre (Χίμαιρα, lat. Chimaera) war ein in Lykien lebendes Mischwesen aus Löwe (vorn), Ziege (Mitte) und Schlange (hinten), das mit seinem feurigen Atem das Land verwüstete; es wurde von Bellerophon (→ Bellerophonsbrief) von seinem geflügelten Roß → Pegasus herab getötet.[1]

In diesem eigentlichen Sinne erscheint die Schimäre schon im Mittelhochdeutschen;[2] die übertragene Bedeutung als Hirngespinst belegt im Jahre 1701 Jacobus Boschius in seiner Symbolkunde »Symbolographia«: »Als Chimären bezeichnen die Philosophen Unmögliches, was es weder gibt noch geben kann.«[3]

Literarisch erscheint dies zuerst bei Christoph Martin Wieland:[4] »Was hält euch auf? Schimären, Hirngespinste!«

Das Adjektiv »schimärisch« im Sinne von »unrealistisch, versponnen« verwendet Schiller: »Als daher die Nachricht einlief, daß der Herzog die Absicht habe, eine Brücke über die Schelde zu schlagen, so verspottete man in Antwerpen allgemein diesen schimärischen Einfall.«[5]

Heute bezeichnet »Schimäre« als biologischer Fachbegriff auch ein aus zwei Arten erzeugtes Lebewesen, z. B. eine Mischung zwischen Schaf und Ziege.

[L] Büchmann 252-253; Grimm 15,154-155; Rannacher 38. [1] Hom. Il. 6,178-183; Apollod. bibl. 2,3,1,3-2,1. [2] Minnesänger. Dt. Liederdichter des 12., 13. u. 14. Jh., hrg. v. F. H. v. d. Hagen, Leipzig 1838, 2,252a: »Ich sunge ouch drachen viurin kel ... | unt wi sich teilt schimèren lîb, unt wie diu vipper wirt geborn« nach Grimm 15,154. [3] Boschius 3 Anm. a (»Chimaeras appellant Philosophi Adynata, quae neque sunt, nec esse possunt«). [4] Idris (1768) 3,130 nach Grimm 15,154 (mit weiterer Stelle). [5] Schiller 9,42 nach Grimm 15,154. [S] Engl. »chimera/chimaera«, adj. »chimerical«; frz. »chimère«.

D

Daimonion

Geheimnisvolle innere Stimme, warnendes Gewissen; Dämon: Geist, Gespenst; dämonisch: unheimlich, gespenstisch.

Ein »Dämon« (δαίμων) war für die Griechen eine (gute oder böse) Gottheit,[1] daneben der göttliche Wille (d. h. das Schicksal) oder auch der Geist eines Verstorbenen; im Anschluß an die letztgenannte Bedeutung versteht man unter

48

»Dämonen« heute übernatürliche, aber nicht göttliche, zumeist Schrecken einflößende und schädliche Mächte, die Menschen zum Bösen verleiten.

Den Ausdruck »Daimonion« prägte der Philosoph Sokrates aus dem griechischen Adjektiv δαιμόνιος göttlich, gottgesandt): Er verstand darunter eine innere Stimme, die ihn plötzlich vor gefährlichen Situationen warne; in der Rede nach seiner Verurteilung zum Tode führt er die Tatsache, daß das Daimonion ihn auf dem Weg zum Prozeß nicht gewarnt habe, als Beleg dafür an, daß der Tod für ihn nichts Schlimmes bedeuten könne.[2]

L Grimm 2,713-714; Kluge 121; Rannacher 10.   [1] In diesem Sinne wird »Dämon« auch von Goethe und Schiller benutzt (Belege bei Grimm 2,714).   [2] Plat. apol. 40a-c.

Damoklesschwert

Gefahr, die auch den Glücklichsten und Reichsten bedroht (z. B.: Das D./Schwert des Damokles schwebt über ihm, etwas hängt/schwebt wie ein D. über jdm./jds. Haupt); ein D. über sich hängen haben: ständig in größter Gefahr schweben; auch ohne die Figur des Damokles: es hängt ein Schwert über seinem Haupt: er ist in größter Gefahr.

Als der Höfling Damokles (Δαμοκλῆς, lat. Damoclēs) während eines Festes die Macht und das Glück des griechischen Tyrannen Dionysios von Syrakus (Regierungszeit 405-367 v. Chr.) überschwenglich pries, wurde ihm von diesem eine Lehre erteilt: Er wurde an die königliche Tafel gesetzt und genoß das Gelage; plötzlich sah er ein über seinem Kopf angebrachtes Schwert, das nur an einem Pferdehaar hing, womit ihm Dionysios die Kehrseite des Herrscherdaseins symbolisierte; sofort bereute Damokles den Tausch und beschwor den Tyrannen, ihn gehen zu lassen. Der Faden, an dem das Damoklesschwert hängt, erinnert auch an die bereits lateinisch überlieferte Redensart → »an einem seidenen Faden hängen«.

Die Damoklesgeschichte wurde zuerst, wohl nach griechischen Quellen, von dem Römer Cicero überliefert[1] und dann bei einigen antiken Autoren erwähnt,[2] doch erscheint dort das Schwert noch nicht sprichwörtlich. Nach ihrer Rezeption in der Renaissance wurde die Geschichte von Johann Fürchtegott Gellert (1715-1769) in seiner Fabel »Damokles« verarbeitet.[3] Erich Kästner schrieb folgenden »Kleinen Rat für Damokles«: »Schau prüfend deckenwärts! Die Nähe des möglichen Schadens liegt nicht in der Schärfe des Schwerts, vielmehr in der Dünne des Fadens.«

L Büchmann 317-318; Duden 11,143; Duden 12,95; Macrone 135; Rannacher 10-11; Röhrich 1,301-302 und 4,1448; Rössing 220-221; Stichwörter 83-86 u. Komm. 130-136; Wiesenthal 60. [1] Cic. Tusc. 5,61. [2] Beispielsweise Hor. c. 3,1,17-19; die weiteren Stellen siehe RE 4,8,2068 und Wiesenthal 60. [3] Fabeln, Leipzig 1742, 1,94 ff.; zu Beginn heißt es dort: »Glaubt nicht, dass bei dem größte Glücke | Ein Wütrich jemals glücklich ist; | Er zittert in dem Augenblicke, | Da er der Hoheit Frucht genießt. Bei aller Herrlichkeit stört ihn des Todes Schrecken, | Und läßt ihn nichts als teures Elend schmecken.« S Engl. »a sword of Damocles«; frz. »avoir une épée de Damoclès au-dessus de la tête«.

Danaergeschenk

Vermeintlich erfreuliches, aber gefährliches, unheilbringendes Geschehen; verdächtige, mit großer Gefahr verbundene Gabe.

»Danaer« (Δαναοί lat. Danai) hießen die Bewohner von Argos, bei Homer alle Griechen vor Troja, nach ihrem Ahnherrn Danaos (Δαναός lat. Danaus), einem Flüchtling aus Ägypten und dem Gründer der Stadt Argos in Griechenland (vgl. → Danaidenfaß). Die Danaer, d. h. die Griechen, zogen sich nach zehnjähriger Belagerung Trojas zum Schein zurück und ließen den Trojanern als vermeintliches Geschenk ein hölzernes Pferd zurück; die Trojaner zogen das Pferd siegesfroh in die Stadt, wodurch die im Bauch des Tieres versteckten Bewaffneten den Griechen in der Nacht die Tore öffnen und Troja erobern konnten (→ Trojanisches Pferd).

Der römische Dichter Vergil (70-19 v. Chr.) legte daher in seiner »Aeneis« dem trojanischen Priester Laokoon die warnenden Worte in den Mund: »Was auch immer dies sei, ich fürchte die Danaer, auch wenn sie Geschenke bringen« (lat. Quicquid id est, timeo Danaos et dona ferentis [ferentes]).[1] Der zusammengezogene Ausdruck »Danaergeschenk« wurde von Seneca (4 v. Chr.-65 n. Chr.) geprägt, der das trojanische Pferd »Danaum fatale munus« (»fatales Danaergeschenk«) nannte.[2]

Daß überhaupt Geschenken, die von Feinden kommen, nicht getraut werden kann, ist ein noch älteres griechisches Motiv: »Geschenke von Feinden sind keine Geschenke und unnütz« heißt es schon bei dem Tragödiendichter Sophokles.[3] Im Deutschen gab es dafür die Sprichwörter »Feindes Gaben gelten nicht« oder »Feindes Geschenke haben Ränke«. Auf die Seite des Schenkenden dagegen warf Karl Kraus aphoristisch einen Blick: »Es ist peinlich, wenn sich ein Geschenk für den Geber als Danaergeschenk herausstellt.«[4]

Ⓛ Büchmann 321-322; Duden 12,95-96; Kluge 121; Otto 120-121 (Nr. 577) u. Nachträge 72.158.269; Rannacher 11; Macrone 13-14; Röhrich 1,303. [1] Verg. Aen. 2,49 (vgl. Ov. her. 19,203). Die Stelle

wird zitiert von Thomas Cant. epist. 24 (PL 190, 473d) und Ivo epist.
128 (PL 162, 139a). [2] Sen. Ag. 627-628. [3] Soph. Ai. 665:
»Ἐχθρῶν ἄδωρα δῶρα κοὐκ ὀνήσιμα«; vgl. Eur. Med. 618; Zenob.
4,4 (CPG 1,84); vgl. weitere Quellen bei Otto, Nachträge 158. Auch
lateinisch findet sich Entsprechendes, vgl. Otto, Nachträge 72.269.
[4] Karl Kraus, Beim Wort genommen, hrsg. von H. Fischer, München
1955, S. 318 nach Mieder 124. [5] Engl. »Beware of Greeks bearing
gifts«.

Danaidenfaß

(griech. ὁ τῶν Δαναίδων πίθος): nie endende, vergebliche
Arbeit, nutzloser Aufwand (auch: Faß der Danaiden;
oft ohne die Danaiden: Faß ohne Boden); ins D. schöp-
fen/das Faß der Danaiden füllen wollen/eine Danaiden-
arbeit verrichten: eine mühevolle, vergebliche Arbeit
verrichten.

Die Danaiden (Δαναίδες, lat. Danaides), waren nach einem
von Hyginus (um 60 v. Chr.-10 n. Chr.) erzählten Mythos[1]
die fünfzig Töchter des Danaos, der zusammen mit seinem Bruder Aigyptos über Ägypten herrschte; da Aigyptos
nun seinen Bruder beseitigen wollte, ließ er ihn durch seine
fünfzig Söhne bis nach Argos in Griechenland verfolgen,
wo er Namensgeber der »Danaer« wurde (vgl. → Danaergeschenk). Danaos versprach daraufhin den Söhnen des
Aigyptos die Ehe mit seinen Töchtern, doch überredete er
diese, am Hochzeitstag ihre Ehemänner zu erdolchen;[2] nur
Hypermnestra verschonte ihren Ehemann Lynkeus. Die Danaiden starben später unvermählt oder wurden entsühnt
und – diesmal ohne Zwischenfälle – verheiratet[3]. Nach einer
anderen Version rächte Lynkeus später seine Brüder, indem
er die mörderischen Schwägerinnen und ihren Vater tötete.[4]
Als besondere Strafe für ihren Gattenmord aber mußten

die Danaiden in der Unterwelt unaufhörlich Wasser in ein durchlöchertes Faß schöpfen.[5]

Sprichwörtlich wird dieses »Danaidenfaß« zuerst von dem griechischen Schriftsteller Lukian genannt;[6] auch in einer mittelalterlichen Sammlung ist das »unfüllbare Faß« mit ausführlicher Erzählung der Danaidengeschichte als sprichwörtlich überliefert.[7] Zuvor verwendeten bereits Aristoteles und Xenophon das »durchlöcherte Faß« (jedoch ohne die Danaiden) als Bild für eine vergebliche Mühe.[8]

Auch die entsprechenden lateinischen Formulierungen »in dolium pertusum ingerere« (in ein durchlöchertes Faß schöpfen)[9] oder »in vas pertusum congerere« (in ein durchlöchertes Gefäß schöpfen)[10] sowie das »inexplebile dolium« (ein unfüllbares Faß)[11] verzichten auf den Namen der Danaiden. Ebenso fehlen diese in dem deutschen »Faß ohne Boden« und in der Redensart »Wasser in ein Sieb schöpfen« (auch: »Mit einem Siebe Wasser schöpfen«; d.h., sich vergebliche Mühe machen)[12]. Das dazugehörige Sprichwort lautet: »Ein Sieb hält kein Wasser.«

[L] Borchardt-Wustmann-Schoppe 502; Büchmann 70; Duden 12,96; Grimm 3,1359; Rannacher 11; Röhrich 1,303-304 mit weiterführender Lit.; Rössing 123-124; Stichwörter 41-42 u. Komm. 66-69; Wiesenthal 17-18. [1] Hyg. fab. 168; weitere Quellen: Apollod. bibl. 2,1,4-5; Hor. c. 3,11,22-52; Tib. 1,3,77-78. [2] Die Griechen bildeten dafür die sprichwörtliche Wendung »Hochzeit des Aigyptos« (Αἰγύπτου γάμος): Wiesenthal 17-18. [3] Apollod. bibl. 2,1,5,11-12. [4] Schol. Eur. Hec. 886. [5] Ps.-Plat. Axioch. 371e; Tib. 1,3,79-80; eine weitere Quelle sind apulische Vasen des 4. Jh. v. Chr.: Der Kleine Pauly 1,1379. [6] Lukian. Tim. 18; Herm. 61. [7] Zenob. 2,6 (CPG 1,32). [8] Aristot. oec. 1,6 (Bekker 1344b): »Denn dies [ein Erwerb, der nicht kontrolliert wird] bedeutet, mit dem Sieb zu schöpfen, und das sprichwörtliche durchlöcherte Faß«; Xen. oik. 7,40: »Siehst du nicht, sagte ich, wie die jammern, die, wie man sagt, in das durchlöcherte Faß schöpfen, weil sie sich offenbar vergeblich mühen?«

[9] Plaut. Pseud. 369; Hyg. fab. 168. [10] Lucr. 3,1008-1011. [11] Er. ad. 1,10,33. [12] Borchardt-Wustmann Schoppe 502 mit Beleg von 1639: »Wer dasjenige, was er gewonnen, nicht kan erhalten, der schöpft Wasser in Sack« (Lehmann S. 388 Haushaltung 97); Röhrich 5,1698 mit Abb. [S] Engl. »the Danaidean tub«; frz. »vouloir remplir le tonneau des Danäides«; ndl. »het vat der Danaiden tub«.

Deus ex machina

(lat. »Der Gott aus der Maschine«): unvermutet auftretender Helfer, der ein gutes Ende herbeiführt, überraschende Lösung eines Problems.

Im griechischen Theater war dies eine Erfindung des Euripides, der am Schluß seiner Tragödien oft eine Gottheit von einem Kran mit Seilen auf die Bühne herabschweben ließ, um die Handlung zum gewünschten Ende zu führen. Entsprechend sagt Sokrates in Platons Dialog »Kratylos«, in dem es um die Entstehung der Wörter geht: »Es sei denn daß auch wir – so wie die Tragödiendichter, wenn sie bei etwas ratlos sind, ihre Zuflucht zu den Maschinen nehmen und die Götter herbeischweben lassen – uns befreien wollen, indem wir sagen, die Götter hätten die ursprünglichen Wörter eingeführt und deshalb seien sie richtig.«[1] Auch Aristoteles übt an dieser Praxis Kritik, wenn er in seiner »Poetik« fordert, daß »sich auch die Auflösungen der Geschichten aus der Handlung selbst ergeben müssen und nicht wie in der ›Medea‹ von einer Maschine her«.[2] In demselben negativen Sinne bezeichnete Demosthenes (384-322 v. Chr.) in einer seiner Reden eine Zeugenaussage zugunsten seines Prozeßgegners als »wie von der Maschine her«, um sie als aufgesetzt und unglaubhaft zu kennzeichnen.[3]

Die sprichwörtliche Wendung »genau wie ein Gott auf ei-

ner Theatermaschine« (griech. ὥσπερ ἐπὶ τραγικῆς μηχανῆς θεός) erscheint zuerst in einem unter Platons Namen
verfaßten Dialog, in dem Kleitophon Sokrates vorwirft, den
Menschen auf diese Weise von oben herab zu begegnen.[4] Der
Komödiendichter Menander läßt ähnlich in einem Fragment
sagen: »Du bist als ein Gott aus der Maschine erschienen.«[5]

Die lateinische Form »Deus ex machina« stammt aus der
Kleitophon-Übersetzung des Marsilio Ficino (gest. 1499) in
der verbesserten Version des Simon Grynaeus (Basel 1539):
»veluti e machina tragica deus« (wie ein Gott aus der Tragö-
dien-Maschine). Mit der Zeit wurde der Begriff »Gott aus
der Maschine« sogar von dem Gott der Tragödie gelöst und
gleichbedeutend mit jeder Art einer vom Dichter kompo-
nierten »künstlichen« Wendung durch ein unerwartetes Ereignis oder Auftreten einer Person.

[L] Bartels 62; Büchmann 306; Der neue Büchmann 372; Duden
11,150; Duden 12,114; Macrone 121; Rannacher 11. [1] Plat. Krat.
425 d. Vgl. Cic. nat. 1,53. [2] Aristot. poet. 15 (Bekker 1454).
[3] Demosth. c. Boeot. 2,59: »ὥσπερ ἀπὸ μηχανῆς«. [4] Ps.-Plat.
Clit. 407a. [5] Men. Theophorumena Fr. 5 Körte (= CAF 3,65, Fr.
227): »Ἀπὸ μηχανῆς θεὸς ἐφάνης.« [S] Engl. »a Deus ex Machina«.

Dilemma

**Zwangslage zwischen zwei Übeln; Situation, in der eine
schwierige Entscheidung zu treffen ist.**

Der Begriff (griech. δίλημμα »zweifache Annahme« [λῆμμα:
Gewinn, Vorteil, Einnahme, später auch: Annahme, Stichwort, Titel]) stammt aus der griechischen Rhetorik und
meint einen logischen Schluß in der Form »Wenn A wäre,
müßte entweder B oder C sein; da aber weder B noch C zu-
trifft, ist zwangsläufig auch A widerlegt«. Das »Dilemma«

ist somit ursprünglich ein Schwanken zwischen zwei Annahmen, die beide inakzeptabel sind und damit zwingend zur Widerlegung einer Position führen. Heute wird der Begriff hingegen ganz allgemein als Wahl zwischen zwei unangenehmen Möglichkeiten verstanden.

Einige deutsche Volkserzählungen behandeln als sogenannte »Dilemmageschichten« oder »Dilemmamärchen« Situationen, in denen nur die Wahl zwischen zwei Übeln besteht.[1]

Ⓛ Röhrich 1,321-322. [1] Röhrich 1,321.

Diogenestonne

Völlig bedürfnislose Wohnung; wie Diogenes in der Tonne leben: bewußt einfach/gesellschaftsfern/asketisch/ alternativ leben; * mit der Diogeneslaterne suchen: übertrieben deutlich suchen; daher: mit der Laterne suchen: mühsam suchen; aber: mit der Laterne am Tage suchen/ * die Laterne bei Tag anzünden/dem Tag ein Licht anzünden: etwas Unnützes tun.

Der Philosoph Diogenes von Sinope (Διογένης, lat. Diogenēs; 400–um 328 v. Chr.) predigte völlige Bedürfnislosigkeit und kritisierte das übliche Leben in der Gesellschaft (→ Zyniker); demgemäß soll er in einer Tonne im Tempel der Göttermutter Kybele gewohnt haben.[1] Am hellichten Tag ging er mit einer Laterne umher und erklärte den verdutzten Zuschauern: »Ich suche einen Menschen.«[2] In Schillers »Räubern« sagt daher Spiegelberg: »Lösch deine Laterne aus, schlauer Diogenes! Du hast deinen Mann gefunden.«[3] In rheinischer Mundart heißt es: »So findschte käne, un wenn de om helle Dag met der Laterne rumgehscht.«

[L] Borchardt-Wustmann-Schoppe 297-298; Büchmann 361; Der neue Büchmann 438; Duden 12,122; Rannacher 11; Röhrich 3,932; Stichwörter 87-91 u. Komm. 137-144. [1] Diog. Laert. 23.43.105; weitere Quellen siehe RE 5,9,766. [2] Diog. Laert. 6,41: »ἄνθρωπον ζητῶ; Phaedr. 3,19 hingegen (»Äsop antwortet einem Schwätzer«) schreibt die Episode dem Äsop zu. [3] Schiller, Räuber 2,3; vgl. dagegen den Kapuziner in »Wallensteins Lager« 8. Auftr.: »Aber wer bei den Soldaten sucht die Furcht Gottes und die gute Zucht und die Scham, der wird nicht viel finden, tät' er auch hundert Laternen anzünden« (nach Borchardt-Wustmann-Schoppe 298).

dionysisch

Heiter, fröhlich (z. B.: d. Stunden, Gelächter, Taumel).

Für den Weingott Dionysos (Διόνυσος, lat. Bacchus) wurden in Athen und Theben ausgelassene Feste gefeiert.

Der Philosoph Friedrich Nietzsche (1844-1900) bejahte das Vergnügen an Rausch und Trieb, das »Dionysische«, als ein ursprüngliches, chaotisch-machtvolles Lebensgefühl, das im Gegensatz zum ordnungshaften »Apollinischen« stehe (→ apollinisch).[1]

[L] Rannacher 12. Zu weiterer Literatur vgl. Hunger 114. [1] Friedrich Nietzsche, Die Geburt der Tragödie aus dem Geist der Musik, 1872. [R] Literarische und musikalische Rezeption bei Hunger 113-114.

Drachensaat

Saat von Haß und Zwietracht (richtiger auch: * Drachenzahnsaat); Drachenzähne säen: Zwietracht säen.

Der Phönizier Kadmos, Gründer der Stadt Theben, säte nach einer Fabel des Hyginus[1] und nach Ovid[2] auf Geheiß Athenes die Zähne eines Drachen aus, den er bei seiner Ankunft in Griechenland an der Kastalischen Quelle bei Delphi erschlagen hatte; es keimten gerüstete Männer auf, die sich – bis auf fünf – im Kampf gegenseitig erschlugen. Mit diesen Übrigbleibenden gründete Kadmos die Stadt Theben.

Nach diesem Motiv der Drachenzahnsaat spricht man auch allgemein vom »Säen« oder der »Saat« von Haß, Zwietracht oder Ähnlichem.

Ⓛ Büchmann 72; Duden 12,127; Rannacher 12; Röhrich 1,331. [1] Hyg. fab. 178. [2] Ov. met. 3,1-130.

drak**o**nisch

Hart, grausam, mitleidslos (z. B.: d. Strafe, Verordnung, Gesetzgebung; früher auch: * drakontisch).

Der athenische Gesetzgeber Drakon (Δράκων, lat. Dr**a**co) zeichnete um 624 v. Chr. im Auftrag des herrschenden Adels das attische Gewohnheitsrecht auf. Bedeutend an diesem Schritt war vor allem die öffentliche Garantie des geltenden Rechts durch seine schriftliche Fixierung und damit die Eindämmung der bei Fehden gepflegten Blutrache; bekannter wurde Drakon jedoch dadurch, daß er in seinen Gesetzen strengste Strafen – d. h. für viele Delikte die Todesstrafe – festlegte.[1] So wurden die Gesetze Drakons denn auch bald darauf, d. h. im frühen 6. Jh. v. Chr., durch den Reformer Solon überarbeitet.

Schon in der Antike behielt man die drakonischen Gesetze vor allem als hart in Erinnerung: Aristoteles urteilte, an ihnen sei außer ihrer Strenge aufgrund der Höhe der Strafe nichts bemerkenswert gewesen,[2] und nannte sie in einem Wortspiel mit dem Namen Drakons »mehr die Gesetze eines ›drakon‹ (griech. δράκων ›Drache, Schlange‹), nicht die eines Menschen«.[3] Nach Plutarch begründete der athenische Politiker Demades die Härte der drakonischen Gesetze damit, daß »Drakon seine Gesetze mit Blut und nicht mit Tinte schrieb«;[4] Drakon selbst habe sich – so Plutarch im selben Zusammenhang – auf Nachfrage damit gerechtfertigt, daß er für die kleinen Vergehen die Todesstrafe als angemessen betrachte und daß er für die großen Vergehen keine größere Strafe habe.

Das deutsche Adjektiv »drakonisch« fand über das französische »draconique« Ende des 18. Jh. Verbreitung.

[L] Büchmann 360; Der neue Büchmann 437; Kluge 140; Macrone 37-38; Rannacher 12; Rössing 129; Wiesenthal 59. [1] Nach Plut. Sol. 17 soll die Todesstrafe nicht nur auf Tötungsdelikte und Tempelraub, sondern auch auf Obst- und Gemüsediebstahl und Müßiggang gestanden haben, doch sind diese Zuschreibungen zu Drakon nicht alle gesichert (vgl. RE 5,10,1648-1662, v. a. 1655-1656); unstrittig ist jedoch der harte Ruf der drakonischen Gesetze. [2] Aristot. pol. 2,12 (Bekker 2,1274 b). [3] Aristot. rhet. 2,23 (Bekker 2,1400 b). [4] Plut. Sol. 17.

der Dritte im Bunde

Der dritte Teilnehmer.

Der griechische Schriftsteller Aristoxenos von Tarent (um 350-300 v. Chr.) gibt in seiner Schrift »Das Leben des Pythagoras« folgende Begebenheit wieder:[1] Als Dionysios der Jüngere, Tyrann von Syrakus, nach seiner Vertreibung Schullehrer in Korinth gewesen sei, habe er fasziniert die beiden Pythagoreer und Freunde Phintias und Damon beobachtet und sie schließlich »umarmt, geküßt und gebeten, ihn in ihre Freundschaft als Dritten aufzunehmen«.[2] Nach einer anderen Version[3] wird Phintias wegen des Vorwurfs der Intrige zum Tode verurteilt; Damon stellt sich als Bürge zur Verfügung,

59

daß Phintias, der noch für Angehörige sorgen will, pünktlich
zurückkehrt. Von der Willigkeit des einen und der pünkt-
lichen Rückkehr des anderen ist Dionysios so beeindruckt,
daß er in die Freundschaft als Dritter eintreten möchte.

Cicero übersetzt die entsprechenden Worte in seiner Nach-
erzählung der Geschichte: »Wenn ich mich doch als dritter
Freund zu euch zählen könnte!«[4] Im Deutschen sprichwörtlich wurde sie jedoch erst durch Schillers Formulierung in
seiner Ballade »Die Bürgschaft« (erschienen 1797 im »Musenalmanach für das Jahr 1798«): Dort bittet Dionysios:
»Ich sei, gewährt mir die Bitte, | in eurem Bunde der Dritte.«

Ⓛ Büchmann 150; Duden 11,160; Duden 12,129.   [1] Überliefert
von Porph. vit. Pyth. 59-61.   [2] Porph. vit. Pyth. 61: »... περιβαλόν-
τα καὶ φιλήσαντα τοὺς ἄνδρας ἀξιῶσαι τρίτον αὑτόν εἰς τὴν φιλίαν
παραδέξασθαι.«   [3] Diod. 10,4,3-6; Hyg. fab. 257; Iambl. v. P.
33,235-237.   [4] Cic. Tusc. 5,63: »Utinam ego ... tertius vobis amicus
adscriberer«; Cic. off. 3,45: »... ut se ad amicitiam tertium adscribe-
rent.« Ⓡ Zum literarischen Fortleben des Motivs der Freunde Damon
und Pythias siehe Frenzel, Stoffe 137-139.

E

die vier Elemente

Die vier »Grundstoffe« Feuer, Wasser, Erde und Luft.

Das Motiv von den vier Elementen Feuer, Wasser, Erde und
Luft findet sich zuerst bei dem Vorsokratiker Empedokles
(5. Jh. v. Chr.) in den Fragmenten seines Lehrgedichts »Über
die Natur«,[1] wobei jedoch das Wort »Elemente« (griech.

στοιχεῖα, Sg. στοιχεῖον) vielleicht erst von späteren Philosophen (z. B. Aristoteles) geprägt und bei ihrer Beschreibung
von Empedokles' Ideen verwendet wurde. Das lateinische
Wort »elementum« findet sich zuerst bei Lukrez[2] und in bezug auf die vier Grundstoffe der Welt bei Cicero.[3]

Im Deutschen kennt bereits Hartmann von Aue in seinem Ritterroman »Erec« (um 1185) »diu vier elementâ«.[4]
Seitdem sind sie ein stets wiederkehrendes Motiv; z. B. läßt
Schiller sein »Punschlied« von 1803 so beginnen: »Vier Elemente, innig gesellt, bilden das Leben, bilden die Welt.«
Goethe preist sie mit folgenden Worten: »Hochgefeiert seid
allhier, Element ihr alle vier!«

[L] Büchmann 300-301; Der neue Büchmann 367; Grimm 3,404;
Kluge 162-163. [1] Diels/Kranz 31 B 17.18.22; vgl. A 1 und B 7.
[2] Lucr. 1,197 u. ö. [3] Cic. ac. 2 1,26: »Ergo illa initia, ut e Graeco
vertam, elementa dicuntur« (Also werden jene Dinge »Anfänge« und,
um es aus dem Griechischen zu übersetzen, »Elemente« genannt).
[4] Erec 7593 nach Grimm 3,404, der weitere Belege bietet.

elysisch

**Paradiesisch; Elysium: Paradies (auch: Gefilde der
Seligen).**

Die »Elysischen Gefilde« (auch Sg. »Elysisches Gefilde« oder
Elysium, griech. Ἠλύσιον πεδίον, lat. Elysium) waren eine
Gegend ewigen Frühlings am abgeschiedenen Westrand der
Erde, wo Verwandte und Lieblinge der Götter ein seliges,
ewig währendes Leben führten.[1] Hesiod nennt diesen paradiesischen Ort die »Inseln der Seligen« und läßt dort
das vierte Menschengeschlecht, die Heroen, wohnen: »Und
diese leben mit einem sorgenfreien Herzen | auf den Inseln
der Seligen, am tiefwirbelnden Okeanos, | glückliche He-

roen, denen honigsüße Frucht | dreimal im Jahr frisch die getreidespendende Erde bringt.«[2]

Bekannt ist der Begriff vor allem durch Schillers »Lied an die Freude«: »Freude, schöner Götterfunken, | Tochter aus Elysium …«

L Büchmann 66.68-69; Duden 12,175; Rannacher 13. [1] Hom. Od. 4,561-568. [2] Hes. Erg. 170-173. Griech. und lat. Stellen zu den Inseln der Seligen in übertragener Verwendung bietet Otto, Nachträge 164-165 s. v. fortunatus.

Epikureer

Genußmensch, Lebemann; epikureisch: üppig, sinnlich.

Der Philosoph Epikur, geb. 341 v. Chr., lehrte die sinnliche, aber v. a. auch die geistige Lust als Weg zu Glück und innerer Zufriedenheit. Seine Lehre wurde oft als Hedonismus (d. h. schrankenloses Ausleben jeden Genusses) verunglimpft, damit jedoch mißverstanden; denn jedes Übermaß ist auch nach Epikur zu meiden, da es dem erwünschten Genuß zuwiderlaufe: »Keine Lust ist an sich ein Übel. Aber das, was gewisse Lustempfindungen verschafft, bringt Lasten mit sich, die um ein Vielfaches so groß sind wie die Lustempfindungen.«[1] Ebenso empfahl Epikur den Rückzug aus der Öffentlichkeit und philosophierte mit seinen Anhängern im »Garten« (Κῆπος), was bald zur Bezeichnung für seine Schule wurde. Den Tod schließlich sah der »lachende Philosoph« als eine Auflösung ins Nichts und damit als etwas nicht zu Fürchtendes an: »Wir sollen versuchen, den nächsten Tag besser zu gestalten als den vorangehenden, solange wir auf dem Wege sind; wenn wir aber an die Grenze kommen, sollen wir gleichmütig froh gestimmt sein.«[2]

L Macrone 59-60; Rannacher 13.   [1] Epik. Lehrsätze 8 (ed. Krautz S. 69).   [2] Epik. Weisungen 48 (ed. Krautz S. 91). S Engl. negativ »Epicurean«; »epicure« zunächst ebenfalls abwertend, dann positiv (Feinschmecker; z. B. Walter Scott, Waverly, 1814).

epische Breite

Weitschweifigkeit, Umständlichkeit (auch: * homerische Breite, * homerische Weitschweifigkeit, * homerische Umständlichkeit).

Das griechische Wort ἔπος (sprich: epos) bedeutet eigentlich »Wort, Ausspruch, Erzählung«, wurde aber auch für die ursprünglich von Sängern vorgetragenen erzählenden Dichtungen verwendet, vor allem für die »Ilias« und → »Odyssee« des Dichters Homer (Ὅμηρος, lat. Homerus). Sie zeichnen sich durch ihren großen Umfang, durch Wiederholung von Formeln und Ausdrücken (»epische Wiederholung«) und durch Monumentalität der Darstellung aus, wozu auch breit ausmalende Schilderungen, ausführliches Verweilen bei Einzelheiten, Abschweifungen und Rückgriffe gehören.

L Rannacher 19.

Erzähltes erzählen

Griech.: λέγειν τὰ λεγόμενα [sprich: legäin ta legomena], lat.: relata referre): nur vom Hörensagen berichten können; berichten, was berichtet wird.

Diese Redensart geht auf den griechischen Historiker Herodot (um 485-425 v. Chr.) zurück, der schreibt: »Ich bin verpflichtet, was erzählt wird, zu erzählen, aber es auch zu glauben, bin ich überhaupt nicht verpflichtet, und dieser Satz soll mir für mein ganzes Werk gelten.«[1]

Die daraus abgeleitete und bekannte lateinische Fassung »Relata refero« ist in ihrem ersten Auftreten nicht nachweisbar.[2]

L̄ Bartels 20.155; Büchmann 301; Der neue Büchmann 367. [1] Hdt. 7,152,3: »ἐγὼ δὲ ὀφείλω λέγειν τὰ λεγόμενα, πείθεσθαί γε μὲν οὐ παντάπασιν ὀφείλω, καί μοι τοῦτο τὸ ἔπος ἐχέτω ἐς πάντα λόγον.« Anlaß der Bemerkung ist eine Kontroverse um das Verhalten der Argiver gegenüber den Persern. Ähnlich äußert sich Herodot auch 1,183; 4,173.187.195; 6,137. [2] Vgl. Bartels 155.

* ein Esel in der Löwenhaut

Ein Dummkopf, der sich ein wichtiges Aussehen zu geben versucht; jemanden an den Ohren erkennen: jemanden als Esel erkennen, durchschauen (vgl. → Midasohren haben).

In einer Fabel des Äsop[1] zieht sich ein Esel eine Löwenhaut an, geht damit umher und erschreckt die anderen Tiere; ein Fuchs jedoch hört ihn zufällig Eselslaute von sich geben und läßt sich daher von ihm nicht im mindesten erschrecken. Die Geschichte will zeigen, daß »einige der Ungebildeten durch äußere Schwindel den Eindruck machen, jemand zu sein, aber durch ihre typische Geschwätzigkeit entlarvt werden«.

Im Deutschen erscheint der »Esel in der Löwenhaut« übertragen bereits im Minnegesang[2] und wurde im 16. Jh. durch die Fabeln des Erasmus Alberus verbreitet:[3] »Ist recht, das man hat wol geblaut [geprügelt] | den esel mit des lawen haut.« Andreas Gryphius (1616-1664) formulierte: »Ein Esel mag sich in die Löwenhaut so tief verbergen als er will, es kucken doch die langen Ohren hervor.«[4]

[L] Borchardt-Wustmann-Schoppe 124; Grimm 3,1147 u. 12,1219; Röhrich 2,395-396. [1] Nr. 336 Halm = Nr. 199 Hausrath/Hunger; vgl. Babr. 139; Av. fab. 5. [2] Minnesänger. Dt. Liederdichter des 12., 13. u. 14. Jh., hrsg. von F. H. v. d. Hagen, Leipzig 1838, 2,388 a: »esel in lewen hiute«. [3] Contrafactur A 2b nach Grimm 3,1147. [4] Gedichte (1698) 1,722 nach Grimm 12,1219.

Eulen nach Athen tragen

(griech. γλαῦκα εἰς ᾿Αθήνας, lat. ululas Athenas): unnötige, überflüssige Dinge tun; * Eule der Minerva: Philosophie, Weisheit.

Die Eulen (eigentlich Käuzchen), die in Athen häufig vorkamen und besonders in den Abhängen der Akropolis wohnten, galten in der Antike als Sinnbild der Klugheit und Weisheit, da sie im Dunkeln sehen können.[1] Dadurch wurde die Eule zum Attribut und heiligen Tier der Athene (lat. Minerva), der Göttin der Weisheit. Außerdem wurde sie auf athenischen Münzen abgebildet, die nach ihr schlicht »Eulen« hießen.[2] So waren Eulen in Athen allgegenwärtig, und wer »Eulen dorthin trug«, tat etwas völlig Überflüssiges.

Die Redensart »Eulen nach Athen tragen« geht auf eine Stelle in den »Vögeln« des Komödiendichters Aristophanes (um 445-386 v. Chr.) zurück, wo im Chor der Vögel unter anderem eine Eule erscheint und der Held der Geschichte Euelpides daraufhin fragt: »Wer hat eine Eule nach Athen gebracht?«[3] Cicero zitierte später die griechische Wendung und übersetzte sie auch ins Lateinische.[4] Griechisch findet sie sich noch in der Suda, einem byzantinischen Lexikon aus dem 10. Jh.[5]

Im Deutschen gibt es entsprechende Redensarten: »Wasser in den Rhein / in die Elbe / in den See / ins Meer / in den

Brunnen tragen / schütten«, »Holz in den Busch / in den Wald tragen«, »Bier nach Einbeck [Niedersachsen] rollen«; ungarisch: »a Dunába vizet hord« (Wasser in die Donau tragen); im Englischen gibt es: »to carry coal/coals to Newcastle« (Kohlen nach Newcastle [Haupthafen des engl. Kohlegebietes] tragen); im Russischen heißt es: »mit dem eigenen Samowar nach Tula fahren« (dem Zentrum der Samowarherstellung).[6]

Die Wendung »Eule der Minerva« als Umschreibung der Philosophie oder Weisheit geht auf Georg Friedrich Wilhelm Hegel zurück, der in der Vorrede seiner »Grundlinien der Philosophie des Rechts« (1821) schreibt: »Wenn die Philosophie ihr grau in grau malt, dann ist eine Gestalt des Lebens alt geworden, und mit grau in grau lässt sie sich nicht verjüngen, sondern nur erkennen; die Eule der Minerva beginnt erst mit der einbrechenden Dämmerung ihren Flug.«

L Borchardt-Wustmann-Schoppe 127.502; Büchmann 304; Der neue Büchmann 370; Duden 11,186; Duden 12,153; Rannacher 7; Röhrich 1,19 und 2,404-405. [1] Der neue Büchmann 370. [2] Aristoph. Av. 1106: »Die ›Eulen‹ vom Laureion [Berg in Südattika mit Silbergruben] werden euch nie ausgehen.« [3] Aristoph. Av. 301: »Τίς γλαῦκ' Ἀθήναζ' ἤγαγεν;«. [4] Cic. fam. 6,3,4 (an A. Torquatus): »Schon wieder ›Eulen nach Athen‹, dir dieses zu schreiben« (sed rursus γλαῦκ' εἰς Ἀθήνας, qui ad te haec); 9,3,2: »Aber warum schreibe ich diese Gedanken jetzt dir, in dessen Hause sie geboren werden? ›Eulen nach Athen‹?« (Sed quid ego nunc haec ad te, cuius domi nascuntur, γλαῦκ' εἰς Ἀθήνας?); Quint. 2,16,4: »Ich will dir die Verse, die du erbittest, d.h. eine Eule nach Athen, schicken« (... tibi versus quos rogas, hoc est Athenas noctuam, mittam); vgl. Er. ad. 1,2,11 (»ululas Athenas«). [5] Suda s.v. Γλαῦκα εἰς Ἀθήνας (Nr. 279). [6] Viele weitere Beispiele nennt Röhrich 2,405.

F

an einem seidenen Faden hängen

(griech. ἐκ τριχὸς κρέμαται [sprich: ek trichos krematai]
»es hängt an einem Haar«, lat. filo pendet »es hängt
an einem Faden«): äußerst gefährdet sein, in höchst be-
drohlicher Lage sein (auch: an einem Faden hängen,
an einem dünnen Faden hängen, meistens: Es hängt an
einem seidenen Faden; auch: Es hängt an einem Haar);
Um ein Haar!: beinahe, es hätte nicht viel gefehlt; jdm.
den Lebensfaden abschneiden: jdn. zugrunde richten,
töten.

Die Redensart erinnert an die Geschichte vom → Damoklesschwert, dürfte aber eher auf die Vorstellungen vom Lebensfaden zurückgehen: Schicksalsgöttinnen spinnen den
Lebensfaden eines jeden Menschen und schneiden ihn bei
dessen Tode durch;[1] entsprechend findet sich die genannte
Redensart häufig dann, wenn eine große Lebensgefahr geschildert werden soll. Sie ist zuerst lateinisch belegt,[2] dürfte aber auch schon früh bei den Griechen existiert haben.
Sie findet sich griechisch zuerst bei Synesios von Kyrene
(um 400 n. Chr.)[3] und dann in mittelalterlichen Sprich-
wörtersammlungen.[4] Nach einer Anekdote im »Gnomolo-
gium Vaticanum« (14. Jh.) sagte der syrakusanische Tyrann
Dionysios einem Jüngling, der sich nur um seinen Körper
sorgte, er wundere sich, daß jener sich um Dinge kümmere,
deren Bestand an einem Haare hinge.[5]

Im Deutschen erscheint die Wendung zuerst bei Heinrich
von Mügeln im 14. Jh. (»Da hieng die römische Ere [Ehre]

an eim kleinen vaden«)[6] und später als »seidener« (also besonders dünner) Faden zuerst bei Christian Scriver (1623-1693): »Unser Leben hängt, auch wenn wir frisch und gesund sind und mit Lust essen und trinken, an einem seidenen Faden.«[7]

[L] Duden 11,188; Grimm 3,1233; Otto 136 (Nr. 662) u. Nachträge 162; Röhrich 2,409. [1] Beispielsweise Coripp. Ioh. 3,338-339 (MGH 3,2,35): »Warum, Lachesis, hältst du das Schicksal der Menschen an einem Faden hängend?« (cur, Lachesis hominum tenui pendentia filo | fata tenes?); vgl. engl. »to cut the thread of a person's life«; frz. (gehoben) »couper/trancher le fil de la vie à quelqu'un«; ndl. »jemands levensdraad afsnijden«; zum Motiv des Lebensfadens vgl. Röhrich 2,409. [2] Zuerst Enn. Fr. 109: »Hac noctu filo pendebit Etruria tota«; die weiteren lat. Stellen bietet Otto 136. [3] Synes. epist. 4: »Man sagt, daß das Leben an einem zarten Faden aufgehängt sei« (ἀπὸ λεπτοῦ φασι μίτον τὸ ζῆν ἠρτῆσθαι). [4] Zenob. 3,47: »Es hängt an einem Haar: Von denen die sehr in Gefahr sind« (ἐκ τριχὸς κρέμαται· ἐπὶ τῶν σφόδρα κινδυνευόντων), ähnlich Apostol. 3,50 (CPG 2,299). [5] Nr. 262 nach A. Demandt, Sokrates antwortet, Zürich 1992, S. 83. [6] In seiner Übersetzung des Val. Max. 113d nach Grimm 3,1233. [7] Seelenschatz 2,443 nach Grimm 2,1233. [S] Engl. »to hang by a (thin) thread«; frz. »ne tenir qu'à un fil«; ndl. »aan een zijden draad hangen«.

sich mit fremden Federn schmücken

Fremde Leistung als die eigene ausgeben.

Dieses Bild stammt aus den äsopischen Fabeln »Die Krähe und die Vögel«.[1] Als dort Zeus einen König der Vögel küren will, sammelt die häßliche Krähe die herabgefallenen Federn anderer Vögel auf und tritt so vor Zeus. Jedoch erkennen die anderen Vögel ihre Federn wieder, nehmen sie wieder an sich und machen so die Krähe wieder zu dem, was sie ist. Die Fabel soll damit ein Bild für Schuldner sein, die nur so

lange reich erscheinen, wie sie fremdes Geld besitzen. Die
Geschichte war in der Antike allgemein bekannt: Der römische Dichter Horaz spielt auf sie an,[2] und Lukian erzählt im
2. Jh. n. Chr. von einem Sophisten (→ sophistisch), dem
»seine Rede zufällig wie bei der Krähe Äsops aus bunten
fremden Federn zusammengetragen war«.[3]

Auch der römische Fabeldichter Phaedrus hat die äsopische Geschichte aufgegriffen: Bei ihm schmückt sich eine
Krähe – ebenso erfolglos – mit den Federn eines Pfaus.[4] Der
Kirchenvater Hieronymus (um 350-420) verwendete die
Worte »sich mit fremden Farben schmücken« (alienis se coloribus adornare) für ein sich Brüsten mit fremden Leistungen.[5] Auch stellte er den »fremden Farben« der äsopischen
Krähe die »eigenen Farben« gegenüber – ein Sinnbild dessen, was der Mensch wirklich ist.[6] In diesem Sinne sang
1983 Cindy Lauper über die »True Colors« ihres Geliebten.

[L] Büchmann 294; Der neue Büchmann 361; Duden 11,196; Duden
12,426-427; Otto 15 (Nr. 64) u. Nachträge 128; Röhrich 2,423.
[1] Nr. 200b Halm (ähnlich Nr. 200 Halm »Die Krähe und die Eule«) =
Nr. 103 Hausrath/Hunger. [2] Hor. epist. 1,3,18-20. [3] Lukian.
Pseudol. 5: »ὁ λόγος κατὰ τὸν Αἰσώπου κολοιὸν συμφορητὸς ... ἐκ
ποικίλων ἀλλοτρίων πτερῶν«; vgl. Eus. praep. ev. 10,4,27: »Sie liefen
ihr ganzes Leben umher und machten mit fremden Federn sich selbst
glänzend gemäß der Fabel.« [4] Phaedr. 1,3 (»Die stolze Krähe und
der Pfau«); vgl. Jean de La Fontaine, Fabel 4,9. [5] Hieron. praef. in
Didym. (Sp. 106 Vall.); epist. 108,15. Bei dem christlichen Schriftsteller
Tertullian dagegen ist der Ausdruck »Krähe Äsops« (gragulus Aesopi)
eine positive Bezeichnung für Christus: Tert. Val. 12 (CSEL 47,191,23).
[6] Hieron. adv. Ruf. 3,41 (Sp. 568 Vall.): »und man muß mich mit
meinen eigenen Farben zeichnen« (Meisque me coloribus esse pingen-
dum); vgl. 3,42 (Sp. 568 Vall.).

im Trüben fischen

Aus unklarer Lage Vorteil ziehen, Not oder Verwirrung zu seinen Gunsten ausnutzen (auch: im trüben Wasser fischen; im trüben Wasser/im Trüben ist gut fischen).

In einer Fabel des Äsop[1] peitscht ein Fischer das Wasser, um in dem aufgewühlten, trüben Wasser die Fische in seine Netze treiben zu können. Auf die Beschwerde eines Anwohners, daß das Wasser so nicht mehr trinkbar sei, rechtfertigt er sich damit, daß er sonst Hungers sterben müsse. Die Geschichte verdeutliche, daß »ebenso auch die Demagogen der Städte dann am meisten darin wühlen, wenn sie ihre Heimatstädte in Unruhen treiben wollen«.

Der Komödiendichter Aristophanes greift die Geschichte in seinen »Rittern« auf, wo er den Wursthändler zu dem Paphlagonier Kleon – beide sind skrupellose Demagogen – sagen läßt: »Denn es ergeht dir wie denen, die die Aale fangen wollen: | Immer wenn die See ruhig ist, bekommen sie nichts; | aber immer wenn sie den Schlamm auf und ab wühlen, | fangen sie; auch du fängst, wenn die Stadt du aufwühlst.«[2]

Das Motiv ist im lateinischen Mittelalter häufig bezeugt;[3] im Deutschen sind die Redensart und das entsprechende Sprichwort seit dem 16. Jh. belegt. Goethe formulierte: »In dem Klaren mag ich gern | und auch im Trüben fischen.«[4]

[L] Borchardt-Wustmann-Schoppe 148-149; Duden 11,736-737; Grimm 3,1682; Röhrich 5,1646-1647. [1] Nr. 25 Halm = Nr. 26 Hausrath/Hunger. [2] Aristoph. Equ. 864-867. [3] Drei Belege nennt Röhrich 5,1647 mit weiterführender Lit.: A. Taylor, »It is good fishing in troubled (muddy) waters«, in: Proverbium 11, 1968, 268-275. [4] Nach Grimm 1682. [S] Engl. »to fish in troubled waters«, »it is good fishing in troubled/muddy waters«; frz. »pêcher en eau trouble«; ndl. »in troebel water is het goed vissen«. [B] Thomas Mann,

Buddenbrooks (Frankfurt a. M. 1961) 309: »Ich soll im Trüben fischen? Einen Menschen brutal ausbeuten?«

Füllhorn

Überfluß hervorbringendes Trinkhorn, überreiche Quelle (auch: * Horn der Amaltheia).

Die kretische Nymphe Amaltheia ('Αμάλθεια, lat. Amalthēa) zog den Göttervater Zeus mit der Milch einer Ziege auf; aus Dank schenkte ihr Zeus später ein zufällig an einem Baum abgebrochenes Horn der Ziege, dem er die Macht verlieh, alle Wünsche zu erfüllen. → Nektar und → Ambrosia flossen aus dem Horn, und schließlich wurde es von Zeus unter die Sterne versetzt.

Die Wendung »Horn der Amaltheia« (griech. 'Αμαλθείας κέρας, sprich: Amaltheias keras) wurde schon bei den Griechen sprichwörtlich verwendet,[1] entsprechend das »Füllhorn« (d. h. Horn der Fülle lat. cornu Copia[e] o. cornucopia, eigentlich »Horn der Fülle«) bei den Römern.[2] Dort wurde das Horn, aus dem Früchte, Ähren, Blumen und andere Dinge hervorquellen, zum Sinnbild der Fülle bzw. zum Attribut der personifizierten Fülle (Copia; später durch Abundantia [Überfluß] und Fortuna [Glück] verdrängt). Es findet sich aber auch bei Darstellungen der Diligentia (Sorgfalt) oder Natura (Natur) oder als Beigabe bei der Darstellung von Gefäßen oder Geräten.

Im 17. Jh. redete man im Deutschen noch allein vom »Horn«, während im 18. Jh. das »Füllhorn« Überhand gewann. In heutiger Zeit, v. a. in der politischen Karikatur, symbolisiert das Füllhorn häufig das allzu freigebige Austeilen finanzieller Mittel.

71

L Grimm 4,516-517; Otto XLIII.94 (Nr. 441); Rannacher 20; Röhrich 2,485-486. [1] Zenob. 2,48 (CPG 1,44); Gell. 1,8,2; Plin. nat. praefatio 23. [2] Die zahlreichen lat. Belegstellen bietet Otto XLIII. 94 (Nr. 441). S Engl. »cornucopia« (Füllhorn/Fülle, Überfluß).

wie von (den) Furien gehetzt

Wie ein Wahnsinniger, rasend schnell; * in der Furie sein: wütend und zornig sein (meist für eine vor Eifersucht wütende Frau).

Die griechischen Erinnyen bzw. die römischen Furien ('Ερῑνύες, Sg. 'Ερῑνῦς; lat. Furiae, Sg. Furia, nach furia: Zorn, Wut) waren Rachegöttinnen, die einen Übeltäter (insbesondere einen Verwandtenmörder) jagten und seine Untaten bestraften.[1] Oft wird ihnen die Dreizahl mit den Namen Allekto, Teisiphone und Megaira (→ Megäre) zugeschrieben. Mit verzerrtem Gesicht und Schlangen in den Haaren tauchten sie aus der Tiefe auf, verfolgten den Frevler auf bronzenen (also laut scheppernden) Füßen über die ganze Welt und suchten ihn in den Wahnsinn zu treiben. So wurde Orest nach dem Mord an seiner Mutter Klytaimnestra von den Erinnyen gehetzt und erst nach langer Flucht von Apollon entsühnt und auf Betreiben Athenes vor dem athenischen Areopag (→ Areopag) freigesprochen.

In der deutschen Literatur wurden die Furien seit dem 18. Jh. sehr beliebt und im übertragenen Sinne für wütende Frauen verwendet; so sagt z. B. ein Vater bei Friedrich Wilhelm Gotter (1746-1797): »Laura, meine Tochter! Sonst so ein sanftes Lämmchen – und auf einmal so eine Furie!«[2]

L Duden 11,226; Grimm 4,750-751; Röhrich 1,489. [1] Sie wurden von Gaia aus dem Blut des von Kronos kastrierten Uranos geboren: Hes. Theog. 183-187; Apollod. bibl. 1,1,4; sie bestraften den Übeltäter:

Hom. Il. 9,571-572; 19,259-260; Od. 17,475-476; Hes. Erg. 802-804; Aischyl. Eum. 321-340. [2] Das öffentliche Geheimnis, Leipzig 1781, S. 106 nach Grimm 750 mit weiteren Beispielen. ⟨R⟩ Dramatische Bearbeitungen und Dichtungen nennt Hunger 128.

G

die Gans, die goldene Eier legt, schlachten

In der Hoffnung auf großen Gewinn kleine, aber sichere Einkünfte zunichte machen; aus Habgier einen Verlust erleiden (auch: das Huhn, das goldene Eier legt, schlachten); auch ohne »schlachten«: die Gans, die goldene Eier legt: etwas, das großen Gewinn bringt (aber wohl kaum existiert).

In der äsopischen Fabel »Die Gold hervorbringende Gans«[1] erhält ein Mann von dem Gott Hermes eine Gans, die goldene Eier legt. Aus Ungeduld und weil er annimmt, die Gans sei innen aus Gold, schlachtet er sie, findet aber im Innern der Gans nur Fleisch vor. So wird er nicht nur in seiner Hoffnung getäuscht, sondern verliert auch die goldenen Eier. Die Moral der Geschichte laut Äsop: »Ebenso verlieren die Habsüchtigen aus Gier nach mehr auch das, was sie in Händen haben.«

Bekannt wurde diese Fabel durch die Bearbeitung des französischen Dichters Jean de La Fontaine (1621-1695), der allerdings anstelle der Gans ein Huhn wählte.[2] Ebenso an die in Mitteleuropa bevorzugten Nutztiere angepaßt ist die deutsche Wendung »die Kuh schlachten, die man melken will«.

L Duden 11,3 53; Macrone 27. [1] Nr. 343 b Halm = Nr. 89 Haus-rath/Hunger; vgl. Av. fab. 33. [2] Fabel 5,8. S Engl. »to kill the goose that lays the golden eggs« (seit der ersten engl. Wiedergabe der Fabel 1484: Macrone 27).

* Ganym<u>e</u>d

Hübscher junger Diener, schöner junger Mann.

Der trojanische Königssohn Ganymed (Γανυμήδης, Gany-mēdēs) wurde wegen seiner strahlenden Schönheit von Zeus, der sich dazu in einen Adler verwandelte, auf den Olymp ent-führt und dort zum Mundschenk der Götter gemacht.[1]

Der Ursprung der Geschichte liegt in der griechischen Knabenliebe, der so auch in der Götterwelt Raum gegeben wurde. Das Motiv des Adlers mitsamt bildlicher Darstel-lung stammt aus dem 4. Jh. v. Chr., wobei es sich zunächst um den Adler des Zeus handelt, erst später, wie in Ovids »Metamorphosen«, um den Göttervater selbst in Gestalt ei-nes Adlers.[2] In späthellenistischen und römischen Erzählun-gen wurde Ganymed als das Sternbild Wassermann an den Himmel versetzt.[3]

Als Synonym für einen reizvollen Mundschenken wird die Benennung »Ganymed« zuerst von Euripides verwendet, bei dem der Zyklop Polyphem (→ zyklopisch) den Silenos (→ Silen) so nennt und dann in seine Höhle schleppt.[4]

L Büchmann 65; Rannacher 14. Weiterführende Lit.: R. Herbig, Ga-nymed und der Adler, in: Ganymed, Heidelberger Beiträge zur antiken Kunstgeschichte, Heidelberg 1949,1-10; H. Sichtermann, Ganymed. Mythos und Gestalt in der antiken Kunst, Berlin 1953. [1] Hom. Il. 20, 232-235; Apollod. bibl. 3,12,2,2-3 u. 2,5,9,12; Kleine Ilias Frg. 29 ed. Bernabé (S. 84-85); Antiphanes Fr. 73-74 (CAF 2,40-41); Pind. Ol. 1,43-45; Eur. Or. 1392. [2] Ov. met. 10,155-161; vgl. Anth. Pal. 12,64.65. [3] Ps.-Eratosth. Catast. 26; Schol. Arat. 283. [4] Eur.

Cycl. 582: »Wenn ich genug habe an diesem Ganymed, werde ich zur Ruhe kommen« (ἅλις Γανυμήδην τόνδ' ἔχων ἀναπαύσομαι). R Gedicht »Ganymed« von J. W. Goethe (1774).

geflügelte Worte

Sprichwörtliches Zitat, berühmter Ausspruch (auch im Sg.).

Der Dichter Homer gebraucht den Ausdruck »geflügelte Worte« (ἔπεα πτερόεντα, sprich: epea pteroenta) über 100mal (46mal in der »Ilias«, 58mal in der → »Odyssee«) zur Einleitung einer wörtlichen Rede, die so rasch, direkt und treffend erfolgt, daß sie den Angesprochenen »wie auf Flügeln« erreicht. Die Formulierung fand Eingang ins Deutsche, aber auch ins Holländische, Dänische, Schwedische, Russische, Englische und Französische.[1]

Außerhalb des homerischen Zusammenhangs (Übersetzungen ins Deutsche von Graf Friedrich Leopold Stolberg [1750-1819, Übersetzung der »Ilias« 1778] und Johann Heinrich Voß [1751-1826; Übersetzung der → »Odyssee« 1781, der »Ilias« 1793]) benutzte zuerst Friedrich Gottlieb Klopstock den Ausdruck 1755 in seinem Epos »Der Messias«:[2] »... Den feurigen Sünder umgaben | seine Vertrauteren, Pharisäer. Geflügelte Worte | sprach er zu ihnen ...« Schiller schrieb 1805 in »Huldigung der Künste«: »Und mein geflügelt Werkzeug ist das Wort.«

Im Englischen wurde der Ausdruck »winged words« schon im 16. Jh. durch George Chapmans [um 1559-1634] Übersetzung der → »Odyssee« geprägt; 1838 gebrauchte ihn dann Thomas Carlyle (1795-1881) in seinem Essay über Walter Scott erstmals im Sinne von »zitierbare Sentenzen«.[3] Als eine Bezeichnung für sprichwörtlich gebrauchte Aussprüche und Zitate prägte den entsprechenden deutschen Ausdruck der Berliner Gewerbeschullehrer August Georg Büchmann (1822-1884) in seiner Zitatensammlung »Geflügelte Worte. Der Citatenschatz des Deutschen Volkes« (1864).[4] In diesem Sinne sprach kurz darauf auch Bismarck 1868 von einem »fliegenden Wort«.[5]

In der Nachfolge Büchmanns trugen später auch verschiedene andere Sammlungen von Aussprüchen »geflügelte Worte« in ihrem Titel.[6]

L Bartels 15; Büchmann 287; Der neue Büchmann 354; Duden 11,814; Duden 12,176; Grimm 4,2148; Macrone 208; Rannacher 14. [1] Der neue Büchmann 354. [2] Klopstock, Messias 7,632 und 842; vgl. 9,637 und 19,195. [3] Büchmann 287 mit Nennung von Textausgaben; Der neue Büchmann 354. [4] Das Werk wird bis heute neu aufgelegt, zuletzt in der 41. Auflage 1998 (siehe das Literaturverzeichnis unter »Büchmann«); nationalsozialistisch entstellt sind die 28. und 29. Auflage 1937 bzw. 1942, ebenso die gekürzte Ausgabe von V. Tornius (1935) und die »Volksausgabe« von G. Haupt (1941): Mieder 192-193. [5] Zitiert bei Büchmann 434-435. [6] Paul Lindenberg, Berliner geflügelte Worte, Berlin 1887; Oppenheim/Gettke, Deutsches Theaterlexikon, Leipzig 1886-1889, Artikel »Geflügelte Worte der deutschen Bühne«; Emil Pirchan, Bühnenbrevier, Wien 1938, Kap. »Geflügelte Theaterworte« ab S. 141. B Belege aus Goethe, Schiller und Görres siehe bei Grimm 4,2148.

* Gehege der Zähne

(griech. ἕρκος ὀδόντων, sprich: herkos odontōn): der Mund, in dem böse Worte zurückgehalten werden sollten.

Diese Wendung geht auf den griechischen Dichter Homer zurück. Zum Beispiel sagt am Beginn der → »Odyssee« der Göttervater Zeus entsetzt zu Athene, als sie andeutet, er könne ihren Schützling Odysseus vergessen haben: »Mein

Kind, was für ein Wort entfloh dir aus dem Gehege der Zähne?«[1] Homer verwendet sowohl diesen formelhaften Vers als auch das »Gehege der Zähne« in anderen Zusammenhängen noch mehrfach.[2]

L Bartels 27; Büchmann 288; Der neue Büchmann 355; Duden 12,177; Grimm 5,2337; Rannacher 14. [1] Hom. Od. 1,64: »Τέκνον ἐμόν, ποῖόν σε ἔπος φύγεν ἕρκος ὀδόντων;« [2] Diesen Vers: Od. 5,22. 19,492; Il. 4,350; anders: Il. 9,409. 14,83; Od. 3,230. 10,328. 21,168. 23,70.

die Gelegenheit beim Schopfe fassen

Den günstigen Augenblick nutzen (auch: die rechte/beste Gelegenheit bei der Stirnlocke/am Stirnhaar fassen/ergreifen; danach auch: das Glück beim Schopf ergreifen).

Der »Kairos« (καιρός), der günstige Augenblick, spielte für die Griechen eine wichtige Rolle. Dem Weisen Pittakos von Mytilene wurde der Ratschlag »Erkenne den richtigen Augenblick!« (griech. καιρὸν γνῶθι, sprich: kairon gnōthi) zugeschrieben.[1] Der günstige Augenblick wurde sogar personifiziert, von dem Dichter Ion von Chios besungen und als die Gottheit Kairos (Καιρός), jüngster Sohn des Zeus, in Olympia kultisch verehrt.[2] Später wandelte sich der »Kairos« in den Gott des Lebens und der Zeit. In Sikyon wurde er von dem Bildhauer Lysippos als junger Mann, eilend auf einer Kugel, mit kahlem Hinterkopf, aber mit langen Locken um Stirn und Schläfen dargestellt:[3] Wenn die Gelegenheit vorübergegangen ist, lassen sich an ihrem Hinterkopf keine Haare mehr ergreifen. Die Römer bildeten daraus das Sprichwort »Fronte capillata post est occasio calva (Mit haariger Stirn ist hinten die Gelegenheit kahl).[4]

Das Englische kennt seit dem 16. Jh. die Wendung »to take opportunity by the forelock«; im Deutschen ist »die Gelegenheit beim Schopfe fassen« kaum vor dem 18. Jh. entstanden.[5] Doch schildert schon Johann Fischart 1594 die nur an der Stirn behaarte »Frau Gelegenheit«, und 1630 heißt es bei Christoph Lehmann: »Wer die Gelegenheit nicht vorn ergreift, erwischt sie hernach am Ort, wo man die Händ bescheißt.«[6] Bekannt ist die Stelle bei Goethe im Vorspiel zum Faust: »Das Mögliche soll der Entschluß | beherzt sogleich beim Schopfe fassen, Er will es dann nicht fahren lassen, | Und wirket weiter, weil er muß.«[7]

Das Motiv ist in mehreren Versionen ins Sprichwort übergegangen, z.B.: »Gelegenheit hat vorn langes, hinten kurzes Haar«. Volkstümlich ist das schwäbische Sprichwort: »Nimm die Gelegenheit beim Schopf, hinten ist sie kahl am Kopf.«

[L] Borchardt-Wustmann-Schoppe 172-173; Büchmann 69; Duden 11,248; Grimm 5,2948; Rannacher 14; Röhrich 2,530-531. Weiterführende Lit. nennt Röhrich 2,531. [1] Stob. 3,1,172,63 (vgl. 3,1, 172,23.88). [2] Paus. 5,14,9. [3] So beschreiben es Poseidippos (um 280 v. Chr.) und Euagrius (um 590 n. Chr.; die Belege und weitere Quellen nennt Büchmann 69). [4] Ps.-Cato dist. 2,26; vgl. 4,45; Phaedr. 5,8,2; carm. Bur. 16,1. [5] Noch Raspe übersetzt die lateinische Variante »Fronte capillata post est occasio rara« mit »Man muß die Gelegenheit sich zunutze machen«: Borchardt-Wustmann-Schoppe 172. [6] Beides nach Grimm 5,2948, wo sich weitere Beispiele finden. [7] Goethes Faust, Vorspiel auf dem Theater 227-230. [B] Shakespeare, All's well that ends well (Ende gut, alles gut) 5,3: »Let's take the instant by the forward top!« (Am Stirnhaar laß den Augenblick uns fassen!). [S] Engl. »to take opportunity/time by the forelock«; frz. * »prendre l'occasion aux cheveux«; ndl. »de gelegenheid bij de haren grijpen«.

gigantisch

Ungeheuer groß, übermenschlich; auch: * gigantesk,
* gigantengroß; Gigant: Riese (z. B.: Geschäftsgigant);
Giganten- (in Zusammensetzungen): riesig (z. B.: Gigan-
tenarbeit, Gigantenkraft).

Die riesigen Giganten (Γίγαντες, lat. Gigantēs), schlangen-
füßige Söhne des Kronos und der Gaia,[1] versuchten in der
sog. »Gigantenschlacht« (Gigantomachie), den Olymp zu
erobern: Mit Felsblöcken, Bäumen und Keulen bewaffnet,
gingen sie gegen die Olympier vor und türmten sogar Berge
aufeinander (→ den Pelion auf den Ossa türmen), doch
wurden sie von Zeus' Blitzen zerschmettert und in die Unterwelt geschleudert.[2] Herakles, der den Göttern im Kampf
zum Sieg verhalf, wurde zum Dank unter die Olympier aufgenommen.[3]
   Die Gigantenschlacht ist die Ausgestaltung des griechischen Gedankens von einem Ordnung begründenden Sieg
der olympischen Götter über die chaotischen Mächte der
Urzeit; sie war daher in Literatur und Kunst der Antike ein
sehr beliebtes Motiv. Wohl am bekanntesten ist ihre Darstellung auf dem Fries des Pergamonaltares (2. Jh. v. Chr.),
auf dem sie zeitgenössische Siege über barbarische Volks-
stämme (→ Barbar) symbolisiert.[4]
   Bereits Griechen und Römer verwendeten das Adjektiv
»gigantisch« in der übertragenen Bedeutung »riesig, übermenschlich groß« (griech. Γιγάντειος, lat. Gigantēus).[5]
   Im Deutschen findet sich der »Gigant« als Synonym für
einen Riesen seit dem Rolandslied des Pfaffen Konrad (um
1170) und seit dem 18. Jh. für große, starke oder bedeu-
tende Menschen; das Adjektiv »gigantisch« erscheint seit
Anfang des 16. Jh. und kann Gottfeindlichkeit und Hoch-

mut, ungeheure Kraft oder riesenhafte Ausmaße bezeichnen.

[L] Grimm 7,7472-7476; Rannacher 14. [1] Hes. Theog. 185.
[2] Pind. Nem. 1,67-69. 7,90; Pyth. 8,9-18; Apollod. bibl. 1,6,1-2.
[3] Eur. Herc. 177-180; Diod. 4,15,1. [4] O. Kern, Die Religion der
Griechen 3,170 ff. [5] Beispielsweise spricht Lukian. Philops. 23 von
einem »gigantischen Schreckgespenst« (γιγάντειόν τι μορμολύκειον);
weitere Belege siehe z. B. TGL 2,613-614; LS 1,348; lat. vgl. z. B. Ov.
met. 14,184. [R] zur Rezeption in Drama, Epos, Oper und Literatur
siehe Hunger 143. [S] Russ. »гигантский« (gigantski, Adj.), »гигант«
(gigant, Subst.).

Gleich und gleich gesellt sich gern

**Menschen mit gleicher (d. h. meistens: gleich schlechter)
Gesinnung schließen sich gern zusammen.**

In der → »Odyssee« des griechischen Dichters Homer beschimpft der Ziegenhirt Melantheus den Sauhirten Eumaios, der den als Bettler verkleideten Odysseus zum Palast geleitet: »Jetzt also führt ganz recht ein Übler einen Üblen, wie immer den Gleichen ein Gott führt zum Gleichen.«[1] Daraus entwickelte sich das Sprichwort »Gleiches nähert sich immer dem Gleichen«, das Platon im »Symposion« nennt.[2] Von Cicero wird es in der lateinischen Form »pares cum paribus facillime congregantur« zitiert;[3] die bekanntere lateinische Übersetzung »similia similibus gaudent« (»Ähnliches hat Freude an Ähnlichem« [mit lat. similis »ähnlich« für griech. ὅμοιος »gleich, ähnlich«]) wird von Macrobius (um 400 n. Chr.) überliefert.[4]

[L] Büchmann 290; Der neue Büchmann 357; Duden 11,264.
[1] Hom. Od. 17,217-218: »νῦν μὲν δὴ μάλα πάγχυ κακὸς κακὸν
ἡγηλάζει | ὡς αἰεὶ τὸν ὁμοῖον ἄγει θεὸς ὡς τὸν ὁμοῖον.« [2] Plat.

symp. 195b: »ὅμοιον ὁμοίῳ ἀεὶ πελάζει«; vgl. Apostol. 12,74a (CPG 2,561). [3] Cic. Cato 7. [4] Macr. Sat. 7,7,12.

Glossen machen

Tadelnde oder spöttische Bemerkungen machen.

Unter »Glossen« (lat. glōssa, von griech. γλῶττα »Zunge, Sprache«) verstand man in der Antike ungewöhnliche, dunkle oder seltene Wörter, seit dem Mittelalter hingegen Erläuterungen zu einem Text oder bisweilen den Text selbst; »Randglossen« sind an den Rand geschriebene oder gedruckte Bemerkungen zu einem Text. Im Pressewesen bezeichnet man heute einen kurzen Kommentar als Glosse.

Die deutsche Wendung »Glossen machen« ist seit Anfang des 18. Jh. literarisch belegt und auch im rheinischen und obersächsischen Volksmund verbreitet: »Der muß wieder seine Glossen machen!« (Der hat wieder etwas auszusetzen, der macht sich wieder lustig.) Auch Goethe erkannte einen verbreiteten menschlichen Zug sehr treffend, als er schrieb: »Wenn wir weiter nichts zu tun wissen, so treten wir ans Fenster und machen Glossen über die Vorübergehenden.«[1]

L Borchardt-Wustmann-Schoppe 181-182; Grimm 8,213-214; Röhrich 2,557-558. [1] Goethe 4,6,57 Weimarer Ausgabe. B Diverse Belege seit 1709 bei Grimm 8,213-214. S Frz. »gloser«.

Glück im Unglück haben

Trotz eines Unglücks noch relativ glücklich davonkommen.

Die Wendung »Glück im Unglück« findet sich vorbereitet bei dem Historiker Flavius Josephus (37-95 n. Chr.), der in seiner »Geschichte des jüdischen Krieges« berichtet, wie der römische Feldherr Titus im Frühjahr 70 n. Chr. nach Palästina zieht, um Jerusalem zu erobern; in dieser Situation habe es sich ergeben, »daß der Aufstand in Jerusalem, als er aufflammte, dreigeteilt wurde und die eine Partei [von bisher zweien] sich gegen sich selbst wandte, was man gleichsam ein Glück im Unglück [eigentlich »ein Gutes unter Übeln«] nennen könnte und ein Werk der Gerechtigkeit ...«.[1]

L Büchmann 309; Der neue Büchmann 375; Duden 11,267. [1] Ios. bell. Iud. 5,2: »..., ὅπερ ἄν τις ὡς ἐν κακοῖς ἀγαθὸν εἴποι καὶ δίκης ἔργον.«

Glückskind

Mensch mit beständigem Glück, Glückspilz (auch: Kind des Glücks).

Das Glück, d. h. das günstige Schicksal, wurde von den Griechen und Römern in Form der Göttinnen Τύχη (sprich: Tūchā; Glück, Schicksal) bzw. Fortuna göttlich verehrt. Der Ausdruck »Glückskind« geht auf die Bezeichnung »Kind der Glücksgöttin« (παῖς τῆς Τύχης) zurück, die sich Ödipus (allzu optimistisch) in Sophokles' Tragödie »König Ödipus« gibt: »Ich aber, der ich mich für ein Kind der Glücksgöttin, | der gabenreichen, halte, werde nicht entehrt werden«.[1] Der römische Dichter Horaz übersetzte dies wörtlich mit »fortunae filius« (Sohn des Glücks).[2]

Im Deutschen erscheint – vielleicht durch Horazlektüre angestoßen – seit dem 16. Jh. das »Glückkind«, »Glückeskind« oder »Glückskind«. Zumeist geht es dabei um jemanden, dem alles gelingt, z. B.: »Einzelnen Glückskindern regnet freylich zu Zeiten das Glück zum Dach hinein«;[3] es kann aber auch ein einzelner unerwarteter Glücksfall, ein großes materielles oder auch ein geistiges Glück (z. B.: »Jedes wahre Genie ist ein Glückskind«)[4] gemeint sein. Selten geht das »Glückskind« in die Bedeutung »Glücksritter« über: »Vorsicht bei zwei simplen Glückskindern – Murat ist ein Narr, Bonaparte nicht viel Besseres.«[5]

L Büchmann 300; Der neue Büchmann 367; Grimm 8,377-378; Otto 144-145 (Nr. 703) u. Nachträge 103.237; Rannacher 14; Röhrich 2,558. [1] Soph. Oid. T. 1080-1081: »ἐγὼ δ᾽ ἐμαυτὸν παῖδα τῆς Τύχης νέμων | τῆς εὖ διδούσης οὐκ ἀτιμασθήσομαι«; vgl. Hom. Il. 3,182. [2] Hor. s. 2,6,49 (über den von allen beneideten Dichter). »›fortunae filius!‹ omnes« (›Ein Glückskind!‹ rufen alle); vgl. Petron. 43: »ganz ein Sohn der Fortuna« (plane Fortunae filius); Plin. nat. 7,43-44; Iuv. 6,605-609. [3] Pestalozzi, Schriften (1819) 6,117 nach Grimm 8,377. [4] W. H. Riehl, Musikalische Charakterköpfe (1899) 2,140 nach Grimm 8,378. [5] Grabbe, Werke 3,54 Grisebach nach Grimm 8,378. B Diverse weitere Belege siehe bei Grimm 8,377-378.

* Gold gegen Bronze

(griech. χρύσεα χαλκείων, sprich: chrysea chalkeiōn): Wertvolles gegen weniger Wertvolles (tauschen, bekommen, geben etc.); auch: * Bronze gegen Gold; »Gold gab ich für Eisen«: Motto von Spendenaktionen der Befreiungskriege und des Ersten Weltkrieges.

In Homers »Ilias« tauschen der Grieche Diomedes und der auf trojanischer Seite kämpfende Lykier Glaukos, deren Familien seit langen Zeiten befreundet sind, Gastgeschenke aus: »Da wieder nahm dem Glaukos der Kronossohn Zeus die Sinne, | daß er mit dem Tydeussohn Diomedes die Waffen tauschte: | goldene gegen bronzene, hundert Rinder teure gegen neun Rinder teure.«[1] Daher bezeichnet die Wendung »Gold gegen Bronze« einen höchst ungleichen Tausch. Im Deutschen erscheinen seit dem Minnegesang zunächst Wendungen mit Gold in Kontrast zu Kupfer, Zinn, Messing, Blei oder Silber, die als solche naheliegen und nicht auf das antike Vorbild zurückgehen müssen, z. B.: »(Würde ich euer Kebsweib, ...) sô het ich vür daz golt gelesen | daz kupfer und den messinc.«[2] Hingegen dachte Theodor Gottlieb von Hippel (1741-1796) explizit an Homer, als er schrieb: »Oft wechselst du wie Glaucus und Diomedes Gold gegen Bley.«[3]

Die ähnliche, jedoch positiv auffordernde Wendung »Gold in Eisen« in der Bedeutung »Gold für Waffen hergeben« ist seit dem 16. Jh. belegt; in Schillers »Jungfrau von Orleans« (uraufgeführt 1803) fordert Agnes Sorel, die Geliebte König Karls von Frankreich, den König auf: »Verwandle deinen Hofstaat in Soldaten, | Dein Gold in Eisen; alles, was du hast, | Wirf es entschlossen hin nach deiner Krone!« Unter dem Motto »Gold gab ich für Eisen« wurde in den Befreiungskriegen (1813/1815) Gold, insbesondere goldene Trauringe, zur Ausrüstung von Truppen und Kriegsmaterial gespendet;[4] im Ersten Weltkrieg erhielt derjenige, der Goldmünzen oder Goldschmuck an die Reichsbank ablieferte, eine eiserne Erinnerungsmedaille mit der Aufschrift: »Gold gab ich zur Wehr, Eisen nahm ich zur Ehr.«[5]

[L] Bartels 31; Duden 12,194; Grimm 8,706. [1] Hom. Il. 6,234-236: »ἔνθ' αὖτε Γλαύκῳ Κρονίδης φρένας ἐξέλετο Ζεύς | ὃς πρὸς Τυδεΐδην Διομήδεα τεῦχε' ἄμειβεν | χρύσεα χαλκείων ἑκατόμβοι' ἐννεαβοίων« [2] Heinrich v. d. Türlin (Anfang des 13. Jh.), Die Krone 11358; weitere Belege bei Grimm 8,706. [3] Über die Ehe (1774) 71 [4] K. Hagemann, Heldenmütter, Kriegsbräute und Amazonen. Entwürfe »patriotischer« Weiblichkeit zur Zeit der Freiheitskriege, in:

U. Frevert (Hrsg.), Militär und Gesellschaft im 19. und 20. Jh., Stuttgart 1997, S. 192-193. [5] R. Oberschelp, Stahl und Steckrüben. Beiträge und Quellen zur Geschichte Niedersachsens im Ersten Weltkrieg (1914-1918), Bd. 1, Hannover 1993, S. 157 mit Abb.

ein goldenes Händchen haben

Sehr viel Geld verdienen; was er anfaßt, verwandelt sich in Gold: er verdient sehr viel Geld.

Der phrygische König Midas (vgl. → Midasohren haben) wünschte sich leichtsinnigerweise von dem Dionysosbegleiter Silenos (→ Silen), daß sich alles, was er berührt, in Gold verwandelt. Dies führte dazu, daß auch alle Nahrung, die er zu sich nehmen wollte, zu Gold wurde. Glücklicherweise wurde er vom Gott Dionysos von der schädlichen Gabe wieder befreit.[1]

Aufgrund dieser Erzählung steht Midas' Name in einigen griechischen und römischen Quellen als Symbol für märchenhaften Reichtum,[2] und in Anspielung auf die Midassage verwendet der römische Schriftsteller Petronius in seiner Schilderung der Figur des reichen Chrysanthus die Worte: »Ganz ein Sohn der Fortuna [d. h. der Glücksgöttin, vgl. → Glückskind], in seiner Hand wurde Blei zu Gold.«[3]

[L] Otto 49 (Nr. 219); Wiesenthal 48. [1] Ov. met. 11,90-145; vgl. Schol. Aristoph. Plut. 287. [2] Tyrtaios Fr. 9,5; Catull. 24,4; Diogen. 8,53 (CPG 1,316). [3] Petron. 43,7: »Plane Fortunae filius, in manu illius plumbum aurum fiebat.« [R] Popsongs: Renaissance, »Midas Man« (1977, gegen menschliche Profitgier); The Hollies, »King Midas in reverse« (1967, über einen Menschen, dem gar nichts glückt). [S] Engl. »to have the Midas touch«.

goldene Worte

Berühmte Aussprüche; goldene Worte finden: rühmen, beschönigen.

Die Wendung geht zurück auf die mündlich überlieferten »goldenen Worte« (χρυσᾶ ἔπη, sprich: chrysa̲ epä) des Philosophen Pythagoras (6. Jh. v. Chr.). Im Deutschen hat sie seit dem 16. Jh. breiten Eingang gefunden.[1] Zum Beispiel schreibt Goethe: »Weisen Freundes goldne Worte | lispelten am Schattenorte.«[2]

Ⓛ Grimm 8,753; Rannacher 15. [1] Belege bietet Grimm 8,753. [2] Nach Grimm 8,753.

Goldenes Zeitalter

Blütezeit, herrliche Zustände (auch: goldene Zeit[en]; z.B.: das G. Z. der Schwarzweißfotografie, das G. Z. des Ostasienhandels).

Die antike Sage kennt nach orientalischem Vorbild das Motiv der Abfolge bestimmter Zeitalter, in denen die bisherige Menschheitsgeschichte – in dauerhaftem Abstieg – verlaufen sei. Dabei werden die einzelnen Stufen verschiedenen Metallen (in absteigendem Wert von Gold bis Eisen) zugeordnet. Das erste, »Goldene« oder auch »Saturnische« (nach dem herrschenden Göttervater Saturn) Zeitalter schildert der frühgriechische Dichter Hesiod in seinen »Werken und Tagen« als paradiesischen Urzustand, in dem die Menschen sorglos wie die Götter lebten.[1]

Bei den Römern war seit Vergil die Wiederkehr des Goldenen Zeitalters des Saturn ein beliebtes Motiv.[2] Kaiser Commodus (180-192 n. Chr.) ließ daher sein eigenes Zeitalter »das goldene« nennen.[3] Im Deutschen ist das Motiv seit dem 16. Jh. verbreitet.[4]

Heute wird das Attribut »golden« auch solchen Jahrzehnten des 20. Jh. beigegeben, die man in der Rückschau allgemein als Zeiten des Wohlstands und Aufstiegs bewertet (die goldenen Zwanziger, die goldenen Fünfziger).

[L] Büchmann 68; Duden 12,195; Otto 46 (Nr. 208) u. Nachträge 53.70.137-138.262; Rannacher 15. Zum Motiv des goldenen Zeitalters bei Blake, Wordsworth, Coleridge, Byron, Shelley und Keats siehe W. Stevenson, The Myth of the Golden Age in English Romantic Poetry, Salzburg 1981. [1] Hes. erg. 109-119; Arat. 100-114; Tib. 1,3,35-50; Ov. am. 3,8,35-46; Ov. met. 1,89-112; Ps.-Verg. Aet. 9-16. [2] Beispielsweise Verg. ecl. 4,6; zahlreiche weitere Stellen nennt Otto 46 (Nr. 208) u. Nachträge 53.70.137-138.262. [3] Cass. Dio 72,15,6. [4] Belege nennt Grimm 8,747.

gordischer Knoten

(lat. nodus Gordius): verwickelte Angelegenheit (auch: * gordischer Knopf); den (gordischen) Knoten durchhauen/lösen: ein verwickeltes Problem auf einen Schlag/ auf verblüffend einfache Weise lösen.

Bei dem Streitwagen des Königs Gordios von Phrygien (Γόρδιος, 8. Jh. v. Chr.) im Zeustempel der Hauptstadt Gordion waren Joch und Deichsel mit einem kunstvollen Knoten unentwirrbar verbunden; ein Adler des Zeus ließ sich der Legende nach auf dem Joch nieder, und entsprechend versprach ein Orakel dem, der den Knoten lösen werde, die Herrschaft über ganz Asien.

Als Alexander der Große 333 v. Chr. durch Phrygien zog, sagte er: »Es kommt nicht darauf an, wie er gelöst wird!« und durchschlug den Knoten mit seinem Schwert. So erfüllte

er das Orakel und wurde mit seinem Sieg über den Perserkönig Dareios tatsächlich Herrscher über Asien.[1]

Die Wendung »einen Knoten lösen« wurde daher schon
bei den Griechen und Römern sprichwörtlich für die Lösung eines schwierigen Problems verwendet.[2] Im Deutschen
erscheint »gordisch« seit dem 16. Jh.,[3] wobei bisweilen der
Knoten ersetzt wird, wie z. B. bei Ludwig Uhland: »Aber
solch verzwicktes Thema | solche räthselhafte Possen | sind
ein gordisches Problema.«[4] Erich Kästner dichtete ironisch:
»Den unlösbaren Knoten zu zersäbeln | gehörte zu dem
Pensum Alexanders. | Und wie hieß jener, der den Knoten
knüpfte? | Den kennt kein Mensch. | Doch sicher war es
jemand anders.«

[L] Büchmann 363; Der neue Büchmann 439; Duden 11,394; Duden
12,196; Grimm 8,961-962; Macrone 51; Otto 244 (Nr. 1233) u.
Nachträge 61.76.112-113. 193.241.281; Rannacher 15; Röhrich
3,860-861; Rössing 126; Stichwörter 58-63 u. Komm. 97-103.
[1] Quellen für die Episode sind: Curt. 3,1,15-18; Arr. an. 2,3; vgl. Iust.
11,7,13-16. [2] Diogen. 5,47 (CPG 1,261); Zenob. 4,46 (CPG 1,97-
98): »κάθαμμα λύεις«; lat. z. B. Cic. fam. 8,11,1: »Wir waren nämlich
in einen komplizierten Knoten geraten« (inciderimus enim in diffici-
lem nodum); für weitere Stellen siehe Otto 244 (Nr. 1233) u. Nachträge (s. o.). [3] Belege bei Grimm 8,962. [4] Gedichte (1898),
1,120. Weiterhin erscheint ein »gordischer Hieb«: August Graf von
Platen (1786-1835), Werke, Berlin (Hempel o. J.), 1,120: »Scheiden
löst mit gord'schem Hiebe.« [S] Engl. »a Gordian knot«, »to cut/
unloose the Gordian knot«, z. B. Shakespeare, King Henry V 1,1: »The
Gordian knot of it he will unloose, | familiar as his garter.«; frz. »tran-
cher le nœud gordien«; ndl. »de knoop doorhakken«.

ein Bild für (die) Götter

Lächerlicher, urkomischer oder aber auch wunder-
schöner Anblick; auch: ein Schauspiel für [die] Götter;
meistens mit dem Verb »sein«, z. B.: »Das ist ein Bild
für die Götter!«

In der »Ilias« des frühgriechischen Dichters Homer (Ὅμηρος, lat. Homērus) brechen die Götter in schallendes Gelächter aus, als sie den hinkenden Hephaistos als Diener
umherlaufen sehen (vgl. → homerisches Lachen).[1] Daher
meint man heute mit dem Satz »Es ist ein Bild für die Götter!« meistens etwas Komisches oder Groteskes.

Bei den Stoikern und Kirchenvätern hingegen wurde das
Motiv schon für etwas wirklich Beeindruckendes verwen-
det.[2] Auch Goethe meint in seinem Singspiel »Erwin und
Elmire« (1775) damit etwas ernsthaft Schönes: »Ein Schau-
spiel für die Götter | Zwei Liebende zu sehn! | Das schönste
Frühlingswetter ist nicht so warm, so schön.«[3]

L Büchmann 111; Duden 11,110.   [1] Hom. Il. 1,599; weitere Stellen
→ homerisches Lachen.   [2] Stoiker: Sen. dial. 1,2,9. (über den Kampf
mit dem Schicksal): »Siehe, ein Schauspiel, wert der Betrachtung des
auf sein Werk achtenden Gottes« (Ecce spectaculum dignum ad quod
respiciat intentus operi suo deus). Christliche Tradition: 1. Kor. 4,9
(Paulus über die Apostel): »Denn wir sind ein Schauspiel geworden der
Welt und den Engeln und den Menschen«; Cypr. epist. 56,8 (PL 4,366).
[3] 1. Auftritt, 1. Aufzug.

Das wissen (nur) die Götter

(griech. θεῶν ἐν γούνασι κεῖται »es liegt in den Knien der
Götter«): Niemand außer den Göttern weiß darüber etwas, es ist völlig ungewiß (auch: Das liegt/ruht im Schoße
der Götter/der Zeit/der Zukunft; umgangssprachlich:

Weiß Gott! Weiß der Himmel! Weiß der Teufel/Kuckuck/
Henker!); Gott weiß (wieviel/wer/was etc.): es ist ungewiß, wieviel/wer was etc.

Alle diese Wendungen gehen auf die bei dem griechischen
Dichter Homer häufige Beteuerung »Aber fürwahr, das
ruhet im Schoß der seligen Götter« zurück.[1] Beispielsweise
spricht so der trojanische Held Hektor zu Achilles (vgl. →
Achillesferse) kurz vor dem Zweikampf, in dem er von diesem getötet wird.[2]

Die gebräuchlichere Version »Das wissen die Götter« hat
sich im Deutschen bereits um 1700 eingebürgert.[3] Heinrich
von Kleist formuliert im »Prinz Friedrich von Homburg«:
»Das mögen die gerechten Götter wissen.«[4]

[L] Bartels 9; Büchmann 289; Duden 11,270; Rannacher 15; Röhrich
4,1398. [1] z.B. Hom. Il. 17,514; 20,435; od. 1,267.400; 16,129.
[2] Hom. Il. 20,435: »ἀλλ᾿ ἦ τοι μὲν ταῦτα θεῶν ἐν γούνασι κεῖται.«
[3] Herzogin Elisabeth Charlotte von Orléans in ihren Briefen 1719:
»(Das) stehet bey den göttern, wie die teutsche comedien alß pflegen zu
sagen« (nach: Der neue Büchmann 356). [4] Kleist, Pr. Fr. v. Homburg 1,1. [S] Engl. »God knows...«; frz. »Dieu (seul) le sait«, »Dieu sait
si...«; russ. »бог знает/весть« (bog snajet/wjest).

Gottes Mühlen mahlen langsam

(auch mit der Fortsetzung: ... aber fein Mehl/aber sie
zermalmen): Gott straft nicht sofort, aber mit Sicherheit,
niemand entgeht letztlich seiner gerechten Strafe; die
Mühlen der Justiz/der Bürokratie: die äußerst langsame,
aber unbarmherzige Arbeit von Behörden; noch in der
Mühle sein: noch nicht abgeschlossen sein.

Der griechische Arzt und Philosoph Sextus Empiricus (um
200) überliefert für den Gedanken der späten, aber siche-

ren göttlichen Strafe das Bild der Mühlen: »Spät mahlen die Mühlen der Götter, aber sie mahlen Feines.«[1] Daß es sich dabei um ein gängiges griechisches Sprichwort handelte, geht aus Plutarch hervor: Bei ihm redet ein Gesprächsteilnehmer kritisch von »diesen Mühlen der Götter, die ja, wie man sagt, spät mahlen und die Strafe undeutlich und die Furcht vor Schlechtigkeit kraftlos werden lassen«.[2]

Die Mühle als sprichwörtlicher Ort einer Arbeit (etwas ist »in der Mühle«, also »in Arbeit«) findet sich im Deutschen zuerst bei Johann Fischart im 16. Jh.[3] Zur gleichen Zeit erscheint bei Sebastian Franck denn auch der Gedanke der göttlichen Strafe mit dem Bild der Mühlen.[4] Die heute noch bekannte Formulierung prägte Friedrich von Logau (1604-1655) in seinem Epigramm »Göttliche Rache«: »Gottes Mühlen mahlen langsam, mahlen aber trefflich klein, | ob aus Langmut er sich säumet, bringt mit Schärf' er alles ein.«

[L] Büchmann 90; Duden 11,271; Duden 12,199; Röhrich 3,1056. [1] S. Emp. M. 1,287: »ὀψὲ θεῶν ἀλέουσι μύλοι, ἀλέουσι δὲ λεπτά.« [2] Plut. ser. num. vind. 3 (mor. 549d): »... τοῖς δὴ ὀψὲ τούτοις ἀλεῖν λεγομένοις μύλοις τῶν θεῶν καὶ ποιοῦσι τὴν δίκην ἀμαυρὰν καὶ τὸν φόβον ἐξίτηλον τῆς κακίας«; vgl. or. Sib. 8,14: »Spät mahlen die Mühlen der Götter das feine Mehl«; Er. Ad. 4,4,82. [3] Siehe Röhrich 3,1056 mit Beleg. [4] Sprichwörter, Frankfurt a.M. 1541, 2,119b nach Büchmann 90. [B] Überschrift »Moskaus Mühlen mahlen langsam« in: Die Zeit 4, 1971, S. 4 nach Mieder 34.

ins Gras beißen

Im Kampf fallen, sterben.

In Homers »Ilias« ruft Agamemnon Zeus an, die Sonne nicht sinken zu lassen, »ehe ich vor Hektors Brust ringsher zerrissen den Panzer | mit eindringendem Erz, und viele um ihn der Genossen | vorwärts liegend im Staub, mit Geknirsch in die Erde gebissen« (Voß).[1] Der Verletzte stürzt in den Sand und scheint sich in die Erde zu verbeißen, um die starken Schmerzen zu verwinden.

Die Wendung »in die Erde (o. den Sand) beißen« wurde ins Lateinische übernommen[2] und führte in mehreren Sprachen zu ähnlichen Redensarten. Während im romanischen Süden Erde und Staub verwendet werden, ist im Deutschen das Gras an dessen Stelle getreten, das sich seit dem 16. Jh. überhaupt oft in Wendungen des Sterbens für den Erdboden findet (z. B. »ins Gras hüpfen«, »im Gras bleiben«, »ins Gras sinken« etc.).[3] »Ins Gras beißen« erscheint zuerst bei Sebastian Brant 1546: »Und ist noch nit ein lange Zeyt | ins grün grasz da biessen | wol in die dreissig tausent man.«[4] Selten wird es auch für einen nicht gewaltsamen Tod oder sogar für anderes als Menschen verwendet: So schreibt Friedrich Schleiermacher, beim Übersetzen habe »auch müssen manches Wort ins Gras beißen«, d. h. es mußte wegfallen.[5]

In älterer schleswig-holsteinischer Mundart dagegen bedeutete »he mutt in't Gras bieten« ganz handfest, daß ein Städter endlich einmal gutes Essen vom Lande bekommen müsse.[6]

[L] Borchardt-Wustmann-Schoppe 185-186; Duden 11,273; Grimm 8,1927-1928; Macrone 5; Röhrich 2,577-580. [1] Hom. Il. 2,416-418, griech. [418] »... πρηνέες ἐν κονίῃσιν ὀδὰξ λαζοίατο γαῖαν«; ähnlich Il. 11,749 u. 19,61. [2] Verg. Aen. 11,418 (humum ... momordit), vgl. 10,489; Ov. met. 9,61 (harenas ore momordi). [3] Belege dafür bietet Grimm 8,1919. [4] Von den losen Füchsen (1546) A 2b nach Grimm 8,1927; spätere Belege bei Grimm 8,1927-1928 und Röhrich 2,577. [5] Sämtliche Werke (1834) 1,5,644 nach Grimm 8,1928. [6] Mensing, Schlesw.-Holst. Wörterbuch, Neumünster 1927-35, Bd. 2,469 nach Grimm 8,1928. [B] Lessing, 87. Sinngedicht auf den Lupan: »Des beissigen Lupans Befinden wollt ihr wissen? Der beissige Lupan hat jüngst ins Gras gebissen.« nach Röhrich 2,577.

[S] Engl. »to go to grass«, »to go to ground«, »to bite the ground«, »to bite the earth« oder (seit einer entsprechenden Übersetzung von Hom. Il. 2,418) »to bite the dust«: Macrone 5; frz. »mordre la poussière«; tal. »mordere la terra«; ndl. »in het zand bijten«; span. »morder la tierra«.

Grazie

Anmut, Liebreiz; graziös: anmutig, lieblich; drei Grazien: drei hübsche, befreundete Mädchen; Liebling der Grazien: Dichter, Künstler; * die Grazien haben nicht an seiner Wiege gestanden: er ist ein häßlicher und unhöflicher Mensch.

Die drei Grazien (Χάριτες, »Chariten«, lat. Gratiae) waren Töchter des Zeus und als Personifizierungen des Liebreizes Göttinnen der ewigen Schönheit mit den Namen Aglaia (Glanz), Euphrosyne (Frohsinn) und Thaleia (Blüte).[1] Auf Wandgemälden stellte man stets eine der Grazien von vorn, eine von hinten und die dritte von der Seite dar, um alle ihre Reize zur Geltung kommen zu lassen. Der Dichter Pindar (um 520-445 v. Chr.) preist ihre Gaben für die Menschen so: »Denn mit euch wird das Erfreuliche und | das Beglükkende vollendet alles den Sterblichen, | wenn weise, wenn schön, wenn glanzvoll ein Mann ist ...«.[2] Zusammen mit den Musen (→ Muse) galten die Grazien als Inbegriff von Geist und Geschmack: »Fern von den Musen und Grazien« wurde sprichwörtlich für Unbildung und Geistlosigkeit.[3]

In Deutschland erfreuten sich die Grazien Mitte des 16. und Mitte des 18. Jh. im mythologisierenden Stil der deutschen Literatur, vor allem bei Wieland, großer Beliebtheit: Sie werden im eigentlichen Sinne als antike Göttinnen, aber auch übertragen für schöne Frauen oder als Schutzgöttin-

nen genannt.[4] Zum Beispiel sprach Moritz August von
Thümmel (1738-1817) von den »drey Grazien des mensch-
lichen Lebens – Wahrheit, Natur und Freundschaft«.[5]
Goethe nannte den griechischen Komödiendichter Aristo-
phanes einen »ungezogenen Liebling der Grazien«;[6] die
Bezeichnung wurde später auf Heinrich Heine übertragen.

Die Grazien, die »nicht an jemandes Wiege gestanden haben«, erwähnten zuerst Treitschke und Fontane am Ende
des 19. Jh.[7] Doch schon bei Goethe ist diese Wendung vorbereitet, wenn er Tasso zur Prinzessin sagen läßt: »Doch –
haben alle Götter sich versammelt, | Geschenke seiner Wiege
darzubringen? | Die Grazien sind leider ausgeblieben, | und
wem die Gaben dieser Holden fehlen, | der kann zwar viel
besitzen, vieles geben, | doch läßt sich nie an seinem Busen
ruhn.«[8]

»Grazie« (dann stets im Singular) zeichnet denjenigen
aus, der gleichsam von den Grazien mit Anmut und Liebreiz
gesegnet ist. Das Wort löste im Verlauf des 18. Jh. das ältere
französische (und damals auch im Deutschen verwendete)
»grâce« für »Anmut« ab und ist seitdem vielfach belegt,
ähnlich das Adjektiv »graziös« seit etwa 1700.[9]

[L] Borchardt-Wustmann-Schoppe 187; Büchmann 69.113-114; Du-
den 11,274; Duden 12,127; Grimm 8,2246-2254; Otto 235
(Nr. 1176); Rannacher 15; Röhrich 2,580-581; weiterführende Lit.: V.
Mertens, Die drei Grazien. Studien zu einem Bildmotiv in der Kunst der
Neuzeit, Diss. Freiburg i. B. 1991; eine Fülle von Material bietet F. Po-
mezny, Grazie und Grazien in der deutschen Literatur des 18. Jh.,
Hamburg 1900. [1] Die Dreizahl und die Namen gehen auf Hes.
Theog. 907-911 zurück. [2] Pind. Ol. 14,5-7. [3] Ail. nat. 12,6:
»Die aber, die, wie man sagt, fern von den Musen und fern von den
Grazien sind, kümmern sich nicht um sie [d. h. um Delphine]« (οἱ δὲ
ἀπό τε Μουσῶν φασιν ἀπό τε Χαρίτων ἀκηδῶς αὐτῶν ἔχουσιν); vgl.
Lukian. merc. cond. 29; lat. Quint. inst. 1,10,21. [4] Vgl. die Fülle

von Belegen bei Grimm 8,2246-2248.   [5] Reise in die mittäglichen
Provinzen von Frankreich im Jahr 1785 bis 1786, Leipzig 1791-1805,
2,210.   [6] Im Epilog zu einer Bearbeitung der aristophanischen
Komödie »Die Vögel« (1780, erschienen 1787).   [7] Theodor Fontane, Gesammelte Werke (1905) 1,1,407: »Die drei Grazien, die an
ihrer Wiege gestanden ...«; Heinrich v. Treitschke, Deutsche Geschichte (1897) 3,685: »Die Grazien hatten nicht an der Wiege des
unliebenswürdigen Mannes gestanden.«   [8] Torquato Tasso 2,1 (V.
945-950).   [9] Grimm 8,2248-2254. ⑤ Engl. »grace« (Anmut); frz.
»l'élu des Grâces«, »grâce« (Anmut), Adj. »gracieux«; ital. adj. »gra-
zioso«.

H

* halkyonische Tage

Ruhige, ungetrübte Tage.

Eigentlich »Eisvogeltage«: Alkyone oder Halkyone (Ἀλκυ-
όνη bzw. Ἁλκυόνη, lat. Alcyonē), Tochter des Windgottes
Aiolos und der Enarete, stürzte sich ins Meer, als sie ihren
Ehemann Keyx ertrunken ans Land treiben sah; Zeus verwandelte beide in Eisvögel und ließ fortan um die Wintersonnenwende während der Brutzeit der Vögel alle Winde
ruhen. Der Ruf der Eisvögel (ἀλκυόνες) galt bei den Griechen als böses Vorzeichen, ihre eheliche Liebe wurde be-
wundert, die Windstille auf verschiedenen Meeren um die
Wintersonnenwende wurde mit ihrer Brutzeit gleichgesetzt.
Für alle diese Vorstellungen gibt Ovid[1] mit der oben geschil-
derten Erzählung eine mythologische Erklärung.

Ⓛ Rannacher 16.1: Ov. met. 11,410-572.

Eine Hand wäscht die andere

Geben und Nehmen hängen zusammen, Gefälligkeiten
beruhen auf Gegenseitigkeit; oft mit dem Beiklang: Zwei
Übeltäter helfen einander.

Der Dichter und Pythagoreer Epicharmos schrieb: »Die
Hand wäscht die Hand; gib etwas, und du bekommst wohl
etwas.«[1] Daraufhin wurde »Eine Hand wäscht die andere«
(griech. χεὶρ χεῖρα νίπτει) bei den Griechen zum Sprichwort.[2] Die lateinische Fassung »Manus manum lavat« (Die
Hand wäscht die Hand/Eine Hand wäscht die andere) findet
sich bei Seneca[3] und Petronius.[4]

Goethe betonte die bei Epicharmos enthaltene Aufforderung zum Geben am Schluß seines Gedichts »Wie du mir, so
ich dir«: »Hand wird nur von Hand gewaschen; wenn du
nehmen willst, so gib!«[5]

[L] Bartels 100; Büchmann 299-300; Der neue Büchmann 366; Duden
11,298; Duden 12,211; Röhrich 2,652. [1] Nach Ps.-Plat. Axioch.
366c (= Epicharmos Diels/Kranz 23 B 30): »Ἁ δὲ χεὶρ τὰν χεῖρα νίζει·
δός τι καὶ λάβοις τί κα.« [2] Vgl. Men. monost. 832: »Eine Hand
wäscht eine Hand, und Finger [waschen] Finger« (Χεὶρ χεῖρα νίπτει
δάκτυλοι δὲ δακτύλους). [3] Sen. apocol. 9,6. [4] Petron. 45,13.
[5] Zitiert nach Duden 12,211. [S] Russ. »рука руку моет« (ruka ruku
mojet).

harpyiengleich

Unersättlich, raffgierig; Harpyie, Harpagon: Raffzahn,
Unersättliche(r).

Die Harpyien (Ἅρπυιαι, »die Raffenden«; von ἁρπάζειν
rauben) waren Sturmdämonen, die man sich als zwei oder
drei geflügelte Ungeheuer mit Frauengesicht, Vogelkörper

und eisernen Krallen vorstellte;[1] in der Argonautensage rauben sie dem alten Seher Phineus etwas von seinem Essen und besudeln den Rest, bevor sie von den Argonauten verjagt werden.[2] Der römische Dichter Vergil, bei dem die Trojaner unter Aeneas auf die Harpyien treffen, beschreibt sie so: »Widriger als sie gibt's kein Greuel als sie, und grausiger stieg nie Pest und Götterzorn empor aus stygischen Wogen [vgl. → Beim Styx!]. Mädchenhaft ist der Gefiederten Antlitz, eklig des Bauches Unrat, Hände gleich Klauen, und todbleich immer vor Hunger ist ihr Gesicht …«[3] Die Sage, daß sie ihre Opfer durch nachgemachte Laute eines weinenden Kindes herbeilockten, mag von ihnen auf das Krokodil übertragen worden sein und sich seit der Kreuzzugszeit mit der Redensart »Krokodilstränen vergießen« nach Europa verbreitet haben.[4]

Die Harpyien wurden schon in der Antike in Vergleichen verwendet: Der römische Dichter Horaz bezeichnete den Schlund des Menschen, der nach immer neuen kulinarischen Genüssen strebt, als »den raffgierigen Harpyien ebenbürtig«.[5] Sidonius Apollinaris schilderte im 5. Jh. neureiche Zeitgenossen so: »Auf dem Forum sind sie Skythen [d.h. ungehobelt], im Schlafgemach Vipern, beim Gastmahl Narren und beim Geldeintreiben Harpyien.«[6]

Nach den antiken Harpyien ist die »Harpyie«, ein adlerartiger Greifvogel Mittel- und Südamerikas, benannt. Von dem griechischen Wortstamm ἁρπαγ- stammt über lat. harpago (Enterhaken) auch das französische Wort »Harpagon«, der Name der Hauptfigur in Molières »Der Geizige« (L'avare, 1668), der seitdem auch im Deutschen als Synonym für einen gierigen Geizhals stehen kann.

L Otto 160 (Nr. 792) u. Nachträge 104-105; Rannacher 16. [1] Ihre wechselnden Namen werden besprochen bei Hunger 148. Sie sind Kinder des Thaumas und der Elektra: Hes. Theog. 267-269; Apollod. bibl. 1,2,6; Personifikationen entraffenden Windes o. rasender Schnelligkeit: Hom. Od. 1,241; 14,371; 20,66.77; Thgn. 715. [2] Apoll. Rhod. 2,176-300. [3] Verg. Aen. 3,214-218 (Die gesamte Episode umfaßt V. 211-258). [4] Borchardt-Wustmann-Schoppe 285; Röhrich 3,892 mit 2 Abb. [5] Hor. s. 2,2,40: »[... ait] Harpyiis gula digna rapacibus.« [6] Apoll. Sidon. ep. 5,7,4: »... in exactionibus harpyiae«; weitere lat. Belegstellen siehe bei Otto 160 (Nr. 792) u. Nachträge 104-105.

* Hebe

Junge, hübsche Dienerin.

Hebe (Ἥβη, »Jugendblüte«, lat. Hēbē), die Göttin ewiger Jugend und Schönheit, war Dienerin der Götter, denen sie → Nektar und → Ambrosia reichte,[1] bevor → Ganymed diese Aufgabe übernahm.

L Büchmann 64; Rannacher 16. [1] Hom. Il. 4,1-3. R Opern und Literatur nennt Hunger 149.

Heiliger Krieg

(griech. ἱερὸς πόλεμος, sprich: hieros polemos): gottgewollter Krieg für eine gerechte Sache.

Die Bezeichnung »Heiliger Krieg« erhielten bei den Griechen die Kriege zum Schutz des Heiligtums von Delphi. Im 1. Heiligen Krieg (600-590 v. Chr.) bekämpfte und zerstörte der delphische Schutzbund (die »Amphiktyonie« unter thessalischer Leitung) die Stadt Krisa, die Pilgern zu hohe Steuern auferlegt und sich am Tempelgut bereichert hatte. Im 2. Heiligen Krieg (448 v. Chr.) kämpfte Sparta, im

3. Heiligen Krieg (355-346 v. Chr.) die Thebaner gegen Phokis. Im 4. Heiligen Krieg (339-338 v. Chr.) bestrafte Philipp von Makedonien im Auftrag der Amphiktyonie die Lokrer von Amphissa wegen Verletzung des Tempelgutes.

Obwohl nur wenige Kriege tatsächlich religiös motiviert sind (wie z. B. die Kreuzzüge), werden seither Kriege, die angeblich göttliche Zustimmung haben, bisweilen als »heilig« bezeichnet. So wurde der Befreiungskrieg gegen Napoleon z. B. von Theodor Körner[1] und Ernst Moritz Arndt[2] als »heiliger Krieg« besungen – wohl vornehmlich aus dem Gefühl der Erhabenheit und des großen Wertes des Unternehmens. Das Motiv, einen »heiligen Krieg« zu führen oder in einen »Kreuzzug« zu ziehen, wurde auch im 1. und 2. Weltkrieg oder in jüngster Zeit im 2. Golfkrieg (1990-1991) beschworen.[3]

Dagegen ist der Begriff des »Dschihad« im Islam, der oft mit »Heiliger Krieg« übersetzt und damit parallel zu den christlichen Kreuzzügen stilisiert wird, eher als »Sich-Abmühen« des Gläubigen (mit oder ohne Waffen) aufzufassen und nicht als fanatischer Angriff auf alle Nichtmuslime mißzuverstehen.[4]

[L] Der neue Büchmann 437. Weiterführende Lit.: C. Colpe, Der »Heilige Krieg«. Benennung und Wirklichkeit, Begründung und Widerstreit, Bodenheim 1994. [1] Theodor Körner, »Leyer und Schwert« (Berlin 1814): »Es ist kein Krieg, von dem die Kronen wissen; Es ist ein Kreuzzug, 's ist ein heil'ger Krieg!« nach Der neue Büchmann 437; ähnlich in »Aufruf« (1813), 2. Strophe, nach Colpe (s. o.) 84 Anm. 4. [2] »Ermunterungslieder vor der Schlacht« (1813), Nr. 1, 2 und 4. Weitere Belege für den Befreiungskrieg bei Colpe (s. o.) 15-16. [3] Colpe (s. o.) 19-21 .28. [4] Colpe (s. o.) 58-62.

Hekatombe

Massenhaftes Opfer, Massentötung; * in Hekatomben
(z. B. fallen, sterben): zu Tausenden, massenhaft.

Eine Hekatombe (ἑκατόμβη) war bei den Griechen ein
»Opfer von 100 Rindern« (aus ἑκατόν [100] und βοῦς
[Rind]). Homer schildert in seiner »Odyssee« ein solches
Opfer für den Meeresgott Poseidon in Pylos: »Dort brach-
te man am Strand des Meeres heilige Opfer dar: | ganz
schwarze Stiere für den Erderschütterer mit der dunklen
Mähne. | Und neun Sitzreihen waren es, und fünfhundert
saßen in jeder, | und sie boten in jeder neun Stiere dar.«[1]

L Rannacher 16. [1] Hom. Od. 3,5-8.

(he)rangehen wie Hektor an die Buletten

(umgspr.-scherzhaft:) unerschrocken sein, energisch
vorgehen.

Hektor, Sohn des trojanischen Königs Priamos, ist der
stärkste und tapferste Kämpfer der Trojaner in Homers
Ilias. Daher werden noch heute Hunde gern mit diesem
Namen getauft. Da nun Hunde bekanntlich gern Buletten
fressen, bildete sich Ende des 19. Jh. in Berlin die Redensart »rangehen wie Hektor [d. h. wie ein Hund] an die Buletten« – vielleicht in ironischer Anspielung an das etwas
ernsthaftere »rangehen wie Blücher«.

L Duden 11,566; Röhrich 2,700.

Das ist mir Hekuba

Das ist mir völlig gleichgültig; Was ist mir Hekuba? (auch:
Bei mir Hekuba!): Was interessiert es mich?; Was ist
ihm Hekuba?: Mir ist unverständlich, warum es ihn interessiert.

Hekuba (Ἑκάβη, Hekabe, lat. Hecuba) war die trojanische
Königin, die durch den trojanischen Krieg alle ihre Kinder
und ihren Ehemann Priamos verlor. Bei Homer sagt ihr
Sohn Hektor zu seiner Frau Andromache beim Abschied:
»Aber mich kümmert nicht so sehr die künftige Not der Tro-
janer | noch der Hekabe selbst noch des Herrschers Priamos
| noch der Brüder, die wohl, zahlreich und edel, in den Staub
sinken durch feindliche Männer, | wie die deine ...«[1]
Von einer Anspielung an dieses Motiv berichtet Plutarch:
Der grausame Tyrann Alexander von Pherai in Thessalien
(gest. 359 v. Chr.) sei von einer Aufführung der »Troerin-
nen« des Euripides so gerührt gewesen, daß er vorzeitig das
Theater verlassen habe; vorher habe er aber dem Darsteller
der Hekuba sagen lassen, er gehe nicht seinetwegen, sondern weil er sich vor seinen Untertanen schäme, da sie ihn
niemals über das Schicksal der von ihm zu Tode Gebrachten
hätten weinen sehen, jetzt aber über das Unglück der Hekuba und der Andromache.[2]
Diese Episode mag Shakespeare vor Augen gehabt haben,
wenn bei ihm Hamlet nicht verstehen kann, mit welcher in-
neren Betroffenheit ein Schauspieler das Schicksal der He-
kuba beklagen kann:[3] »For Hecuba! | What's Hecuba to
him, or he to Hecuba, | That he should weep for her?« (»Um
Hekuba! Was ist ihm Hekuba, was ist er ihr, daß er um sie
soll weinen?«)
Unter Verzicht auf Hekuba formulierte Bismarck im

Reichstag am 11. 1. 1887: »Was ist uns denn Bulgarien? Es ist uns völlig gleichgültig, wer in Bulgarien regiert und was aus Bulgarien überhaupt wird.«[4] Noch heute kann man mit einer Hekuba erwähnenden Wendung Verwunderung über jemandes Interesse bzw. völlige eigene Interesse- und Ahnungslosigkeit zum Ausdruck bringen.

L Büchmann 262; Duden 12,507; Rannacher 17; Röhrich 2,695. [1] Hom. Il. 6,450-454. [2] Plut. Pel. 29,9-11. [3] Shakespeare, Hamlet 2,2. [4] Bismarck, Politische Reden 12,183 nach Büchmann 2,262. R Euripides' Tragödie »Hekabe« (um 425 v. Chr.) behandelt das Leid der gefangenen Königin. Spätere dramatische Bearbeitungen, Romane und Opern sowie Literatur nennt Hunger 150.

Heloten

Versklavte, verachtete Menschen; Helotentum, * Helotenarbeit, * Helotismus: Sklaverei.

Die Heloten (Εἵλωτες, lat. Hēlōtēs o. Hílōtae) waren die älteren achäischen Bewohner Lakoniens (→ lakonisch), die von den dorischen Einwanderern unterworfen worden waren. Sie bildeten im spartanischen Staat eine rechtlose Bauernschicht und konnten als Leibeigene der Gesamtheit nur auf staatlichen Beschluß freigelassen oder verkauft werden.

L Rannacher 17.

Herkules

Äußerst starker Mann; Herkulesarbeit: ungeheure, übermenschliche Arbeit; * herkulisch: (b. Personen:) kraftstrotzend, gewaltig, (b. Mühen/Arbeiten etc.:) zahllos, ungeheuer, gewaltige Kräfte verlangend.

Herakles (Ἡρακλῆς, lat. Herculēs dt. gewöhnlich Herkules) war der stärkste und beliebteste aller griechischen Helden. Vom delphischen Orakel dazu verpflichtet, mußte er zwölf Jahre lang dem König Eurystheus von Mykene dienen und für ihn zwölf gefährliche Aufträge erfüllen (den Dodekathios, die »Zwölferarbeit«). Zu diesen Arbeiten gehörten z. B. die Reinigung der Rinderställe des Augias (→ Augiasstall) und die Tötung der Hydra von Lerna (→ Hydra).

Schon die Griechen verwendeten die Bezeichnung »ein zweiter Herakles« oder »ein anderer Herakles« für einen besonders starken Menschen.[1] Bei den Römern waren die Wendungen »herkulische Kräfte« (lat. vires Herculeae) und »herkulische Muskeln« (lat. Herculei tori) geläufig,[2] und die »Arbeit eines Herkules« (lat. Herculis labor) erscheint sprichwörtlich bei Catull, Properz und anderen lateinischen Schriftstellern.[3] Ausführlich und geistreich werden die »herkulischen Mühen« (Ἡράκλειοι πόνοι, lat. Herculei labores) von Erasmus von Rotterdam in seiner Sammlung der lateinischen Sprichwörter (»Adagia«, zuerst Paris 1500) besprochen: Als Musterbeispiel für eine herkulische Arbeit führt Erasmus dort – bei seinem Fleiß gewiß nicht zu unrecht – seine eigene humanistische Tätigkeit an: »Wenn man irgendwelche Anstrengungen herkulisch nennen darf, dann gewiß am meisten jene, die der Wiederherstellung der antiken Literatur in ursprünglicher Reinheit gelten.«[4]

[L] Büchmann 71; Otto 161-162 (Nr. 800-801) u. Nachträge 21.105.170.237-238; Rannacher 17; Röhrich 2,702; Stichwörter 43-47 u. Komm. 70-77; Wiesenthal 46.58. Weiterführende Lit.: Frank Brommer, Herakles. Die zwölf Taten des Helden in antiker Kunst und Literatur, Darmstadt 1979. [1] Beispielsweise Aristot. m. mor. 2,15,5-6: »Dieser ist ein anderer Herakles« (ἄλλος οὗτος Ἡρακλῆς); zahlreiche weitere Stellen nennen Otto 161-162 (Nr. 800) und Wiesenthal 46. Vgl. Serv. Aen. 11,262: »Wir wissen aber, daß alle Starken ›Herkules‹ genannt wurden« (novimus autem quod omnes fortes Hercules dicebantur); Varro bei Plin. nat. 7,83. [2] »Herkulische Kräfte«: z. B. Ov. Pont. 4,13,11-12: »Kräfte, die ich als eines Herkules würdig kenne« (vires, quas Hercule dignas | novimus); weitere Stellen nennen Otto 161 (Nr. 800) u. Nachträge 21.105.170.237-238 und Wiesenthal 46, »herkulische Muskeln«: Ov. met. 15,230-231; Sen. Phaedr. 807. Zu Herakles als Inbegriff eines gefräßigen Essers vgl. Wiesenthal 58 und Otto 162 (Nr. 800) Anm. 1 mit Quellen; ebenso eines gewalttätigen und rücksichtslosen Menschen vgl. Wiesenthal 59. [3] Beispielsweise Catull. 55,13: »Aber dich zu ertragen ist die Arbeit eines Herkules« (Sed te iam ferre Herculeis labos est); Prop. 2,23,7-8; die zahlreichen weiteren Belegstellen bietet Otto 162 (Nr. 801) u. Nachträge 105.238. [4] Er. Ad. 3,1,1. R̲ Zum literarischen Fortwirken der Herakles-Figur siehe ausführlich Frenzel, Stoffe 306-309; Dramen, Dichtungen, Romane und musikalische Rezeption bei Hunger 172-173.

Herkules am Scheidewege

Ein bei einer wichtigen Entscheidung unschlüssiger Mensch; * sich als Herkules bewähren: die richtige Entscheidung treffen; auch allgemein: an einem Scheideweg stehen: mehrere Entscheidungsmöglichkeiten haben, vor einer wichtigen Wahl oder Entscheidung stehen.

In einer auf eine äsopische Fabel zurückgehenden Erzählung des Sophisten Prodikos von Keos (um 430 v. Chr.)[1] gelangte der Held → Herkules als junger Mann einmal an eine Wegscheide; dort versuchten die Tugend und die Lust in Gestalt zweier Frauen, ihn für sich zu gewinnen. Herkules entschied sich nach langem Schwanken für die Tugend, d. h. für ein mühevolles, aber ehrenhaftes Leben anstelle von sorgenfreiem Nichtstun.

Der konkrete »Scheideweg«, die Weggabelung, repräsentiert allgemein Entscheidung und Gefahr. So erschlug z. B. Ödipus seinen Vater an einer Weggabelung. Auch sind Weggabelungen auf besondere Weise mit dem Numinosen verbunden: An ihnen wurden der Göttin Hekate Opfer dargebracht, und noch bei den Römern war es Brauch, an Weggabelungen kleine Heiligtümer für sie zu errichten.

Zum Bild für den Scheideweg, an dem der Mensch auf seinem Lebensweg oftmals steht, ist aufgrund seiner Ähnlichkeit mit einer Weggabelung und in der Nachfolge pythagoreischer Vorstellungen der Buchstabe Ypsilon geworden.[2]

Ⓛ Büchmann 294; Der neue Büchmann 360; Duden 11,614; Duden 12,218; Rannacher 17; Röhrich 2,702. 4,1310-1311. 5,1753 (jeweils mit weiterführender Lit.). [1] Prodikos, Horen, nach Sokrates' Worten in Xen. mem. 2,1,21-34 = Aisop. Nr. 158 Halm; vgl. Cic. off. 1,32,118. [2] Röhrich 5,1753; vgl. Grimm 30,2572. Ⓡ Vgl. → Herkules.

* herostratischer Ruhm

Durch eine verbrecherische Tat erlangte Berühmtheit; * herostratisch: frevelhaft, verbrecherisch (z. B.: h. Wahnsinn, Frevel, Verbrechen, Vernichtungswut); * Herostrat: Mensch, der auf verbrecherische Weise berühmt wird; * Herostratentat: sinnloses Verbrechen.

Herostratos (Ἡρόστρατος, lat. Herostratus, dt. Herostrat) zündete 356 v. Chr. den Artemistempel von Ephesos an, um, wie er auf der Folter sagte, Berühmtheit zu erlangen. Daher beschlossen die Epheser, daß sein Name nie genannt werden dürfe; jedoch wurde dieser von dem erzählfreudigen Historiker Theopomp festgehalten[1] und ist daher durch Vermittlung einiger späterer Schriftsteller[2] noch heute bekannt. Der Tag der Tat läßt sich auf den 21. Juli festlegen, wenn man der Nachricht Glauben schenkt, daß in dieser Nacht Alexander d. Gr. geboren worden sein soll;[3] er ließ den Tempel später wiederherstellen.

Im Deutschen erscheint Herostrat als literarische Figur seit dem 19. Jh.; so dichtete Emanuel Geibel (1815-1884; bekannt ist sein Lied »Der Mai ist gekommen«) 1842 an den Lyriker Georg Herwegh (1817-1875): »Du willst den warmen Gottesschein | Zur Fackel Herostrats entweihn.«[4]

L Rannacher 18.   [1] Val. Max. 8,14, externi 5.   [2] Strab. 14,1,22; Ail. nat. 6,40; Solin. 184,3 (ed. Mommsen S. 166).   [3] Solin. 184,4 (ed. Mommsen S. 166).   [4] Nach A. Gombert, Noch einiges über Schlagworte und Redensarten, Zeitschrift für dt. Wortforschung 3, 1902, 178, mit einem weiteren Beleg aus dem Jahr 1836. Gombert fährt fort: »Zu einem weithin verständlichen Schlagwort hat sich aber der herostratische Wahnsinn nicht ausbilden können, weil in den breiteren Bildungsschichten die zur raschen Auffassung solcher Anspielungen erforderliche klassische Bildung fehlt.«

ein Herz aus Stein

Harte, erbarmungslose Haltung (auch: * ein H. von Stein; v. a.: ein H. aus Stein haben).

In Homers → »Odyssee« klagt Telemachos seine Mutter Penelope (vgl. → Penelope-Arbeit) an, ihr Herz sei »härter als Stein, da sie den als Bettler heimgekehrten Odysseus noch nicht erkenne und sich ihm noch zu sehr fernhalte;[1] häufiger ist bei Homer freilich die Wendung »Herz aus Eisen«. Der römische Dichter Ennius übernahm die griechische Wendung ins Lateinische, indem er schrieb, es gebe »viele Menschen mit einem Herzen aus Stein«.[2] Oft erscheint in der Antike aber auch der bloße Vergleich mit einem Stein (ohne das »Herz«), um Gefühllosigkeit oder Dummheit eines Menschen auszudrücken.[3]

Übrigens begegnet dieses Motiv auch im alten Testament bei dem Propheten Hesekiel (6. Jh. v. Chr.): »Und ich will euch ein neues Herz und einen neuen Geist in euch geben und will das steinerne Herz aus eurem Fleisch wegnehmen und euch ein fleischernes Herz geben.«[4] Daher findet sich die Ausdrucksweise »steinernes« oder »felsenhartes Herz« (lat. cor lapideum o. saxeum) vornehmlich bei den christlichen Schriftstellern.[5]

Im Deutschen ist für ein hartes oder kaltes Herz neben »Herz aus Stein« auch »steiniges Herz«, »Felsenherz« oder »Kieselherz« belegt.[6] Das Motiv des »erhärteten« Herzens ist insbesondere durch Wilhelm Hauffs Märchen »Das kalte Herz« (1828) bekannt.

[L] Duden 11,328; Grimm 10,1212 u. 18,2008; Macrone 205; Otto 310 (Nr. 1593) u. Nachträge 209. [1] Hom. Od. 23,102: »σοὶ δ᾽ αἰεὶ κραδίη στερεωτέρη ἐστὶ λίθοιο« (Du aber hast immer ein Herz, das härter als Stein ist); vgl. Theokr. 10,7: »du Brocken eines unnachgiebigen Felsens« (πέτρας ἀπόκομμ᾽ ἀτεράμνω); Anth. Pal. 5,41,2. [2] Enn. trag. 140: »Von steinernem Herzen sind viele, die mit niemandem Mitleid haben« (lapideo sunt corde multi quos non miseret neminis). [3] Siehe dazu die Belege bei Otto 185-186 (Nr. 911) u. Nachträge 58.74.107.239 sowie Otto 310 (Nr. 1593) u. Nachträge 209. [4] Hesek. 36,26. [5] Beispielsweise columb. serm. 10,1 (PL 80,247c): »ein hartes und steinernes Herz« (durum et lapideum cor); zahlreiche weitere Stellen nennt Otto 310 (Nr. 1593) u. Nachträge 209. [6] Grimm 10,1212; Beispiele zum »Herz von Stein« nennt Grimm 18,2008. [S] Engl. »Heart of Stone«.

mit Herz und Hand

Mit vollem geistigem und praktischem Einsatz. Etwas mit dem Herzen tun: aus Überzeugung oder mit Leidenschaft handeln, sich völlig einsetzen.

Der griechische Historiker Flavius Josephus (37-95 n. Chr.) berichtet über die Schlacht von Sikima zwischen dem judäischen Makkabäerkönig Alexander Iannaios (103-76 v. Chr.) und dem Seleukidenherrscher Demetrios III. Eukairos: »Demetrios siegte in der Schlacht, obwohl die Söldner Alexanders viele Taten des Herzens und der Hand an den Tag legten.«[1] Das Herz (hier griech. mit der Vokabel ψυχή [sprich: psychā] = Seele, Gemüt) steht dabei für Empfindung und Begeisterung, die Hand für den tätigen Einsatz. Beide sollten miteinander einhergehen, so daß auch im Deutschen Herz und Hand gern verbunden werden.[2] Beispielsweise schreibt Goethe: »Lange schon wünschte die Mutter daher sich ein Mädchen im Hause, das mit der Hand nicht allein, das auch mit dem Herzen ihr hülfe.«[3] Bei Schiller sagt die Jungfrau von Orleans: »So sei mein Anteil an dem ewgen Heil, als Herz und Handschlag bei mir einig sind.«[4] Am bekanntesten ist jedoch die Zeile in der deutschen Nationalhymne: »Danach laßt uns alle streben | brüderlich *mit Herz und Hand*.«

Ⓛ Grimm 10,340.1215-1216.   [1] Ios. bell. Iud. 1,95: »κρατεῖ δὲ τῇ μάχῃ Δημέτριος καίτοι πολλὰ τῶν Ἀλεξάνδρου μισθοφόρων καὶ ψυχῆς ἔργα καὶ χειρὸς ἐπιδειξαμένων.«   [2] Weitere Belege als die folgenden finden sich bei Grimm 10,340.   [3] Nach Grimm 10,340.   [4] Schiller, Jungfrau 3,2.

Heureka!

(griech. Εὕρηκα, sprich: heurāka, »Ich hab's gefunden!«): Freudensruf über eine Entdeckung.

Dieser Ausruf stammt von dem Mathematiker Archimedes von Syrakus (um 287-212 v. Chr.), der in der Badewanne den Zusammenhang von Volumen und Masse eines jeweiligen Elements (das »spezifische Gewicht«) entdeckte:[1] König Hieron II. hatte Archimedes beauftragt, die Echtheit einer goldenen Krone zu prüfen, ohne sie zu beschädigen. Beim Einsteigen in ein öffentliches Bad kam ihm die Idee, über das Eintauchen der Krone in Wasser ihr Volumen festzustellen, das dann, wenn sie wirklich aus reinem Gold war, nicht über das Volumen eines gleich schweren Goldklumpens hinausgehen durfte. Glücklich über seine Entdeckung lief Archimedes nackt wie er war nach Hause und rief: »Heureka, Heureka!« Tatsächlich erwies sich die Krone bei der anschließenden Untersuchung als Fälschung.

Archimedes' Erlebnis in der Badewanne brachte zugleich die Entdeckung mit sich, daß der statische Auftrieb eines Körpers von dem Gewicht der von ihm verdrängten Flüssigkeits- oder Gasmenge abhängt.[2] Daher wird dieses Gesetz heute als »Prinzip (bzw. Satz oder Gesetz) des Archimedes« bezeichnet.

L Bartels 16-17; Büchmann 364; Der neue Büchmann 440; Duden 12,221; Macrone 61-62; Rannacher 18-19; Röhrich 2,710-711. [1] Vitr. 9 praefatio 10; Plut. n. p. suav. 1094b-c. [2] Vgl. Carmen de ponderibus et mensuris 124-208 (Poetae Latini minores ed. Baehrens 5,78-82). R In den USA heißen mehrere Orte »Eureka«, z. B. die Stadt Eureka an der nordkalifornischen Pazifikküste.

Bis hierher und nicht weiter

(lat.: non plus ultra »nicht weiter hinaus«): hier ist die endgültige Grenze erreicht; das Non plus ultra: etwas Unüberbietbares, der absolute Höhepunkt.

Der griechische Dichter Pindar (6./5. Jh. v. Chr.) schreibt in seiner Dritten nemeischen Ode: »Nicht weiter über die Säulen des Herkules hinaus kann man das unwegsame Meer leicht befahren.«[1] »Säulen des Herkules« war in der Antike die gängige Bezeichnung für die Straße von Gibraltar, da dort der Held → Herkules ein Säulenpaar als Grenzmarkierung aufgestellt habe. Von einer dort befindlichen Inschrift erzählt zuerst der italienische Dichter Dante in seiner »Göttlichen Komödie«;[2] der Wortlaut »non plus ultra« (nicht weiter darüber hinaus) geht sicherlich auf antike Vorbilder zurück, erscheint jedoch nachweislich zuerst bei dem Lokalhistoriker von Cádiz, Augustin de Horozco:[3] »Dies sind die Grenzsteine des Herkules und jene so berühmte Inschrift ›non plus ultra‹, durch die er zu verstehen gab, daß dort die Grenze der Welt sei.« Neben Cádiz haben sich auch Gibraltar und Badajoz die herakleische Gründungssage und als Wappen zwei Säulen mit der Inschrift »non plus ultra« zu eigen gemacht. Kaiser Karl V. (1519-1556) nahm sich in Anspielung auf die Ausweitung seines Reiches über den Atlantik bewußt den Wahlspruch »Plus ultra!« (»Weiter darüber hinaus!«).

Der deutsche Wortlaut »Bis hierher und nicht weiter« stammt aus Luthers Übersetzung von Hiob 38,11, wo Gott zu dem Meer sagt: »Bis hierher sollst du kommen und nicht weiter; hier sollen sich legen deine stolzen Wellen!«

Ⓛ Bartels 118; Büchmann 298; Der neue Büchmann 365; Röhrich 2,714. [1] Pind. Nem. 3,21: »οὐκέτι πρόσω | ἀβάταν ἅλα κιόνων ὑπὲρ Ἡρακλέος περᾶν εὐμαρές.« [2] Inferno 26,107-109 (Odysseus spricht): »Als wir an jene Meeresenge kamen, | wo Herkues die Zeichen aufgerichtet, | damit die Menschen nicht mehr weiterführen« (Quando venimmo a quella foce stretta | dov' Ercole segnò li suoi riguardi, | Acciòcche l'uom più oltre non si metta). [3] Historia de la ciudad de Cádiz, Cádiz 1845 (verfaßt 1598). Ⓑ Schiller, Räuber 2,1: »Bis hierher und nicht weiter!«

Hilf dir selbst, so hilft dir Gott

Die göttliche Unterstützung hängt vom eigenen Einsatz ab
(auch: Dem Mutigen hilft Gott).

In den »Persern« des griechischen Tragödiendichters Aischylos (525/524-456 v. Chr.) beklagt der Geist des Perserkönigs Dareios das Unglück seines Sohnes Xerxes, dessen
Heer in Griechenland geschlagen worden ist; er habe für ihn
auf ein besseres Schicksal gehofft, »aber wenn jemand selbst
sich müht, packt auch der Gott mit an«.[1] Entsprechend, jedoch ins Positive gewendet, fordert Euripides in einem Tra-
gödienfragment: »Rufe dann nach Göttern, wenn du auch
selbst etwas tust; | denn dem, der sich bemüht, kommt auch
ein Gott zu Hilfe«,[2] wie es ähnlich auch der Komödiendichter Menander formulierte.[3]

Mit göttlicher Hilfe ist nach antiker Auffassung das
»Glück« gleichzusetzen (vgl. → Glückskind): »Das Glück
hilft den Mutigen« stammt nach dem Dichter Claudian von
dem griechischen Dichter Simodines von Keos (um 556-468
v. Chr.).[4] Der Ausspruch wird lateinisch in der Form »fortes
fortuna adiuvat« zuerst von dem Komödiendichter Terenz
zitiert[5] und später von Cicero aufgegriffen: »Den Mutigen
nämlich hilft nicht nur das Glück, wie es in dem alten Sprichwort heißt, sondern viel mehr noch die Vernunft ...«[6] Auch
Plinius der Ältere benutzte ähnliche Worte, als er während
des Vesuvausbruchs (79 n. Chr.) mit seinem Schiff auf die
bedrohte Küste zuhielt[7].

Im Deutschen erscheint der Gedanke zuerst bei Justus
Georg Schottel im 17. Jh.: »Mensch, hilf dir selbst, so hilfet
Gott mit.« Der Satz »Dem Mutigen hilft Gott« ist vor allem
aus Schillers »Wilhelm Tell« bekannt.[8]

L Bartels 80-81; Büchmann 296; Der neue Büchmann 363; Duden 12,348. [1] Aischyl. Pers. 742: »ἀλλ᾽ ὅταν σπεύδῃ τις αὐτός χὠ θεὸς ξυνάπτεται.« [2] Eur. Fr. 432 TGrF: »Τῷ γὰρ πονοῦντι καὶ θεὸς συλλαμβάνει.« [3] Men. Fr. 494,3 Körte (= CAF 3,175 Fr. 572,3): »Τόλμῃ δικαίᾳ καὶ θεὸς συλλαμβάνει.« [4] Claud. Epistola ad Probinum 9 (vgl. S. 396 ed. Hall 1985): »Das Schicksal hilft den Mutigen, ein Satz des keischen Sängers« (Fors iuvat audentes, Cei sententia vatis). [5] Ter. Phorm. 203. [6] Cic. Tusc. 2,4,11. [7] Plin. epist. 6,16,11: »fortes fortuna iuvat«. Für eine Anspielung bei Plautus und verschiedene Abwandlungen des Wortes siehe Bartels 81 und Fritsch s. v. [8] 1. Auftritt, 2. Szene.

hippokratischer Eid

Schwurformel des Arztes.

Unter dem Namen des griechischen Arztes Hippokrates von Kos (Ἱπποκράτης, lat. Hippocratēs; um 460-370 v. Chr.) ist neben späteren Fälschungen auch eine Reihe von medizinischen Schriften aus der Zeit um 450 v. Chr., das sog. »corpus Hippocraticum« (»hippokratische Sammlung«), überliefert. Dieser Nachlaß der hippokratischen Schule auf der Insel Kos gelangte um 270 v. Chr. durch Ankauf der dortigen medizinischen Bibliothek nach Alexandria. Es findet sich darin als eine Archivurkunde auch der sog. (Ärzte-) »Eid« (ὅρκος, sprich: horkos); dieses Statut der koischen Schule wurde allgemein verbindlich (es sind keine anderen Eide überliefert) und wurde in der Antike schon zu Beginn der Lehrzeit geschworen.

Die insgesamt neun Abschnitte des hippokratischen Eides enthalten eine Götteranrufung, den Lehrvertrag, einen Verhaltenskodex gegenüber den Patienten sowie eine Selbstverwünschung für den Fall des Eidbruchs:[1]

1. Ich schwöre bei Apollon dem Arzt und Asklepios und

Hygieia und Panakeia und allen Göttern und auch Göttinnen, sie zu Zeugen anrufend, daß ich nach meinem Vermögen und Urteil erfüllen werde diesen Eid und diesen (Lehr-) Vertrag:

2. Meinen künftigen Lehrer in dieser Kunst gleichzuachten meinen eigenen Eltern und das Leben mit ihm zu teilen und, falls er Not leidet, ihn mitzuversorgen und seine Nachkommen gleich meinen Brüdern in männlicher Linie zu halten und sie diese Kunst zu lehren, wenn sie diese erlernen wollen, ohne Entgelt und Vertrag, mit Vorschriften und auch mündlichem Unterricht und dem ganzen übrigen Lernstoff mitzuversorgen meine eigenen Söhne und die Söhne dessen, der mich unterrichten wird, wie auch Schüler, die den Vertrag unterzeichnet und auch den Eid geleistet haben nach ärztlichem Brauch, sonst aber niemand.

3. Die diätetischen Maßnahmen werde ich treffen zum Nutzen der Leidenden nach meinem Vermögen und Urteil, Schädigung und Unrecht aber von ihnen abwehren.

4. Nie werde ich irgend jemandem, auch auf Verlangen nicht, ein tödliches Mittel verabreichen oder auch nur einen Rat dazu erteilen; ebenso werde ich keiner Frau ein keimvernichtendes Vaginalzäpfchen verabreichen.

5. Lauter und redlich werde ich bewahren mein Leben und meine Kunst.

6. Nie und nimmer werde ich bei (Blasen-)Steinkranken den Schnitt machen, sondern sie zu den werkenden Männern wegschieben, die mit diesem Geschäft vertraut sind.

7. In wie vielen Häusern ich auch einkehre, eintreten werde ich zum Nutzen der Leidenden, mich fernhaltend von allem vorsätzlichen Unrecht sowie jeder sonstigen Unzüchtigkeit, zumal von Werken der Wollust, an den Leibern von Frauen und Männern, Freien und Sklaven.

8. Was immer ich bei der Behandlung (der Patienten) sehe oder höre oder auch außerhalb der Behandlung im Leben der Menschen, soweit man es nicht ausschwatzen darf, werde ich darüber schweigen, solches als heiliges Geheimnis achtend.

9. Wenn ich also diesen meinen Eid erfülle und nicht zunichte mache, so möge mir Erfolg im Leben und in der Kunst beschieden sein, gerühmt bei allen Menschen bis in ewige Zeiten; wenn ich ihn aber übertrete und meineidig werde, das Gegenteil von alledem.

Auf den antiken Schwur gehen viele nachchristliche Eide und auch der heutige »hippokratische« Eid des »Genfer Gelöbnisses« von 1948 zurück. In dieser Neufassung der »World Medical Association« (Weltärztebund) wurden überholte Einzelheiten wie der Schwur bei Apollo und Asklepios und einige inhaltliche Passagen ausgesondert.

L Büchmann 303; Der neue Büchmann 369; Duden 12,225; Macrone 64. Weiterführende Lit.: Charles Lichtenthaeler, Der Eid des Hippokrates. Ursprung und Bedeutung, Köln 1984; Karl Deichgräber, Der hippokratische Eid, Stuttgart 4. Aufl. 1983 (mit griechischem Text, Interpretation und Nachleben). [1] Übersetzung nach Charles Lichtenthaeler (s.o.), S. 18-21, wo auch der griechische Originaltext beigegeben ist. S Engl. »The Hippocratic Oath«.

* hippokratisches Gesicht

(lat. facies hippocratica): schmerzgezeichnetes, leidendes, den Tod ahnen lassendes Gesicht (auch: * hippokratischer Zug, hippokratische Züge).

Hippokrates (Ἱπποκράτης) der bedeutendste Arzt des Altertums (vgl. → hippokratischer Eid), beschrieb in seiner Schrift »Prognostikon« (Προγνωστικόν, d.h. die Voraussicht) als erster die Kennzeichen des nahenden Todes im Gesicht: »Die Nase ist hell, die Augen hohl, die Schläfen zusammengefallen, die Ohren kalt und angelegt und die Ohrläppchen umgewandt und die Haut um die Stirn hart, weit und trocken. Und die Farbe des ganzen Gesichts ist fahl oder auch dunkel und grau oder bleifarben ...«[1]

Der Ausdruck »hippokratisches Gesicht« findet sich lateinisch (facies Hippocratica) nachweislich zuerst bei Victor Trincavellius (1496-1568),[2] gilt dort aber schon als Zitat und ist daher wohl älter. Im Deutschen dürfte das »hippokratische Gesicht« im 16. Jh. aufgekommen sein.[3] Der »hippokratische Zug« ist seit 1838 belegt und konnte um die Wende zum 20. Jh. auch losgelöst von sterbenden Personen verwendet werden, z. B. in dem Satz: »Das Ministerium zeigt einen entschieden hippokratischen Zug.«[4]

[L] Bartels 78; Büchmann 303; Der neue Büchmann 369; Rannacher 19. [1] Hippocr. Prog. Kap. 2. [2] Consilia medicinalia, Venedig 1586, 112b (consilium 89, sermo de animi defectu quem Graeci συγκοπὴν appellant): »facies illa Hippocratica«; auch Basel 1587, 273 d (Angaben nach Büchmann 303). [4] A. Gombert, Noch einiges über Schlagworte und Redensarten, Zeitschrift für dt. Wortforschung 3,1902, 178-179 mit Belegstellen aus den Jahren 1732, 1800 und 1848. [5] A. Gombert (s. o.) 179.

Höhle des Löwen

Gefährlicher Ort, von dem es keine Rückkehr gibt (oft: sich in die H. d. L. wagen).

In der Fabel »Der Löwe und der Fuchs«[1] erzählt der Dichter Äsop von einem alten Löwen, der nicht mehr auf die Jagd gehen kann; daher legt er sich in eine Höhle und stellt sich krank, um mitleidig eintretende Besucher aufzufressen. Der

Fuchs jedoch erkennt den Trick und sagt auf die Frage des Löwen, warum er nicht eintrete: »Weil ich, mein Herr, Spuren von vielen Hineingehenden, aber von keinem Hinausgehenden sehe.«[2] Aus dieser Antwort des Fuchses in ihrer lateinischen Fassung bei Horaz[3] hat sich das geflügelte Wort »vestigia terrent« (Die Spuren schrecken ab) entwickelt.

Löwen, die als große Raubtiere für die wilde, gefahrvolle Natur stehen, werden auch im Deutschen häufig mit Höhlen verknüpft, z. B. in der im 16. Jh. belegten Wendung »wie ein Löwe in seiner Höhle« (d. h. zurückgezogen, aber doch gefährlich).[4] Das Wort »Löwenhöhle« (älter »Leuenhöhle«) wird im Sinne eines gefährlichen Ortes von Goethe verwendet: »Mir war alle Lust vergangen, dieser Löwenhöhle [der Wohnung des Gouverneurs von Messina] je wieder nah zu treten.«[5]

[L] Bartels 188-189; Büchmann 295; Duden 11,346; Duden 12,426; Grimm 10,1715-1717 u. 12,1219; Rannacher 19; Röhrich 3,976. [1] Nr. 246 Halm = Nr. 147 Hausrath/Hunger. [2] »... ὅτι ὁρῶ, κύριέ μου, πολλῶν εἰσιόντων ἴχνη, ἐξιόντων δὲ οὐδενός«. [3] Hor. epist. 1,1,74-75: »Weil mich die Spuren schrecken, | die alle dir entgegen zeigen, keine zurück nach draußen« (Quia me vestigia terrent | omnia te adversum spectantia nulla retrorsum); vgl. Lucil. 988-989. [4] »Wie ein löuw in seiner hüle«: Adam Reißner, Jerusalem [...], Frankfurt a. M. 1563, 2,132; weitere Belege für Löwen in Höhlen bei Grimm 10,1715-1717. [4] 28,214 nach Grimm 12,1219. [5] Engl. »to beard the lion in his den« (Voss 61).

Holocaust

Völkermord an den Juden 1938-1945 (hebr. Sho̱ah); bisweilen auch allgemein für Völkermord.

Als ὁλόκαυστον (sprich: holo̱kauston, lat. holoca̱ustum; von ὅλος [ganz] und καύειν [verbrennen]) bezeichneten die Griechen ein Opfer, das vollständig verbrannt wurde (anstatt nur zum Teil verbrannt und ansonsten gegessen zu werden). Während das dazugehörige Verb (ὁλοκαυστέω) schon früher belegt ist,[1] findet sich das Substantiv in verschiedenen leicht unterschiedlichen Formen in der griechischen Übersetzung alttestamentlicher Schriften und den daraus schöpfenden griechischen Kirchenvätern.[2] Beispielsweise wird »Ganzverbrennung« (griech. ὁλοκαύστω-σις, sprich: holokaustosis) das vollständige Brandopfer genannt, das Samuel darbringt, um Gottes Hilfe gegen die Philister zu erbitten.[3]

Als Begriff für die Vernichtung der europäischen Juden durch die Nationalsozialisten wurde die englische Form »Holocaust« zuerst von Elie Wiesel in seinem Buch »And the World was Silent« verwendet. Der in Israel bevorzugte Terminus ist jedoch »Shoah« (hebr. שׁוֹאָה »Vernichtung, Unheil« [nach Jes. 10,3]) und erscheint auch angemessener – da es sicherlich äußerst zynisch (→ Zyniker) wäre, beim »Holocaust« in irgendeiner Weise an ein Opfer zu Ehren Gottes zu denken.

Ⓛ E. J. Epstein/P. Rosen, Dictionary of the Holocaust, Westport/London 1997, S. 180 s. v. Holocaust.   [1] Xen. an. 7,8,4.5; Cyr. 8,3,24; Plut. mor. 694b.   [2] Varianten: ὁλοκαύστησις, ὁλοκαύστωσις ὁλο-καυστισμός, ὁλοκαύστωμα und weitere; für Belege siehe LS 2,1217 und TGL s. v.   [3] 1. Sam. 7,9: »Samuel nahm ein Milchlamm und opferte dem Herrn ein Brandopfer – ein Ganzopfer – und schrie zum Herrn für Israel, und der Herr erhörte ihn.«

homerisches Lachen

Schallendes, nicht enden wollendes Lachen (auch: homerisches Gelächter).

Der Dichter Homer (Ὅμηρος, lat. Homērus) läßt die Götter in »unauslöschliches Gelächter« (ἄσβεστος γέλως, sprich: asbestos gelōs) ausbrechen, als sie den hinkenden Hephaistos als Diener beobachten: »Und unauslöschliches Gelächter erhob sich unter den glückseligen Göttern, | als sie Hephaistos sahen, wie er schnaufend durch den Saal ging.«[1]

Zuerst begegnet in Frankreich im 18. Jh. der Ausdruck »rire homérique«,[2] was das Deutsche als »homerisches Gelächter« oder »homerisches Lachen« übernommen hat.

Ebenfalls von diesem homerischen Götterlachen kommt wohl die Wendung »ein Bild (oder Schauspiel) für die Götter sein« (zum Lachen sein, einen komischen Anblick bieten; → ein Bild für die Götter).

[L] Büchmann 288; Der neue Büchmann 355; Duden 11,348; Duden 12,228 und 74; Rannacher 20; Röhrich 3,735. [1] Hom. Il. 1,599-600; vgl. Od. 8,326-327; 20,345-347. [2] Beispiele nennt Büchmann 288. [B] Bertolt Brecht, Drei Groschen Roman (Reinbek 1961) 192: »Die Leute sahen sie mit offenen Mündern an und brachen in ein homerisches Gelächter aus«. [S] Engl. »a Homeric laughter«; frz. »rire homérique« (seit dem 18. Jh.); ndl. »een Homerisch gelach«.

honigsüße Rede

Geschickte, überzeugende Rede; oft auch spöttisch: überzogene, übertrieben schmeichelnde Rede.

Homer beschreibt die Rede des weisen → Nestor (Νέστωρ), des Königs von Pylos, als »süßer als Honig«.[1]

Diese Wendung wurde im Lateinischen für eine groß-artige Rede oder einen glänzenden Redner sprichwörtlich (lat. melle dulcior[2]). In Anlehnung daran ist im Deutschen die »honigsüße Rede« entstanden.[3] Die Wendung »süßer als Honig« begegnet aber auch schon im Alten Testament.[4]

L Büchmann 288; Der neue Büchmann 354; Duden 12,229; Otto 216-217 (Nr. 1081) u. Nachträge 110.185.240.279; Rannacher 20; Röhrich 3,736. [1] Hom. Il. 1,249: »τοῦ καὶ ἀπὸ γλώσσης μέλιτος γλυχίων ῥέεν αὐδή« (Und ihm floß aus der Sprache eine Stimme süßer als Honig). Vgl. Lukian. Par. 44. [2] Die Belege bietet Otto 216-217 (Nr. 1081) u. Nachträge 110.185.240.279. [3] Grimm 10,1792 s.v. »honigsüß«, nennt jedoch keine Belege. [4] Beispielsweise Ps. 119,103: »Dein Wort ist meinem Munde süßer denn Honig«. B Hein-rich Heine, Aphorismen aus dem Nachlaß (Der Prosa-Nachlaß, hrsg. von Erich Loewenthal, Hamburg 1925, S. 140): »Mel in ore, verba lactis | Fel in corde – fraus in factis.« (Honig im Munde, Worte wie Milch | Galle im Herzen – Trug im Handeln.)

Hörner aufsetzen

Mit einem anderen Mann betrügen (auch: Hörner/ein Horn aufpflanzen/setzen/ansetzen/geben/machen, hör-nen/hornen, ein lateinisches Y aufsetzen/auf den Kopf setzen); Hörner tragen/kriegen, mit einem Hörner-schmuck beehrt werden, jdm. wächst ein Horn auf seinem Haupt: betrogen werden; Hörnerträger, Hornträger/ Hornhans/Hornbock: betrogener Mann; gehörnte Hand: Gebärde von zwei ausgestreckten oder an die Stirn gehal-tenen Fingern (meist zweiter und fünfter Finger [wegen der gedanklichen Verbindung mit den Hörnern des Teu-fels aber auch Zeichen des Satanismus]).

Die Gebärde und die Redensart gehen wohl schon auf das griechische Altertum zurück: Auf einem Wandbild einer

Komödienszene in Pompeji streckt ein Mann einer Frau die gehörnte Hand entgegen;[1] diese in ihrer Deutung umstrittene Gebärde vergleicht den Betreffenden mit einem hörnertragenden Tier, d. h. einem Ochsen (Dummheit) oder Ziegenbock (sexuelle Aktivität und Kummer von Menschen, die im unglückbringenden Zeichen des Steinbocks geboren werden), oder ist einfach als doppeltes phallisches Symbol, also als Hinweis auf zwei Männer bei einer Frau zu verstehen.[2] Das griechische Adjektiv »hörnertragend« (κερασφό-ρος) bedeutete jedenfalls bereits »gehörnt« auch im Sinne von »betrogen«.[3]

Im 10. Jh. erscheint in der »Patria«, einer anonymen Stadtbeschreibung Konstantinopels, für den Betrogenen die Bezeichnung κερατᾶς (»Gehörnter«, Gen. κερατάδος): Nahe der Werft von Konstantinopel habe ein Rammsporn und darauf eine Statue mit vier Hörnern gestanden, die sich dreimal um sich selbst gedreht habe, sobald sich ihr ein Gehörnter näherte.[4] Kaiser Andronikos I. Komnenos habe im 12. Jh. Hirschgeweihe an den Eingängen zum Marktplatz aufhängen lassen, um betrogene Ehemänner zu verspotten.[5] Im lateinischen Mittelalter war eine Erzählung verbreitet, nach der ein Zauberer namens Vergilius in Rom eine Statue aufgestellt habe, der eine der Untreue beschuldigte Frau die Finger in den Mund legen mußte – war sie schuldig, so biß die Statue zu; angezeigt wurde ihre Untreue zuvor dadurch, daß ihrem Mann ein Horn aus der Stirn wuchs.[6]

In bildlichen Darstellungen des »Gehörnten« erscheint manchmal ein Horn, manchmal ein Hörnerpaar oder auch ein ganzes Geweih. Die Ausstattung mit Hörnern war bisweilen auch die ganz konkrete Strafe für einen Ehemann, der den Ehebruch bewußt duldete und sich damit nach christlicher Auffassung der Teilhabe an einer Todsünde schuldig machte; außerdem mußte er auf einem Esel durch die Stadt reiten oder andere Demütigungen über sich ergehen lassen.[7]

L Duden 11,350; Grimm 10,1817 u. 30,2572; Röhrich 3,738-743. [1] Abb. bei Röhrich 3,740. [2] Vgl. Röhrich 3,740-743. [3] Das Gedicht des Dichters Lukillios (1. Jh. n. Chr.) in Anth. Pal. 11,278 hat vom Schreiber des Codex Palatinus 23 den Titel »εἰς γραμματικὸν κερασφόρον« (auf einen gehörnten Grammatiker) erhalten, und sein Inhalt ist eindeutig: »Draußen lehrst du, was Paris an Menelaos verbrochen [gemeint ist der Raub Helenas], | doch deine Helena hat Paris um Paris daheim« (Übersetzung H. Beckby). [4] Πάτρια Κωνσταντινουπόλεως o. Ps.-Codinus (da fälschlich dem Kodinos zugeschrieben), hrsg. von Theodor Preger, Scriptores originum Constantinopolitarum II, Leipzig 1907, 3,179. [5]: Röhrich 3,740. [6] Meisterlieder der Kolmarer Handschrift, hrsg. von K. Bartsch, Stuttgart 1862, 55,14 nach Grimm 10,1817, der auch noch eine Version dieser Geschichte aus dem 14. Jh. und spätere Beispiele für die Wendung anführt. [7] Frenzel, Motive 313. R Zum Motiv des Hahnreis (d. h. des Gehörnten) in der Dichtung siehe ausführlich Frenzel, Motive 313-329. S Engl. »to horn/hornify/cornute«, »to bestow a pair of horns upon one's husband«, »to wear horns«, »cornuto« (Hörnerträger), »cornutor« (Nebenbuhler); frz. »porter/avoir des cornes«, »avoir des bois sur la tête«, »planter des cornes«, »mettre des cornes à«, »cornard« (Hörnerträger); ital. »avere/far/porre le corna«, »cornaro/cornuto«; ndl. »hooren op zeten«, »horendrager«; span. »cornudar/encornudar«, »poner cuernos«, »cornudo«.

Der Hund hat das Leder gefressen

Wenn man jemandem etwas anhaben will, findet man leicht einen Grund; aber: von geschmiertem Leder scheiden Hunde nicht gern: Abhängigkeit mit guten Seiten will man nicht missen.

Dieses Sprichwort geht auf den Dichter Theokrit zurück, bei dem ein junger Mann betont, daß er kein Bedürfnis nach

einer Freundin habe und dies auch so bleiben solle, denn:
»Es ist schlimm, einen Hund vom Leder kosten zu lassen«,[1]
d. h. nach einer Gewöhnung fällt ein vorher leichter Verzicht
sehr schwer. Dieses »Leder« war einerseits die Haut der
Nachgeburt, die man Hunden zu fressen gab, um sie zu zäh-
men, zum anderen aber auch die Haut um Eingeweide, die
als Delikatesse (mit Milch gefüllt und am Feuer geröstet) für
Hunde viel zu schade war. Über Erwähnungen bei dem römischen Dichter Horaz[2] und dem griechischen Schriftsteller
Lukian[3] verfestigte sich das Motiv des Hundes, der es nicht
lassen kann, Leder zu fressen.

Notker Labeo (952-1022 n. Chr.) formulierte »Angefan-
gen mit einem Riemen beginnt der Hund Leder zu fressen«[4]
in der Bedeutung: »Kleinere Vergehen führen mit der Zeit zu
größeren.« Dieser Spruch erscheint auch bei Luther: »An
den lappen lern der hund ledder fressen.« Doch versteht er
ihn in dem Sinn: »Wem das kleine verschmaht, wird das
großer nicht.« Ebenfalls bei Luther tritt das Motiv in den
Vordergrund, daß der Hund bestraft wird, wenn er Leder
frißt: »Aber es geht, wie man sagt, wenn man dem Hund zu
will, so hat der Leder gefressen.«[5] »Der Hund hat das Leder
gefressen« ist also eine zwar berechtigte, aber allzu leicht
gefundene Begründung für eine Bestrafung.

Im Sprichwort »Von geschmiertem Leder scheiden Hunde
nicht gern« tritt allerdings wieder der ursprüngliche Sinn
hervor, daß man sich von einer günstigen Abhängigkeit
(beim Hund: von dem Riemen) nicht freimachen möchte.[6]

[L] Röhrich 3,762-763. [1] Theokr. 10,11: »χαλεπὸν χορίῳ κύνα
γεῦσαι«, sprich: chalepon choriō kyna geusai. [2] Hor. s. 2,5,83:
»wie der Hund nie vom gefetteten Leder ferngehalten werden« (Ut ca-
nis a corio nunquam absterrebitur uncto). [3] Lukian. ind. 25-26:
»Denn auch ein Hund hört wohl nicht auf, wenn er es einmal gelernt

hat, am Leder zu nagen« (οὐδὲ γὰρ κύων ἅπαξ παύσαιτ᾽ ἂν σκυτοτρα-γεῖν μαθοῦσα). [4] »Fone démo limble so beginnit tir hunt leder ezzen.« nach Röhrich 3,762; entsprechend G.T. Pistorius, Thesaurus paroemiarum (1715/25): »An Riemennagen lernen die Hunde Leder fressen.« [5] Röhrich 3,762. [6] In manchen anderen Zusammen-hängen steht der Hund, der am Riemen beißt, entsprechend für das sich Freimachen von Verpflichtungen: Röhrich 3,762-763 mit Beispielen. B J.H. Voß: »Hans, der Hund, den hängen man will, hat Leder gefres-sen.« (Röhrich 3,763).

Hydra

Kaum zu vernichtendes Ungeheuer, geradezu unausrott-bares Übel.

Die Hydra (Ὕδρα lat. Hydra) war eine sieben- oder neun-köpfige Schlange, die im Sumpf von Lerna bei Argos hau-ste;[1] für jeden abgeschlagenen Kopf wuchsen ihr zwei neue nach. Herkules tötete sie mit Hilfe seines Freundes Iolaos, der nach jedem Hieb die Schnittstelle mit glühenden Baum-stämmen ausbrannte.[2] Mit der Galle der Hydra bestrich Herkules seine Pfeile, die fortan unheilbare Wunden verur-sachten.

»Auf die Hydra hauen« (griech.: Ὕδραν τέμνειν, sprich: Hydrān temnein) war schon im Griechischen für ein fast unmögliches Unterfangen sprichwörtlich,[3] und die Römer verwendeten die Hydra in verschiedenen Formulierungen als Bild für sich immer wieder erneuernde Mißstände oder Gefahren.[4] Heutzutage ist zum Beispiel von der »Hydra der Arbeitslosigkeit« oder der »Hydra der Staatsverschuldung« die Rede.

L Büchmann 67-68; Duden 12,231; Otto 168-169 (Nr. 837) u. Nach-träge 25.58.74.105-106.238.274; Rannacher 20; Stichwörter 47 u. Komm. 75-77. [1] Erstmals genannt wird sie Hes. Theog. 313-318.

[2] Quellen für dieses Herkulesabenteuer sind Hes. Theog. 313-318; Eur. Herc. 419-421; Apollod. bibl. 2,5,2; vgl. Verg. Aen. 8,299-300. [3] Apostol. 17,49 (CPG 2,698): »Du haust auf Köpfe der Hydra« (ὕδ-ρας κεφαλὰς τέμνεις), ähnlich Zenob. 6,26 (CPG 1,169); vgl. Plut. Cato 16,7. [4] Beispielsweise Boeth. consol. 4,6: »der Gegenstand ist derart, daß, wenn ein Zweifel abgeschnitten ist, unzählige andere wie die Häupter der Hydra nachwachsen« (Talis namque materia est, ut una dubitatione succisa innumerabiles aliae velut hydrae capita succrescant); weitere Stellen nennt Otto 168-169 (Nr. 837) u. Nachträge 25.58.74.105-106.238.274.

* Hyperboreer

Weltfremder Einsiedler; * hyperboreisch: weltfern, eigentümlich.

Die Hyperboreer (Ὑπερβόρεοι, lat. Hyperborēi), die »über den Nordwind Boreas hinaus« Wohnenden, waren ein sagenhaftes Volk, das hoch im Norden ein weltabgeschiedenes, glückliches Dasein führte.[1]

Bei römischen Dichtern stehen die Hyperboreer gern für das äußerste Ende der Welt: Nach Catull besaß der Politiker Mamurra Grundstücke »bis zu den Hyperboreern und dem Ozeanmeer«.[2]

[L] Otto, Nachträge 86.172; Rannacher 20.   [1] Hom. h. 7,29; Schol. Aischin. in Ctesiph. 165.   [2] Catull. 115,6: »usque ad Hyperboreos et mare ad Oceanum«. Vgl. Iuv. 6,470; Hor. c. 2,20,16. Zur sprichwörtlichen Kälte bei den Hyperboreern siehe Otto, Nachträge 172.

I

das zweite Ich

Der beste Freund/die beste Freundin, der Geliebte/die Geliebte (auch: das andere Ich, das bessere Ich, lat.: das »alter ego«).

Nach Porphyrios[1] (3. Jh. n. Chr.) nannte zuerst der Philosoph Pythagoras (6. Jh. v. Chr.) einen Freund ein »anderes Selbst« (ἄλλον ἑαυτόν, sprich: allon heauton). Von Diogenes Laertios (3. Jh. n. Chr.) wird derselbe Gedanke mit dem Wortlaut »ein anderes Ich« (ἄλλος ἐγώ, sprich: allos ego) dem Stoiker Zenon (335-262 v. Chr.) zugeschrieben;[2] doch wird das Wort auch schon von Aristoteles (384-322 v. Chr.) in seiner »Nikomachischen Ethik« zitiert[3] und dürfte weiter als nur ins 4. Jh. v. Chr. zurückgehen. Der Freund als »anderes Selbst« findet sich auch in den pseudoaristotelischen »Magna moralia«[4] und bei Plutarch im 1. Jh. n. Chr.[5]

Lateinisch erscheint das Motiv zuerst als »me alterum« oder »alterum me« bei Cicero[6] (106-43 v. Chr.). Der Nominativ »alter ego« wurde seit dem 17. Jh. als »das andere Ich« ins Deutsche übernommen.[7] Zum Beispiel schreibt Lessing: »Pfriem ist nicht bloß mein Freund, er ist mein andres Ich.«[8] In einem Lied von 1725 heißt es: »Sind wir geschieden | und leb' ich sonder dich, | gib dich zufrieden, | du bleibst mein ander Ich« – wobei der Volksmund aus der letzten Zeile »du bist mein einz'ges Ich« gemacht hat.[9]

Erst seit dem 20. Jh. – nach Freud – wird die Bezeichnung auch für eine »psychische Identität« oder gar eine »zweite Persönlichkeit« in ein und demselben Menschen verwendet.

[L] Borchardt-Wustmann-Schoppe 244-245; Büchmann 297; Der neue Büchmann 363-364; Grimm 10,2031; Macrone 201-202; Rannacher 46; Röhrich 3,778. [1] Porph. vit. Pyth. 33: »Freunde schätzte er überaus, wobei er als erster äußerte, gemeinsam seien die Dinge von Freunden und der Freund sei ein anderes Selbst.« [2] Diog. Laert. 7,23: »Auf die Frage, was ein Freund sei, sagte er: »»Ein anderes Ich‹« (ἐρωτηθεὶς τίς ἐστι φίλος ›ἄλλος‹ ἔφη ›ἐγώ‹). [3] Aristot. eth. Nic. 9,4 (Bekker 2,1166a): »ἔστι γὰρ ὁ φίλος ἄλλος αὐτός« und 9,9 (Bekker 2,1170b): »ἕτερος γὰρ αὐτὸς ὁ φίλος ἐστίν« (beides: Denn der Freund ist ein anderes Selbst). [4] Aristot. m. mor. 2,15,5-8 (ἄλλος ἐγώ und ἕτερος ἐγώ). [5] Plut. amic. mult. 2 (mor. 93e). [6] »Me alterum« Cic. Att. 3,15,4 u. 4,1,7; »alterum me« Cic. fam. 2,15,4 (an M. Caelius); 7,5,1 (an Caesar); daneben »alter idem« (das andere Selbst) Cic. Lael. 21,80. [7] Borchardt-Wustmann-Schoppe 244; Belege bei Grimm 10,2031. [8] Sämtliche Schriften (1838-1840) 1,27 nach Grimm 10,2031. [B] Borchardt-Wustmann-Schoppe 244. [S] Engl. »alter ego« (zuerst R. Layton, 1537: »You must have such as ye may trust even as well as your own self, which must be unto you as alter ego»).

* Ikarusflügel tragen

Höchste, gewagte Ziele anstreben und dabei Schaden nehmen (auch: * auf Ikarusflügeln getragen werden, * sich die Ikarusflügel verbrennen, sich die Flügel verbrennen); * Ikarus: Mensch, der zu hoch hinauswill; * Ikarusflug: zu hohes Ziel.

Ikarus (Ἴκαρος lat. Ịcarus) floh mit seinem Vater Dädalus (griech. Δαίδαλος, lat. Daedalus; vgl. → Labyrinth) von der Insel Kreta, wo sie von König Minos festgehalten wurden. Für die Flucht hatte Dädalus Flügel aus von Wachs zusammengehaltenen Federn konstruiert. Jedoch flog Ikarus entgegen der Anweisung seines Vaters zu hoch, so daß die Sonne das Wachs schmolz und ihn zu Tode stürzen ließ.[1]

Bei den Griechen waren allerdings nicht die »Ikarusflügel«, sondern die »Dädalusflügel« für ein Mittel, das aus einer Notlage befreit, sprichwörtlich.[2]

[L] Borchardt-Wustmann-Schoppe 154; Büchmann 72; Rannacher 20. [1] Apollod. epit. 1,12-13; Ov. met. 8,183-235; Hyg. fab. 40. [2] Belege bietet Wiesenthal 21. [R] Popsongs: Peter, Sue und Marc, »Like a seagull« (1976); Reinhard Mey, Lied und LP »Ikarus«. [B] Diverse Textbeispiele bietet Udo Ropohl, Textkollage: Ikarus-Motive in literarischen und trivialen Phantasiebildern, in: Dieter Appelt und Udo Ropohl (Hrsg.), Ikarus. Mythos als Realismus in Beispielen der Gegenwartskunst [Ausstellung vom 13. 12. 1985-31. 1. 1986], Berlin 1985, S. 17-19.

Irren ist menschlich

(lat. errare humanum est): jeder Mensch kann irren, niemand ist unfehlbar; auch mit der Fortsetzung: …, vergeben göttlich.

Der Gedanke, daß jeder Mensch irrt und dies kaum vermeiden kann, findet sich zuerst bei dem frühgriechischen Dichter Theognis: »Fehler folgen bei den sterblichen Menschen auf dem Fuße.«[1] Daraufhin findet sich das Motiv vor allem bei den griechischen Tragikern.[2] Nach Lukian riet der stoische Philosoph Demonax (2. Jh. v. Chr.), man solle sich angesichts der Fehler von Mitmenschen wie der Arzt verhalten, der auf seine Patienten nicht zornig sei, sondern sie heile: »Denn er meinte, das Irren gehöre zum Menschen, aber zu einem Gott oder einem gottgleichen Menschen gehöre es, das Verfehlte wieder gerade zu richten.«[3]

Lateinisch wurde der Gedanke der menschlichen Fehlbarkeit vor allem von Cicero[4] und dem Kirchenvater Hieronymus[5] formuliert, woraus später die bekannte lateinische Kurzfassung »errare humanum est« gebildet wurde. Das Sprichwort »Irren ist menschlich, vergeben göttlich« erscheint zuerst englisch bei dem Dichter Alexander Pope (1688-1744).[6]

L Bartels 72-73; Büchmann 348; Duden 11,362; Duden 12,150; Grimm 10,2167; Macrone 192. [1] Thgn. 327-328. »ἁμαρτωλαὶ γὰρ ἐν ἀνθρώποισιν ἕπονται | θνητοῖς ... [2] Soph. Ant. 1023-1024; Eur. Hipp. 615; vgl. Men. Phanion Fr. 432 Körte (= CAF3, 143 Fr. 499); Demosth. de cor. 289,12-15. [3] Lukian. Demon. 7: »ἡγεῖτο γὰρ ἀνθρώπου μὲν εἶναι τὸ ἁμαρτάνειν, θεοῦ δὲ ἢ ἀνδρὸς ἰσοθέου τὰ πταισθέντα ἐπανορθοῦν.« [4] Cic. Phil. 12,2,5: »Zu jedem Menschen gehört es zu irren, aber zu keinem außer dem Unverständigen, im Irrtum zu verharren« (Cuiusvis hominis est errare, nullius, nisi insipientis, in errore perseverare); vgl. Att. 13,21 a,2. [5] Hieron. epist. 57,12 (PL 22,578): »... weil es menschlich ist, geirrt zu haben, und auch zum Klugen gehört, einen Irrtum einzugestehen« (quia et errasse humanum est et confiteri errorem prudentis); weitere lat. Stellen nennt Bartels 72-73. [6] In seinem »Essay on criticism« nach Macrone 192, engl. »To err is human, to forgive divine«.

sein Ithaka finden

Nach langen Mühen in die Heimat zurückkehren.

Ithaka (Ἰθάκη, lat. Ithaca o. Ithacē) war die Heimat des Odysseus, der nach der Eroberung Trojas noch zehn Jahre umherirrte, bevor er nach Hause zurückkehrte.

L Rannacher 21.

J

Jota

Geringfügiges, Kleinigkeit (auch: Titel, Tittel, Tüttel, Tüpfchelchen); kein Jota/nicht ein Jota ändern: gar nichts ändern; kein Jota nachlassen/abweichen: absolut unnachgiebig sein; i-Tüpfelchen/Tüpfelchen auf dem i: Kleinigkeit, die etwas erst vollständig macht; bis auf den i-Punkt/ bis auf das i-Tüpfelchen: ganz genau, bis ins Letzte.

Das Jota (Ἰῶτα) ist der kleinste Buchstabe des griechischen Alphabets. Die Redewendung »kein Jota ändern« beruht auf Matth. 5,18: »Denn ich sage euch wahrlich: Bis daß Himmel und Erde vergehe, wird nicht vergehen ein Jota noch ein Strichlein vom Gesetz [ἰῶτα ἓν ἢ μία κεραία], bis daß es alles geschehe.« Luther übersetzte hier ursprünglich erläuternd »der kleinste Buchstabe noch ein Tüttel«. Matthäus meint hier mit dem griechischen »Jota« eigentlich den kleinsten hebräischen Buchstaben, das Jod (ʼ), und mit »Strichlein« die »Hörnchen« oder Häkchen als die kleinsten Teile der hebräischen Buchstaben; also werde sich, meint Jesus, das Gesetz sogar bis ins Allerkleinste erfüllen.

Die Redewendung »kein Iota nachlassen (o. abweichen)« wird hingegen auch mit dem Streit um Wesenseinheit (ὁμοουσία sprich: homousia) bzw. Wesensähnlichkeit (ὁμοιουσία sprich: homoiusia) Christi mit Gottvater auf dem Konzil von Nizäa (325) in Verbindung gebracht.

Im Deutschen steht zumeist das »i-Tüpfelchen« für das Kleinste an einem Wort oder Buchstaben, das zur Vollständigkeit nicht fehlen darf. Doch hat sich bisweilen auch noch das Iota erhalten, z. B. bei Goethe, bei dem Mephistopheles sagt: »Mit Worten läßt sich trefflich streiten, | Mit Worten ein System bereiten, | An Worte läßt sich trefflich glauben, | Von einem Wort läßt sich kein Jota rauben.«[1]

L Büchmann 38; Duden 11,362; Grimm 10,2337-2338; Rannacher 21; Röhrich 3,778. [1] Faust I 1997-2000; weitere Beispiele nennt Grimm 10,2337-2338. S Auch im Engl. erscheint das »jot« sehr häufig, v. a. bei Shakespeare, z. B. Antony and Cleopatra 4,5: »Go, Eros, send his treasure after; do it. | Detain no jot, I charge thee.« Oder bei Mark Twain, The $ 30000 Bequest, Kap. 10: »Venus alone shall quit her station before I will forsake one jot or tittle of my promise to you.«

K

ad Kalendas/Calendas Graecas

(lat. »bis zu den griechischen Kalenden«): bis zum St. Nimmerleinstag verschoben, niemals.

Nach dem römischen Geschichtsschreiber Sueton habe der römische Kaiser Augustus von säumigen Schuldnern häufig gesagt, sie würden »ad Kalendas Graecas« zahlen.[1] Die »Kalenden« waren im römischen Kalender jeweils der Monatserste (von ihnen kommt das deutsche Wort »Kalender«) und außerdem ein üblicher Zahlungstermin; dagegen kennt der griechische Kalender weder die Kalenden überhaupt als Bezeichnung für den Monatsersten noch diesen Termin als Zahltag (die Griechen zahlten die Zinsen am Neumond[2]). Daher sind die »griechischen Kalenden« eine Umschreibung für »niemals«. Das Deutsche kennt dafür den Ausdruck »am (St.) Nimmerleinstag« (vgl. → Herr Niemand) oder früher »zu der Juden Weihnachten«.[3]

Ⓛ Bartels 35; Büchmann 369; Duden 11,28; Otto 65 (Nr. 301); Röhrich 3,796 und 4,1173 mit weiterführender Lit. [1] Suet. Aug. 87,1: »Daß er in seiner Umgangssprache gewisse Ausdrücke häufiger und auf merkwürdige Weise in den Mund nahm, bezeugen seine eigenhändig geschriebenen Briefe, in denen er, wenn er bezeichnen will, daß welche niemals zahlen würden, mehrfach sagt, sie würden an den griechischen Kalenden zahlen.« [2] Aristoph. Nub. 756. [3] Dazu vgl. Grimm 28,714.

kalt und warm aus einem Munde blasen

Einmal so und einmal anders reden, unzuverlässig sein.

In der äsopischen Fabel »Der Mann und der Satyr«[1] (→ Satyr) beschließen ein Mann und ein Satyr, zusammen zu leben. Als der Mann im Winter in die Hände bläst, erklärt er dem Satyr, daß er dies tue, um sich zu wärmen. Als er am selben Tag auf eine heiße Suppe bläst, um sie, wie er dem Satyr erklärt, zu kühlen, sagt dieser: »Ich nehme Abschied von deiner Freundschaft, weil du aus demselben Mund das Warme und das Kalte hinausläßt.«[2] Ebenso solle jeder die Freundschaft zu Menschen mit widersprüchlichen Darlegungen vermeiden.

Der deutsche Wortlaut der Redensart wurde von Luther fest geprägt: »Das heißt auff deudsch kalt und warm aus einem maul blasen.«[3]

Ⓛ Borchardt-Wustmann-Schoppe 69-70; Macrone 24; Röhrich 1,204. [1] Nr. 64 Halm = Nr. 35 Hausrath/Hunger; die Fabel wurde von dem lateinischen Fabeldichter Avian (fab. 29) aufgegriffen und deutsch später von Erasmus Alberus und Hans Sachs bearbeitet: Borchardt-Wustmann-Schoppe 69-70. [2] »..., ὅτι ἐκ τοῦ αὐτοῦ στόματος τὸ θερμὸν κὰ τὸ ψυχρὸν ἐξιεῖς.« [3] Warnung an seine lieben Deutschen (1531) nach Röhrich 1,204. B Walther von der Vogelweide 29,11: »zwo zungen habent kalt und warm, die ligent in sime rachen.« Reinmar von Zweter: »du blæses kalt und huches warm.« Sebastian Brant, Narrenschiff 18,17: »Wer tun wil, das eim jeden gfalt, der muß han otem warm und kalt.« S Engl. »to blow hot and cold (out of the same mouth/with the same breath)« seit dem 16. Jh.: Macrone 24.

unter aller Kanone

Unter aller Kritik, wertlos.

»Kanone« kommt hier nicht von dem Geschütz (diese »Kanone« stammt sprachlich von »canna«, Rohr, was zu ital. connone wurde), sondern von lat. canon, das wiederum von griech. κανών »Maßstab, Richtschnur« herkommt. Die lateinische Wendung »sub omni canone« (unterhalb jeden Bewertungsmaßstabes) wurde scherzhaft mit »unter aller Kanone« ins Deutsche übertragen und ist so seit dem 19. Jh. belegt.

Ein früher lateinischer Beleg findet sich in der Anekdote, nach der im 18. Jh. ein sächsischer Oberlehrer an den Schulrat geschrieben haben soll: »Meine Zensurstaffel ist ein canon zu fünf Zensuren; leider liegen die Arbeiten der meisten Schüler sub omni canone ...«[1]

Das deutsche »unter aller Kanone« wurde mundartlich noch weiter verdreht zu »unter aller Kanallje«.[2]

L Borchardt-Wustmann-Schoppe 252; Büchmann 416; Duden 11,370; Kluge 347; Röhrich 3,800-801. [1] Ernst Schwabe, Zeitschrift für den dt. Unterricht 19 (1905), 528 nach Büchmann 416. [2] Gerhart Hauptmann, Rose Bernd.

Kassandrarufe

Vergebliche Warnrufe, Unglücksrufe (auch im Singular); Kassandrablick: sieht künftiges Unheil voraus; Kassandra: jemand, der ein Unheil erkennt, ohne gehört zu werden.

Die schöne trojanische Prinzessin Kassandra (Κασσάνδρα, lat. Cassandra), Tochter des Priamos und der Hekabe (→ Das ist mir Hekuba), erhielt von Apollo die Sehergabe, doch als Strafe dafür, daß sie seine Liebe zurückwies, sollte ihr niemand Glauben schenken; als Kassandra daher die Trojaner vor dem hölzernen Pferd der Griechen warnte (→ trojanisches Pferd) und den Untergang Trojas voraussah, erntete sie nur Unglauben und Spott.[1] Im übertragenen Sinne wird Kassandra zuerst bei Cicero verwendet, bei dem sich der Redner Sextus Titius als »Kassandra« bezeichnet.[2]

[L] Büchmann 322; Duden 12,274; Rannacher 21; Rössing 122. Weiterführende Lit.: Karl Ledergerber, Kassandra. Das Bild der Prophetin in der antiken und insbesondere in der ältern abendländischen Dichtung, Diss. Freiburg (Schweiz) 1941. [1] Aischyl. Ag. 1202-1212; Apollod. bibl. 3,12,5,6; Lykophrons Gedicht »Alexandra« (Kassandra, um 295 v. Chr.) ist eine Orakelrede Kassandras; Verg. Aen. 2,246-247. 3,186-187; Hyg. Fab. 108; Apul. de deo Socr. 18: »incredita vaticinia Cassandrae«; Q. Smyrn. 14,395-398; Tryph. Il. exc. 376-438. In den spätantiken Pseudotagebüchern des Dictys (Ephemeris belli Troiani, 4. Jh.) und des Dares (Historia de excidio Troiae, 6. Jh.) ist die Tragik der Seherin entschärft, da man ihr dort Glauben schenkt (vgl. Ledergerber [s. o.] 21). [2] Cic. de or. 2,265. [R] Zur Rezeption in der mittelalterlichen Dichtung und in der Renaissance bis Shakespeare vgl. ausführlich Ledergerber (s. o.) ab S. 29, bis in die Gegenwart siehe Frenzel, Stoffe 410-412; Dramen, Epen, Dichtungen, Romane, Erzählungen und die musikalische Rezeption nennt Hunger 211. Schiller, Gedicht »Kassandra« (1802); Christa Wolf, Erzählung »Kassandra« (1983). Popsong: ABBA, »Cassandra« (1982).

Kastor und Pollux

Unzertrennliches Brüder- oder Freundespaar
(z. B.: wie K. u. P. sein).

Kastor (Κάστωρ, lateinisch Castor) und Polydeukes (Πολυδεύκης, lat. Pollux) waren Zwillingskinder des Zeus und der Leda und sind auch als »Dioskuren« (Διὸς κοῦροι, Söhne des Zeus) bekannt. Nur Pollux war unsterblich, bat aber Zeus beim Tod des Bruders, die Unsterblichkeit mit ihm teilen zu dürfen, so daß beide abwechselnd in Ober- und Unterwelt leben.[1]

Das Motiv eines Zwillingspaares ritterlicher Lichtgötter findet sich bei mehreren indoeuropäischen Völkern.[2] Die beliebten griechischen Zwillinge, deren Hauptkultstätte in Therapne bei Sparta lag, wurden in der gesamten griechisch-römischen Antike kultisch verehrt. Sie galten als Retter der Schwachen und Schutzbedürftigen und erschienen den Menschen in Seenot und anderen Gefahren. Dargestellt werden sie mit weißen Pferden, in glänzender Rüstung, mit der für sie typischen Schiffermütze (πῖλος, lat. pilleus) und mit Flämmchen oder Sternchen auf den Köpfen.[3] Ihr Kult in Rom geht auf die Legende zurück, sie hätten bei der Schlacht am Regillus-See (499 v. Chr.) persönlich den Römern Waffenhilfe geleistet und die Siegesbotschaft nach Rom gebracht.[4]

[L] Duden 11,375; Rannacher 21. Weiterführende Lit.: Stefan Geppert, Castor und Pollux. Untersuchungen zu den Darstellungen der Dioskuren in der römischen Kaiserzeit, Münster 1996. [1] Hom. Od. 11,299-304. [2] Näheres dazu bei Geppert (s.o.) 4-5. [3] Moritz 187. [4] Cic. nat. 2,6. 3,11-13; Dion. Hal. 6,13,1-4; Plut. Aem. 25. [R] Dichtungen, Opern und Ballette nennt Hunger 117.

kat exochen

(griech. κατ' ἐξοχήν, »gemäß der Hervorragung«)
= vorzugsweise, schlechthin, par excellence.

Das griechische Substantiv ἐξοχή (sprich: exochā̄ von
ἐξέχω hervorhalten, herausragen) bedeutete alles konkrete Herausragen (Extremitäten von Lebewesen, Felsvor-
sprünge etc.) oder auch eine herausragende Bedeutung von
Menschen. Mit der Präposition κατά (gemäß, nach) entstand daraus κατ' ἐξοχήν (sprich: kat exochā̄n, »gemäß der
Hervorragung«) im noch heute gültigen Sinne.[1]

Im Neuen Testament wurde dies noch zu »οἱ κατ' ἐξοχήν« (»die Vornehmsten«, »die führenden Männer«) sub-
stantiviert.[2]

[L] Rannacher 21. [1] Beispielsweise Strab. 1,2,10. [2] Apg.
25,23.

Kerberos / Cerberus / Zerberus

**Unfreundlicher Türhüter, Pförtner oder Wachhund;
Cerberusmiene/Zerberusgesicht: grimmiger Blick; den
Zerberus machen: als Türsteher dienen.**

Der Höllenhund Kerberos (Κέρβερος, lat. Cerberus, dt.
Zerberus; der Name ist wohl eine Lautmalerei für das Knur-
ren) war ursprünglich ein fünfköpfiges Ungeheuer mit Dra-
chenschweif und Schlangenköpfen auf dem Rücken; später
aber stellte man ihn sich als Hund mit drei schlangenbe-
setzten Köpfen vor, der am Tor der Unterwelt alle Ankom-
menden freundlich umwedelte, doch mit aller Gewalt jeden
an der Umkehr hinderte.[1] Nur der Sänger Orpheus (→ orphisch) soll Kerberos mit Musik besänftigt haben; → Herku-

les hat ihn in seiner zwölften und letzten Arbeit mit bloßen Händen ans Tageslicht gezerrt.[2]

Durch die Beigabe von Honigkuchen ins Grab suchte man den Toten vor den Bissen dieses Höllenhundes zu schützen. Seine Hundegestalt ist darauf zurückzuführen, daß Hunde Aas fressen und daher in der Antike trotz ihrer Nutzung als Haus- und Herdentier als unrein galten und der Sphäre der Unterwelt zugeordnet wurden.

[L] Büchmann 69; Rannacher 21; Röhrich 1,289; Rössing 125; Weiterführende Lit. nennt Hunger 218. [1] Zuerst genannt von Hesiod mit 50 Köpfen: Hes. Theog. 310-312; Apollod. bibl. 2,5,12; Paus. 3,25,5-6; Verg. Aen. 6,417-423. [2] Hom. Od. 11,625; Eur. Herc. 23-25.1276-1278.

* kimmerische Finsternis

Völlige, tiefe Dunkelheit.

Die Kimmerier waren nomadische Reiterstämme aus Südrußland und der Ukraine, die im 7. Jh. v. Chr. über den Kaukasus bis nach Assyrien und Kleinasien vordrangen, aber bald vertrieben wurden. Ihre Bezeichnung geht auf Homer zurück, bei dem die Kimmerier ein Volk im äußersten Rand des Ozeans sind, dicht am Eingang zum Hades gelegen, von Nebel und Wolken umhüllt und weder von der aufgehenden noch der untergehenden Sonne beschienen.[1]

In Rom war die »kimmerische Finsternis« (Cimmeriae tenebrae) bereits sprichwörtlich[2] und gelangte von dort aus ins Deutsche. In Goethes Faust II spricht Mephistopheles (als Phorkyas) zu Helena über Neuankömmlinge bei Sparta: »Dort hinten still im Gebirgtal hat ein kühn Geschlecht | Sich angesiedelt, dringend aus cimmerischer Nacht...«[3] Im Deutschen ist jedoch der Begriff der »ägyptischen Finster-

nis« (aus dem Alten Testament, nach 2. Mose 10,22) noch
bekannter.

[L] Büchmann 66; Otto 83 (Nr. 387) u. Nachträge 148. Weiterführende Lit.: Der Kleine Pauly 3,210-211. [1] Hom. Od. 11,14-19; ein
griechischer Beleg mit übertragenem Sinn findet sich in der mittelalter-
lichen Anth. Pal. 5,283,5-6: »Wenn einer Diener | der Liebesgötter ist,
wünschte er sich, Nächte der Kimmerier zu haben.« [2] Beispielsweise Amm. 29,2,4: »omnes ea tempestate velut in Cimmeriis tenebris
reptabamus« (wir schlichen in dieser Zeit alle gleichsam in kimmeri-
scher Finsternis dahin); weitere Stellen nennt Otto 83 (Nr. 387).
[3] V. 8999-9001.

Kirke/Circe

**Verführerische, gefährliche Frau; becircen/bezirzen:
verführen, bezaubern, umgarnen, umschmeicheln.**

Die mythische Zauberin Kirke (Κίρκη, lat./dt. Circe), Tochter des Sonnengottes Helios und der Perse, lebte nach
Homer auf der Insel Aiaia:[1] Als eine Gruppe von Odysseus'
Männern ihr Haus betritt, empfängt sie sie gastlich, verwandelt sie jedoch beim Essen mit einem Gift in Schweine;
nur Eurylochos entkommt zu Odysseus, der auf dem Weg zu
Kirke von Hermes ein Gegenmittel und guten Rat bekommt.
So vereitelt Odysseus Kirkes Verwandlungsversuch und bedroht sie mit dem Schwert, woraufhin sie ihn zu verführen
versucht. Dazu sagt Odysseus nicht nein, läßt aber Kirke
schwören, nichts Böses gegen ihn zu unternehmen. Nachdem sie seine Gefährten zurückverwandelt hat, bleiben alle
noch länger als ein Jahr auf Kirkes Insel.

Der »Trank Kirkes« kommt außerhalb der eigentlichen
Kirkegeschichte bereits bei Theokrit vor[2] und wurde im Lateinischen sprichwörtlich für die Ursache einer merkwürdi-

gen Verwandlung;[3] Kirke selbst wurde zum Musterbeispiel
einer Zauberin.[4]

[L] Büchmann 66; Otto 84 (Nr. 390) u. Nachträge 54.98-99.148.265;
Rannacher 22; Röhrich 1,164; Wiesenthal 58. Weitere Lit. nennt Röhrich 1,64. [1] Hom. Od. 10,210-574. [2] Theokr. 9,36. [3] Beispielsweise Cic. div. in Caec. 57: «Plötzlich ist sogleich aus einem
Menschen wie durch einen Circebecher ein Verres geworden»; zahlreiche weitere Stellen nennen Otto 84 (Nr. 390) u. Nachträge 54.98-
99.148.265 und Wiesenthal 58. [4] Plaut. Epid. 604; vgl. Suda s. v.
Κίρκη (Nr. 1662). [R] Zur Rezeption Kirkes in Musik und Literatur
siehe Hunger 220.

* nach der Klaue den Löwen malen

Von einem Teil auf das Ganze schließen.

Der Schriftsteller Lukian berichtet, daß der Künstler Phidias (5. Jh. v. Chr.) in der Lage gewesen sei, allein von der
Ansicht einer Klaue den dazugehörigen vollständigen Löwen nachzubilden: »Man sagt jedenfalls, daß einer von den
bildenden Künstlern, Phidias glaube ich, obwohl er nur die
Klaue eines Löwen gesehen habe, aus jener geschlossen
habe, wie alt der ganze Löwe werden dürfte, nachdem er
nach dem Aussehen der Kralle rekonstruiert worden sei.«[1]
   Die entsprechende Redensart ist jedoch älter: Von Plutarch wird sie schon dem Lyriker Alkaios (um 610 v. Chr.)
zugeschrieben;[2] zuerst belegt ist sie aber bei dem Mimen-
dichter Sophron aus Syrakus im 5. Jh. v. Chr.[3] Die lateinische Form »ex ungue leonem« ist jedoch in der Antike nicht
nachweisbar.

[L] Bartels 75; Büchmann 292; Der neue Büchmann 358-359; Otto,
Nachträge 157. [1] Lukian. Herm. 54. [2] Plut. def. or. 3 (mor.
410c): »…, indem sie nicht gemäß Alkaios ›aus der Klaue den Löwen‹
(griech. ἐξ ὄνυχος τὸν λέοντα) zeichneten …« [3] Sophron Fr. 110

(Comicorum Graecorum Fragmenta ed. Kaibel 1,172): »Wie Sophron ... sagt: ›Denn nach der Klaue hat er den Löwen gemalt‹« (ἐκ τοῦ
ὄνυχος γὰρ τὸν λέοντα ἔγραψεν); einen späteren Beleg erwähnt Otto,
Nachträge 257.

Koloß

**Gegenstand, Mensch oder Tier von riesigen Ausmaßen;
kolossal (auch: * kolossalisch, * colossisch): riesig; Koloß
auf tönernen Füßen: eine mächtig erscheinende, aber in
Wirklichkeit anfällige Person oder Sache.**

Das Wort »Koloß« (κολοσσός) wird zuerst von dem
Geschichtsschreiber Herodot (5. Jh. v. Chr.) benutzt, um
ägyptische Monumentalstatuen zu beschreiben.[1] Später be-
zeichnete es dagegen eine ganz bestimmte Großstatue: Der
»Koloß von Rhodos« ('Ρόδιος κολοσσός, lat. colossus)
war eine etwa 35 Meter hohe Statue des Sonnengottes
Helios im Hafen von Rhodos und zählte zu den sieben →
Weltwundern. Sie wurde von den Rhodiern in zwölfjähriger
Bauzeit anläßlich eines Sieges über den Makedonenkönig
Antigonos I. (305 v. Chr.) errichtet. Ein Erdbeben ließ sie
228 v. Chr. vom Sockel stürzen, doch blieb sie auch am Boden wegen ihrer Größe weiterhin eine Touristenattraktion.
Im 7. Jh. n. Chr. verkauften die arabischen Herrscher von
Rhodos ihre Reste an einen Kaufmann aus Edessa, der sie
stückweise angeblich auf 900 Kamelen abtransportierte. In
Rom wurde das 80 n. Chr. eingeweihte Flavische Amphitheater nach einer ehemals dort stehenden[2] Kolossalstatue
des Nero als »Kolosseum« bezeichnet,[3] wie es noch heute
fast ausschließlich genannt wird.
  Lateinisch wird »von der Größe eines Kolosses« (Co-
lossi magnitudine) von Erasmus als Sprichwort geführt.[4] Im

Deutschen wird der »Koloß« seit der Aufklärung für eine riesige Statue, einen Riesen oder allgemein für etwas Riesiges gebraucht;[5] z. B. beschreibt Goethe die Schweizergarde als »diese Kolossen, die mir ihre Hellebarden entgegen setzen«.[6] In derselben Zeit wurde aus dem französischen »colossal« das deutsche Adjektiv »kolossalisch« gebildet; Goethe schuf auch bereits daraus zusammengesetzte Substantive (»Kolossalziegel«, »Kolossalsäule«).[7] Im 19. Jh. sprach man über Rußland vom »nordischen Koloß«, »Koloß im Norden« oder »asiatischen Koloß«.[8]

Die Wendung »Koloß auf tönernen Füßen« geht auf eine Traumvision des babylonischen Königs Nebukadnezar im Alten Testament (Dan. 2,31-35) zurück, in der ein großes Standbild eine Abfolge von Reichen symbolisiert, deren letztes nur noch auf schwachen Füßen steht; die Bezeichnung wurde von Diderot (1713-1784) auf Rußland unter Katharina II. angewandt (frz. »colosse aux pieds d'argile«).[9]

[L] Büchmann 31; Duden 11,396; Duden 12,281; Grimm 2,630. 11,1621; Kluge 389; Macrone 42; Rannacher 22. [1] Hdt. 2,130-131 u. ö. [2] Die Statue war für das vestibulum der Domus Aurea geplant, wurde von Titus auf der Via Sacra aufgestellt und schließlich von Hadrian nach 123 n. Chr. vor das Amphitheater versetzt, wo seine Basis ausgegraben worden ist: Der Neue Pauly 3,85. [3] Der erste Beleg ist die Bezeichnung »Colisaeus« in einem Epigramm des Beda Venerabilis im 8. Jh. (PL 94,453); doch bringt schon Martial. spect. 1,2 das Theater mit der Statue in Verbindung. [4] Er. ad. 3,2,5. [5] Belege von Schiller und anderen bei Grimm 11,1622. [6] Nach Grimm 11,1621. [7] Belege für alles bei Grimm 11,1621. [8] Robert Franz Arnold, Wortgeschichtliche Zeugnisse, Zeitschrift für deutsche Wortforschung 8,1906,15; Grimm 11,1621. [9] Duden 12,281; Belege für die derartige Bezeichnung Rußlands im 19. Jh. nennt Robert Franz Arnold, Wortgeschichtliche Zeugnisse (s. o.) 15-16. [S] Engl. »colossus« (für den rhodischen Koloß seit dem späten 14. Jh., für Riesiges allgemein seit dem späten 18. Jh.); frz adj. »colossal«.

* korybantisch

Wild, ausgelassen.

Die Korybanten (Κορύβαντες, lat. Corybantēs) waren männerbündisch organisierte Kulttänzer der kleinasiatischen Fruchtbarkeitsgöttin Kybele, deren Feste sie mit rasenden Waffentänzen und lärmender Musik feierten.

Ⓛ Rannacher 22. Weiterführende Lit.: Der Kleine Pauly 3,378-380 s. v. Kureten.

Koryphäe

Genie, auf ihrem Gebiet hervorragende Person.

Der Koryphaios (κορυφαῖος, lat. coryphaeus) war Anführer und Sprecher des Chores in der griechischen Tragödie. Das deutsche Wort wurde vermutlich über französisch »coryphée« (Chorleiter, aber auch übertragen »Koryphäe«) eingeführt.

Ⓛ Rannacher 22.

vom hohen Kothurn

Von oben herab (z. B.: * v. h. K. verfügen); * auf hohem Kothurn einhergehen/einherschreiten/einherstolzieren: geschwollen tun, hochtrabend reden.

Der Kothurn (κόθορνος, lat. cothurnus) war der durch Holz- oder Korklagen erhöhte Bühnenschuh der Schauspieler in der griechischen Komödie. Die Höhe der Schuhe diente wie die hohen Gesichtsmasken dazu, die Schauspieler von weit oben nicht allzu klein erscheinen zu lassen. Im übertragenen Sinne stellt man sich also auf einen »hohen

Kothurn«, wenn man sich größer macht, als man tatsächlich ist (vgl. im Dt. die Wendung »auf großem Fuße leben«). Die Wendung »vom tragischen Kothurn herab« war wohl (belegt ist es für das 4. Jh.) bei den Römern sprichwörtlich.[1]

Solches Bemühen an sich bleibt natürlich letztlich vergeblich, denn, wie Mephistopheles bei Goethe sagt: »Setz dir Perücken auf mit Millionen Locken, setz deinen Fuß auf ellenhohe Sockeln, du bleibst doch immer, wer du bist!«

[L] Duden 11,410-411; Otto 95-96 (Nr. 451) u. Nachträge 33.149-150.266; Rannacher 22. [1] Beispielsweise Amm. 20,1,2; weitere Belegstellen nennt Otto 95-96 (Nr. 451) u. Nachträge 33.149-150.266.

* beim Kranich zu Gast sein

Sehr wenig oder nichts zu essen bekommen. Fuchs und Kranich laden einander zu Gast: zwei Menschen betrügen sich gegenseitig.

In der äsopischen Fabel vom Fuchs und vom Kranich[1] lädt zunächst der Fuchs den Kranich ein und setzt ihm das Essen auf einem Teller vor, der für den Kranich viel zu flach ist; daraufhin revanchiert sich der Kranich, indem er dem Fuchs, als dieser bei ihm eingeladen ist, das Essen in einem schmalen Krug serviert, aus dem nur der Kranich essen kann.

Die in den daraus entstandenen Redensarten leider nicht erhaltene Moral der Geschichte liegt darin, daß auch bei Menschen die Gastlichkeit gefährdet ist, wenn man sich nicht aufeinander einstellt: Wenn nämlich die Philosophen denen zur Last fallen, die ihren Spitzfindigkeiten nicht folgen können, und wenn diese umgekehrt zu singen beginnen und die niveaulosesten Gesprächsthemen auftischen, dann

»schwindet das Ziel der Gemeinschaft beim Trinken und ist Dionysos mißachtet«[2]

L Röhrich 3,879-880 und 2,482. [1] Nr. 34 Halm. [2] »... οἴχεται τῆς συμποτικῆς κοινωνίας τὸ τέλος καὶ καθύβρισται ὁ Διόνυσος« (Aisop. Nr. 34 Halm).

Krösus

Schwerreicher Mann (z. B.: »Bin ich denn ein K.?«); * Krösa: schwerreiche Frau; * krösusreich: reich wie Krösus, schwerreich.

Der lydische König Kroisos (Κροῖσος, lat. Croesus, König um 560-547 v. Chr.) soll durch Tribute und Ausbeutung von Bodenschätzen ungeheure Reichtümer besessen haben.[1] In diesem Sinne sprichwörtlich wird er bei den Griechen zuerst von Theokrit[2] und später von anderen griechischen und lateinischen Autoren genannt.[3]

Das deutsche Adjektiv »krösusreich«, das heute nicht mehr gebräuchlich ist, findet sich zuerst im 18. Jh. bei Gottfried August Bürger: »Er dünkt, verarmt bis auf den Deut, | sich dennoch krösusreich.«[4]

L Büchmann 361; Der neue Büchmann 438; Grimm 11,2412; Macrone 45; Otto 98-99 (Nr. 468). 273 (Nr. 1383); Rannacher 23; Wiesenthal 48. [1] Hdt. 1,30.50-52. [2] Theokr. 8,53-54: »Nicht möchte ich das Land des Pelops, nicht das Geld des Kroisos | besitzen dürfen und nicht vor den Winden laufen«; vgl. 10,32. [3] Diogen. 8,53 (CPG 1,316); lat. z. B. Catull. 115,3; die zahlreichen weiteren Stellen nennt Otto 98-99. [4] Sämtliche Schriften, Göttingen 1835, S. 4 nach Grimm 11,2412. S Engl. »as rich as Croesus« (seit dem 16. Jh.).

* ktema es aei

(griech. κτῆμα ἐς ἀεί, »Besitz für immer«; auch geläufig
als: ein unvergänglicher Besitz): beständiger Schatz,
dauerhaft nützliches Werk.

Dies ist eine Wendung des Geschichtsschreibers Thukydides, der im sogenannten »Methodenkapitel« seiner »Geschichte des Peloponnesischen Krieges« schreibt, er habe
sein Werk nicht zur kurzzeitigen Unterhaltung, sondern
zum dauerhaften Nutzen geschrieben: »Als ein Besitz für
immer mehr denn als Glanzleistung zum Hören für den Augenblick ist es verfaßt.«[1] Indem Thukydides das Geschehen
so authentisch wie möglich und ohne eigenen Kommentar
protokolliert, sucht er Motive und Hintergründe, das für
den Ablauf Wesentliche und damit Grundelemente menschlichen Handelns in der Geschichte exemplarisch zu fassen,
um auch für zukünftige Ereignisse den Blick des Beobach-
ters zu schärfen.

Ⓛ Bartels 18; Büchmann 304; Der neue Büchmann 370; Rannacher 9.
[1] Thuk. 1,22,4: »κτῆμά τε ἐς αἰεὶ μᾶλλον ἢ ἀγώνισμα ἐς τὸ παραχρ-
ῆμα ἀκούειν ξύγκειται.«

L

Labyrinth

Irrgarten, verschlungener Pfad, verwickelte Situation; labyrinthisch/labyrinthartig: unübersichtlich, verwickelt.

Das Labyrinth (Λαβύρινθος, »Haus der Doppelaxt [λάβ-ρυς]«, lat. Labyrinthus) war die von Daidalos (lat. Daedalus, dt. meist Dädalus; → Ikarusflügel tragen) erbaute[1] verschlungene Behausung des Minotauros auf Kreta. Aus ihm fand der Held Theseus, nachdem er das Ungeheuer erschlagen hatte, nur mit Hilfe des → Ariadnefadens wieder hinaus. Das Motiv des Labyrinths geht vermutlich auf die großen Vorratsetagen der minoischen Paläste zurück, die bei Fremden den Eindruck riesiger, verworrener Gänge hinterlassen konnten.

»Labyrinth« und »labyrinthisch« im übertragenen Sinne erscheinen schon bei lateinischen Schriftstellern.[2] Im Deutschen findet es sich vereinzelt schon im 16. Jh.: Zwingli nannte ein Jugendgedicht »Der Labyrinth« (das Wort war noch bis Schiller maskulin), und »labyrinthisch« wurde von Paracelsus 1537 verwendet;[3] seit Mitte des 18. Jh. wurde es von der konkreten Bedeutung (für Gebäude oder Gärten mit verwirrenden Gängen) zunehmend auf jede Art von verwickelten Zuständen oder Gedanken (»Labyrinth des Lebens«, »Labyrinth von Zweifeln« o. ä. oder einfach »Labyrinth«: schwierige Lage) übertragen.[4] Goethe preist in seinem Gedicht »An den Mond« denjenigen glücklich, der genieße, »was, von Menschen nicht gewußt oder nicht bedacht, | durch das Labyrinth der Brust | wandelt in der Nacht«.[5]

[L] Büchmann 71; Grimm 12,10-11; Kluge 416-417; Otto 183 (Nr. 897) u. Nachträge 107.175.239; Rannacher 23. [1] Hyg. fab. 40. [2] Die Belege bietet Otto 183 (Nr. 897) u. Nachträge 107.239; vgl. auch Er. ad. 2,10,51. [3] Kluge 417. [4] Siehe die Belege bei Grimm 12,10-11. [5] Zitiert nach Duden 12,290.

lakonisch

Kurz und bündig, knapp (z. B.: l. Frage, Antwort, Kürze, Bestimmtheit); * Lakonismus: kurze Ausdrucksweise (Pl.: Lakonismen).

Lakonien ist eine griechische Landschaft im Südosten der Halbinsel Peloponnes mit der Hauptstadt Sparta. Die Lakonier (Λάκωνες, Sg. λάκων Adj. λακωνικός lakonisch) waren bekannt für ihre kurze Ausdrucksweise. So sollen sie z. B. dem makedonischen König Philipp, der sagte, er werde Sparta dem Erdboden gleichmachen, wenn er Lakonien betrete, nur geantwortet haben: »Wenn!«

Erstmals im Sinne von »kurz« verwendete das Adjektiv Platon in seinem Dialog Protagoras, wo Sokrates im Bezug auf die Sprüche der sieben Weisen (→ die sieben Weisen) von einer »gewissen lakonischen Redekargheit« (griech. βραχυλογία τις Λακωνική) spricht;[1] wenn man sich mit einem Spartaner unterhalte, schieße er ein »treffendes, kurzes und prägnantes Wort wie ein gewaltiger Bogenschütze ab«.[2] Von einem »Lakonismus« (griech. λακωνισμός) spricht später Cicero[3] und von »lakonischer Kürze« weitere lateinische Autoren.[4]

Im Deutschen erscheint das Adjektiv »lakonisch« zuerst bei Valerius Herberger (1562-1627), dann in Grimmelshausens »Simplicissimus« und später bei Lessing und Goethe, der auch das Substantiv »Lakonismus« verwendet.[5]

L Büchmann 306; Der neue Büchmann 372; Grimm 12,80-81; Kluge 420; Macrone 34; Otto 184 (Nr. 902) u. Nachträge 175; Rannacher 23. [1] Plat. Prot. 343b. [2] Plat. Prot. 342e. [3] Cic. fam. 11,25,2 (an D. Brutus): »Ich ahme deinen Lakonismus nicht nach« (non imitor λακωνισμὸν tuum). [4] Siehe die Belege bei Otto 184 (Nr. 902). [5] Belege bieten Kluge 420 und Grimm 12,80-81. S Engl. zunächst * »laconical« (kurz, in floskelhaftem Briefstil, z.B. Abraham Fleming 1576), später »laconic« (kurz, auf den Punkt gebracht; zuerst König James VI von Schottland in einem Brief von 1589), Subst. * »laconicism«.

nach der Lampe riechen

Das Ergebnis angestrengter Nachtarbeit sein, angestrengt o. gequält wirken, mühsam ertüftelt sein, trockener Gelehrtenkram sein.

Der griechische Redner Pytheas (um 330 v. Chr.), ein Gegner des Demosthenes (384-322 v. Chr.), machte diesem den Vorwurf, daß seine Reden »nach Lampendochten röchen«, bei denen er gearbeitet habe – worauf Demosthenes antwortete, daß ein großer Unterschied zwischen ihrer beider bei Lampenlicht stattfindenden Beschäftigungen bestehe, d. h. daß ihrer beider Lampen nicht gleich gute Arbeiten beschienen oder Pytheas vielleicht gar nicht arbeite.[1]

L Duden 11,429; Macrone 49-50; Rannacher 23; Röhrich 3,924. [1] Plut. Dem. 8. S Engl. »to smell of the lamp« (zuerst Francis Bacon, 1605; zuvor in der ersten engl. Übersetzung von Erasmus' Adagia, 1542, »to smell of the candle«; vgl. »to burn the midnight oil«).

Land sehen

Ein Ende absehen, Rettung oder Besserung vor Augen haben; Land ist in Sicht: das Ende o. eine Lösung ist absehbar.

Diese Wendung stammt aus der Seemannssprache, wo sich mit dem Ruf »Land in Sicht!« das Ende der Fahrt ankündigt. Ein übertragener Gebrauch dieser Worte findet sich erstmals bei dem Philosophen Diogenes (→ Diogenestonne): Als einmal ein Gelehrter mit dem Lesen fertig war und auf etwas Ungeschriebenes deutete, soll Diogenes gesagt haben: »Ich sehe Land!« (griech. γῆν ὁρῶ, sprich: gān horō)[1] – d. h. der Bücherwurm ist wohl doch noch vor dem völligen Versinken zu retten!

Von lateinischen Schriftstellern wurde die Wendung »Land sehen« für »zur Ruhe kommen, zu einem guten Ende kommen« gebraucht, wobei das Bild von Seeleuten jedoch immer deutlich vor Augen behalten wurde.[2] Bei Cicero wendet es der Politiker Cato auf sein hohes Alter an: »Dieses ist mir jedenfalls so angenehm, daß ich den Eindruck habe, je näher ich dem Tod komme, daß ich gleichsam Land sehe und einmal aus einer langen Seefahrt in den Hafen gelangen werde.«[3]

[L] Duden 11,429-430; Otto 345 (Nr. 1766) u. Nachträge 118-119. [1] Diog. Laert. 6,38. [2] Beispielsweise Cic. Mur. 4: »...während ich beinahe schon bei großem Wellengang Land sehe ...«; weitere Stellen nennt Otto 345 (Nr. 1766) u. Nachträge 118-119. [3] Cic. Cato 19,71-72: »Quae quidem mihi tam iucunda est, ut quo propius ad mortem accedam, quasi terram videre videar aliquandoque in portum ex longa navigatione esse venturus.«

Das Leben ist ein Puppenspiel

Im Leben geht es zu wie in einem Theater, d. h. bunt und mit vielen Rollen, die man betrachtet oder selbst spielt (auch: Das Leben ist eine Bühne/ein Jahrmarkt u. a.).

Nach Cicero habe der griechische Philosoph Pythagoras gesagt, das Leben sei einem Marktplatz ähnlich.[1] Cicero selbst meinte, wir Menschen sollten auf Schmerzen so vorbereitet sein, »daß wir gelassenen Gemüts aus dem Leben, da es nicht mehr gefällt, wie aus einem Theater gehen«.[2] Auch dies mag ein griechischer Gedanke sein, da er sich in einem griechischen Sprichwort, wenn auch erst in einem Beleg aus dem 15. Jh., wiederfindet: »Die Welt ist eine Bühne, das Leben ein Vorübergehen: Du bist gekommen, hast gesehen, bist fortgegangen.«[3]

Mehr als Schauspieler auf der »Bühne des Lebens« denn als Zuschauer empfand sich wohl der römische Kaiser Augustus, dessen letzte Worte gewesen sein sollen: »Und wenn es denn | wohl gut ist, gebt Beifall dem Spiel | und laßt uns alle mit Freude nach Hause gehen!«[4]

L Otto, Nachträge 44. [1] Cic. Tusc. 5,9. [2] Cic. fin. 1,49: »ut … aequo animo e vita, cum ea non placeat, tamquam e theatro exeamus«; vgl. Fulg. myth. 2,17: »Das Leben ist ein Possenspiel« (μῖμος ὁ βίος, id est: mimus vita). [3] Apostol. 12,58 (CPG 2,556): »ὁ κόσμος σκηνή, ὁ βίος πάροδος· ἦλθες εἶδες ἀπῆλθες.« Zur christlichen Variante »Das Menschenleben ist eine Pilgerfahrt« vgl. Er. ad. 4,10,74. [4] Suet. Aug. 99: »εἰ δέ τι | ἔχοι καλῶς τῷ παιγνίῳ δότε κρότον | καὶ πάντες ἡμᾶς μετὰ χαρᾶς προπέμψατε« (ed. Ailloud, 1954).

Lebensnerv

Wichtigster Punkt, entscheidende Voraussetzung; oft speziell: der Nerv der Dinge (lat. nervus rerum): das Geld; den nervus rerum treffen: die peinliche Geldfrage aufwerfen.

Nach Diogenes Laertios bezeichnete der Philosoph Bion (3. Jh. v. Chr.) den Reichtum als »die Sehnen der Dinge« (griech.: νεῦρα πραγμάτων, sprich: neura pragmatōn; νεῦρον »Sehne, Spannkraft«).[1] Nach Sextus Empiricus ließ der Philosoph Krantor (um 290 v. Chr.) den personifizierten Reichtum sagen: »Im Frieden gewähre ich das Erfreuliche, und in Kriegen werde ich zu den Sehnen der Unternehmungen (griech.: νεῦρα τῶν πράξεων, sprich: neura tōn prāxeōn)«.[2] Plutarch griff den geläufigen Ausdruck auf und spitzte ihn zu: »Der erste, der das Geld ›die Sehnen der Dinge‹ genannt hat, scheint dies besonders in Hinblick auf die Dinge des Krieges gesagt zu haben.«[3]

Die lateinische Fassung leitet sich von Cicero her, der die Steuern »nervos rei publicae«[4] (Sehnen des Staates) und das Geld »nervos belli« (Sehnen des Krieges) nennt.[5] Später soll Kaiser Heinrich V. (1106-1125) stolz auf seinen Reichtum zu einem polnischen Gesandten gesagt haben: »Dieser nervus rerum agendarum (diese Sehne des Betreibens der Dinge) soll euch schon zu Paaren treiben.«[6]

Im Deutschen wurde aus dem lateinischen »nervus« (Sehne, Muskel, Triebfeder) der »Nerv« als Erregungsleitung des Körpers, der allerdings genau wie eine Sehne zum Handeln unerläßlich ist.

[L] Bartels 112; Büchmann 309; Der neue Büchmann 375; Duden 11,514; Otto 242 (Nr. 1221) u. Nachträge 61.281; Röhrich 3,1088. [1] Diog. Laert. 4,48: »τὸν πλοῦτον νεῦρα πραγμάτων.« (Der Reichtum bilde die Sehnen der Dinge). [2] S. Emp. M. 11,53: »... ἐν μὲν εἰρήνῃ παρέχω τὰ τερπνά, ἐν δὲ πολέμοις νεῦρα τῶν πράξεων γίγνομαι.« [3] Plut. Agis et Cleom. 48,1-2: »Ἀλλ’ ὁ πρῶτος τὰ χρήματα νεῦρα τῶν πραγμάτων προσειπὼν εἰς τὰ τοῦ πολέμου πράγματα μάλιστα βλέψας τοῦτ’ εἰπεῖν ἔοικε.« [4] Cic. Manil. 7,17; vgl. später Tac. hist. 2,84; Flor. 2,1,7. [5] Cic. Phil. 5,2,5. [6] Nach Der neue Büchmann 375.

lesbisch

Homosexuell (von Frauen); Lesbe: homosexuelle Frau
(bisweilen auch als Schimpfwort für eine »unweibliche«
Frau verwendet).

Dieses Adjektiv zu der griechischen Insel Lesbos erhielt seine
übertragene Bedeutung durch das Wirken der Dichterin
Sappho (um 600 v. Chr.): Diese lebte auf Lesbos in einer dem
Kult der Aphrodite und der Musen geweihten Gemeinschaft
junger Frauen und verfaßte Gedichte voller Gefühl über
die Beziehungen und das Leben der Frauen. Damit waren
aber wohl keinerlei sexuelle Beziehungen verbunden (Sappho selbst heiratete später einen Mann namens Kerkylas).
Um die Gestalt der Dichterin wurde im Laufe der Jahrhunderte eine Reihe von interessanten Geschichten gerankt.[1]

Zuerst übertragen gebraucht wurde »lesbisch« im Sinne
von »weich«/»flexibel«, da man nach Aristoteles auf Lesbos ein weiches Bleimaß verwendet habe, so daß eine »lesbi-
sche Vorschrift« eine anpassungsfähige, flexible Regel war.[2]
In diesem Gebrauch führte Samuel Daniel das Wort »lesbian« im Jahre 1601 im Englischen ein. Doch verschwand
dieses Verständnis nach dem 18. Jh., während ab 1870 die
Verwendung für weibliche Homosexualität belegt ist: In
einem Tagebucheintrag schreibt A. J. Munby, der Dichter
Swinburne zeige eine Bewunderung für »Lesbianism«; diese
sexuelle Bedeutung des Wortes »lesbisch« lebt bis heute
auch im Deutschen fort, wobei es glücklicherweise seit den
1970er Jahren mehr und mehr neutral und seltener zur Ab-
wertung verwendet wird.

[L] Macrone 39-40. [1] So habe sich Sappho nach dem Scheitern einer
Liebesaffäre mit dem Fährmann Phaon von einer Klippe gestürzt: Macrone 39. [2] Aristot. eth. Nic. 5,14 (Bekker 2,1137b): »Denn bei

151

dem Unbestimmten ist auch das Maß unbestimmt, so wie das Bleimaß des lesbischen Hausbaus (τῆς Λεσβίας οἰκοδομῆς); denn an die Form des Steins paßt sich das Maß an und bleibt nicht fest, und [ebenso] der Beschluß an die Umstände.« ⬚S⬚ Engl. »lesbian«.

aus dem Lethebecher trinken

Vergangenes völlig vergessen (auch: * Lethe trinken; aus dem Strom der Vergessenheit/des Vergessens trinken).

Lethe, Tochter der Eris (→ Zankapfel)[1] und Personifizierung der »Vergessenheit« (λήθη), war ein Fluß in der Unterwelt (genannt Λήθης ὕδωρ: »Wasser der Lethe«); wenn die Seelen der Toten daraus tranken, vergaßen sie alle Freuden und Leiden.

Der »Lethebecher« (lat. poculum Lethaeum) oder ähnliche Formulierungen waren schon bei den Römern ein Synonym für völliges Vergessen.[2] Bei Schiller heißt es: »Hektors Liebe stirbt im Lethe nicht.«[3]

⬚L⬚ Büchmann 67; Duden 12,302; Otto 192 (Nr. 943) u. Nachträge 25.74.177.275; Rannacher 23. [1] Hes. Theog. 227. [2] Beispielsweise Apul. met. 2,29: »nach letheischen Bechern« (post Lethaea pocula); zahlreiche weitere Stellen nennt Otto 192 (Nr. 943) u. Nachträge 25.74.177. 275. [3] Nach Rannacher 24.

Liebe macht blind

Ein Verliebter nimmt Schwächen des Geliebten nicht wahr; auch als Redensart: vor Liebe blind sein.

Der griechische Philosoph Platon läßt Sokrates in seinen »Gesetzen« über die menschliche Selbstliebe sprechen, die das größte Übel sei: »Denn der Liebende wird blind im Bereich dessen, was geliebt wird, so daß er das Gerechte, Gute und Schöne schlecht beurteilt, weil er meint, das Eigene anstelle des Wahren immer ehren zu müssen.«[1]

Heute bezieht man allerdings die Blindheit nur noch auf die Schwächen anderer, die ein Verliebter übersieht. Die positive Seite davon betont ein umgekehrt formulierendes Sprichwort: »Wo Liebe fehlt, erblickt man alle Fehler.«

[L] Büchmann 306; Der neue Büchmann 372; Duden 11,454; Duden 12,305; Röhrich 3,963-964. [I] Plat. leg. 731e-732a; der erste Teil lautet griech.: »Τυφλοῦται γὰρ περὶ τὸ φιλούμενον ὁ φιλῶν.«

Lorbeeren ernten

Gerühmt werden, Erfolg haben (auch: L. pflücken); Lorbeer: Ruhm, Ehrung; Vorschußlorbeeren bekommen: noch vor einer Leistung gelobt werden; * auf seinen Lorbeeren ruhen: nach einem Sieg ruhen; dagegen: sich auf seinen Lorbeeren ausruhen/auf seinen Lorbeeren eingeschlafen sein: nach großen Leistungen bequem werden; seine Lorbeeren lassen mich nicht schlafen: ich bin neidisch auf den Erfolg eines anderen. Umschreibungen für Lorbeer: Palme des Sieges/Siegespalme/Palme, z. B.: die Palme/Siegespalme erringen, * nach der Palme des Sieges ringen.

Ein Kranz aus Zweigen des dem Apollo heiligen Lorbeerbaumes war im Altertum Zeichen und Lohn eines künstlerischen oder sonstigen Sieges, und zwar zuerst bei den sportlichen wie musischen pythischen Spielen in Delphi (in Olympia wurden dagegen Olivenzweige verliehen). Aus der Vorstellung heraus, daß Dichter ihre Inspiration letztlich Apollon verdanken, wurden auch sie mit Lorbeerkränzen geehrt, was später in der Renaissance als Kränzung zum »poeta laureatus« (lorbeergeschmückten Dichter) neu belebt wurde. Schon bei den Griechen galt der Lorbeer aber auch als Zeichen eines politisch-militärischen Sieges.

Bei den Römern erscheint der Lorbeer als Schmuck von Priestern, Häusern, Bildern der Eltern und Ahnen sowie des erfolgreichen Feldherrn beim Triumphzug.[1] Die Vokabel »laurus« (Lorbeer) wurde daher bereits übertragen im Sinne von »Sieg, Triumph« verwendet.[2] Im Deutschen ist der »Lorbeer« (aus lat. laur- und ahd. peri »Beere«) seit dem 18. Jh. als Symbol von Ruhm oder Dichtkunst belegt.[3] Die Wendungen »auf seinen Lorbeeren ruhen« (verdiente Ruhe genießen) und auch »auf seinen Lorbeeren einschlafen« (es sich allzu bequem machen) finden sich zuerst bei Goethe.[4] Der Ausdruck »Vorschußlorbeeren« stammt von Heinrich Heine in seinem Gedicht »Plateniden«.[5]

Die Redensart »Seine Lorbeeren lassen mich nicht schlafen« ist die Abwandlung eines antiken Ausspruchs: Nach dem Erfolg des Miltiades in der Schlacht von Marathon (490 v. Chr.) soll sein Konkurrent Themistokles die Nächte schlaflos verbracht haben und gesagt haben, »daß das Siegesdenkmal des Miltiades ihn nicht schlafen lasse«.[6]

Karl Kraus koppelte gleich zwei lorbeerhaltige Redensarten zu folgendem hübschen Aphorismus: »Die eigenen Lorbeeren ließen Herrn v. H. nicht schlafen, aber auf fremden ruhte er gern aus.«[7]

[L] Duden 11,460; Duden 12,496; Grimm 12,1146-1147; Macrone 208; Rannacher 24; Röhrich 3,974. [1] Der Kopf des Triumphators war mit einem Lorbeerkranz umkränzt, einen weiteren Zweig hielt er in der Hand; auch die Fasces der Liktoren waren mit Lorbeer geschmückt. [2] Beispielsweise Cic. fam. 2,16,2: »dieser mein Lorbeer [Erfolg]« (haec nostra laurus). [3] Zahlreiche Beispiele nennt Grimm 12,1147-1148. [4] 26,330 nach Grimm 11,1147. [5] Lyriksammlung »Romanzero«, 2. Teil, 5. Strophe: »[Goethe u. a.] … Wollten keine Ovationen | Von dem Publiko auf Pump, | Keine Vorschußlorbeerkronen, | Rühmten sich nicht keck und plump.« [6] Plut. Them. 3: »... ὡς καθεύδειν αὐτὸν οὐκ ἐφῆ τὸ Μιλτιάδου τρόπαιον«; vgl. Cic. Tusc. 4,44. [7] Karl Kraus, Beim Wort genommen, hg. von H. Fischer, München 1955, S. 331 nach Mieder 116.127. [R] »Schmutziger Lorbeer« ist der dt. Titel des amerikanischen Films »The harder they fall« von Mark Robson, 1956, über den unredlich erworbenen Ruhm eines Boxers (gespielt von Humphrey Bogart in seiner letzten Rolle): Duden 12,413-414. [S] Engl. »to rest/to lie on one's laurels«; frz. »récolter de lauriers«.

Löwenanteil

Der unverschämt große Anteil des Stärkeren, der größte Anteil (den L. bekommen, sich den L. nehmen u. a.).

In der auch von Luther erzählten äsopischen Fabel »Der Löwe, der Esel und der Fuchs«[1] überläßt es der Löwe nach gemeinsamer Jagd dem Esel, die Beute zu teilen. Als dieser jedoch drei gleiche Teile vorsieht, frißt ihn der Löwe kurzerhand auf, woraufhin der Fuchs beim Teilen des Rests aus dieser Erfahrung heraus äußerst bescheiden ist: Das Unglück anderer – so die Moral – macht klüger. In einer anderen Version[2] wird auf den Fuchs verzichtet und der Blick mehr auf den Löwen gelenkt, der als Starker dem Esel seine Macht demonstriert: Ein Drittel nimmt er sich mit der Begründung, er sei der König der Tiere; das zweite Drittel, da ihm vom Rest die Hälfte zustehe. Und sogar das letzte Drittel behält er noch mit den Worten: »Der dritte Teil aber – der wird dir großes Unglück bringen, wenn du dich nicht aus dem Staub machst!«[3]

Aufgrund dieser Fabel prägte der Richter Cassius Longinus im 1. Jh. den Begriff »societas leonina« (»Löwenvereinbarung«) für einen Vertrag, der nur einem von zwei Beteiligten allen Nutzen bringt.[4] Doch meint man heute mit dem

»Löwenanteil« nur noch einen größeren Anteil, nicht mehr die gesamte Beute. Das Wort findet sich zuerst bei Gustav Freytag (1816-1895): »Jedenfalls frommt mir nicht, dir, der du bei der Arbeit selbst den Löwenanteil haben würdest, den Lohn dafür heimlich abzunagen.«[5]

[L] Bartels 168-169; Borchardt-Wustmann-Schoppe 316; Büchmann 296; Der neue Büchmann 362; Grimm 12,127; Macrone 28; Rannacher 24; Röhrich 3,976-977 mit weiterführender Lit. [1] Nr. 260 Halm = Nr. 154 Hausrath/Hunger 154. [2] Nr. 258 Halm (»Der Löwe und der wilde Esel«); vgl. Phaedr. 1,5; Babr. 67. [3] Aisop. Nr. 58 Halm: »ἡ δὲ τρίτη μοῖρα, αὕτη κακὸν μέγα σοι ποιήσει, ἢν μὴ ἐθέλεις φυγεῖν.« [4] Ulp. Dig. 17,2,29: »Cassius habe geantwortet, daß eine Vereinbarung von der Art, daß der eine nur den Gewinn, der andere nur den Schaden spürt, nicht eingegangen werden könne, und habe diese eine ›Löwenvereinbarung‹ zu nennen gepflegt.« [5] Die verlorene Handschrift (1864) 1,18 nach Grimm 12,1217. [S] Engl. »the lion's share«, zuerst belegt bei Robert Burke, Reflections on the Revolution in France (1790), und häufig im 19. Jh.: Macrone 28; frz. »recevoir/se réserver la part du lion«.

M

Mänade

**Ekstatisch tobende Frau; mänadisch: ekstatisch;
* Klaviatur-Mänade: schlechte Klavierspielerin.**

Die Mänaden (μαινάδες, Sg. μαινάς, von μαίνομαι [rasen, verzückt sein], lat. Maenas, Pl. Maenadēs; auch Βάκχαι, lat. Bacchae [nach Βάκχος, vgl. → bacchantisch]) waren Anhängerinnen des Weingottes Dionysos und ekstatische

156

Begleiterinnen seines Zuges durch die Bergwälder. Mit Efeukränzen, Rehfellen, Schlangen, Dolchen oder Thyrsosstäben (→ Thyrsusschwinger) tanzten sie inmitten der Satyrn (→ Satyr) und Nymphen (→ Nymphe) und zerfleischten in orgiastischem Taumel Rehe, deren Fleisch sie roh verspeisten.[1]

In Goethes »Faust II« tadelt Mephistopheles (als Phorkyas) den Chor vor dem Palast des Menelas: »Wer seid denn ihr? daß ihr des Königes Hochpalast | mänadisch wild, Betrunknen gleich umtoben dürft?«[2]

[L] Rannacher 24. Weiterführende Lit.: Der Kleine Pauly 3,899-901. [1] Eur. Bacch. 105-169.677-774; Plat. Ion 534a. [2] V. 8771-8772. R: Literarische und musikalische Rezeption bei Hunger 113-114.

Märtyrer

Jemand, der sich standhaft opfert, der für andere oder etwas die Verantwortung auf sich nimmt (dazu: Märtyrerin, Märtyrertod, Märtyrertum); ein einziges Martyrium: eine Zeit voller Leid und Qual.

Der deutsche Begriff »Märtyrer« (früher auch »Martyrer«) stammt von dem griechischen Wort μάρτυς (sprich: martys »Zeuge«; über lat. martyr) und löste seit dem 16. Jh. allmählich das frühere »Marterer« oder »Märterer« ab. Im Christentum wurden zuerst die Apostel als »Zeugen« von Jesu Leben und Auferstehung als »μάρτυρες« (sprich: martyres) bezeichnet, später (ab etwa 100 n. Chr.) vor allem solche Christen, die auch in der Verfolgung bis zum Tod an ihrem Glauben festhielten und diesen offen bezeugten. Als Blutzeugen wurden sie von den »Confessores« (den »Bekennern«, die ihr Leben nicht lassen mußten) unterschieden.

Durch den Tod legten die Märtyrer derart konsequent den Beweis ihres Glaubens vor, daß auf dem Höhepunkt der Christenverfolgungen der Märtyrertod beinahe als Kennzeichen eines wahrhaft christlichen Lebens galt. Seit dem 3. Jh. wurden Märtyrer als Fürsprecher und Heilige verehrt; doch wurden von der katholischen Kirche auch in der Neuzeit Menschen als Märtyrer anerkannt.

Außerhalb des religiösen Bereichs läßt sich der Begriff des Märtyrers auf jeden anwenden, der sich um den Preis seines Lebens gewaltlos zu einer philosophischen oder moralischen Überzeugung bekennt. Eine bekannte nichtchristliche Märtyrerfigur ist z. B. Antigone, die gegen das Verbot des Herrschers ihren Bruder bestattet.

[L] Grimm 12,1677-1690; Röhrich 3,1004. [R] Über das Motiv des Märtyrers in der Dichtung, v. a. in der Märtyrerdichtung des Barock, siehe ausführlich Frenzel, Motive 486-501.

Marathonlauf

Lauf über eine Strecke von 42,195 km (olympische Disziplin); Marathon-...: sehr langer, sehr ausgedehnter Vorgang (z. B. Marathonsitzung: sehr lange Sitzung).

Als im Jahre 490 v. Chr. die Perser eine Armee bei Marathon in Attika an Land setzten, schickten die Athener den geübten Läufer Pheidippides mit einem erfolglosen Hilfsgesuch nach Sparta, doch gelang es den Athenern kurz darauf selbst, die Perser bei Marathon zu schlagen. Daraufhin sandten sie vom Schlachtort an der Nordküste Attikas einen anderen Läufer nach Athen, der dort die Siegesmeldung »Wir haben gesiegt!« (griech. νενικήκαμεν, sprich: nenikā̆kamen) verkündete und anschließend tot zusammenbrach.

Zu Ehren dieses Laufes wurde bei der Wiederbelebung der Olympischen Spiele 1896 in Athen der 25-Meilen-Lauf (später 26,2 Meilen) nach dem in dieser Entfernung gelegenen Marathon benannt. Da der Marathonlauf die längste unter den sportlichen Laufstrecken ist, kann die Vorsilbe »Marathon-« auch für die außerordentliche Länge einer beliebigen Tätigkeit stehen.

L Macrone 46.

Mausoleum

Prunkvolles Grabmal.

Mausolos (Μαύσωλος, lat. Mausolus), der persische → Satrap von Karien (heutige Südwest-Türkei), ließ beim Ausbau der Hafenstadt Halikarnaß (heute: Bodrum) zur neuen Hauptstadt (anstelle von Mylasa) einen Bauplatz für sein Grabmal freilassen. Nach seinem Tod (353 v. Chr.) ließ seine Frau Artemisia durch fünf Architekten einen gewaltigen Grabbau errichten,[1] der später Mausoleion (Μαυσώλειον, lat. Mausoleum) genannt wurde und zu den sieben → Weltwundern zählte. Die Arbeiten dauerten auch nach dem Tod Artemisias zwei Jahre später noch an.

Die Höhe des Grabmals betrug fast 50 Meter, der Unterbau hatte einen Umfang von 160 Metern. Er stand auf einer als Grablege konzipierten Felsenkammer und trug seinerseits eine Kolonnade mit ionischen Säulen. Darüber erhob sich ein pyramidenförmiger Aufbau, auf dessen Spitze sich eine Quadriga befand. Zwei Friese (mit Darstellungen der Amazonen, großteils erhalten im Britischen Museum; → Amazone) und diverse Statuen in verschiedenen Größen schmückten das Bauwerk.

Das Mausoleum wurde durch ein Erdbeben oder durch die Kreuzfahrer zerstört, und seit dem 14. Jh. verbauten Johannitermönche die Steine in die Petersfeste von Halikarnaß. Die verbliebenen Ruinen wurden in den 1850er Jahren von dem englischen Archäologen Charles Newton ausgegraben.

Schon im römischen Altertum wurden prachtvolle Grabbauten, insbesondere die der römischen Kaiser, als Mausoleen bezeichnet (z.B. die Engelsburg in Rom als Mausoleum des Hadrian oder das Mausoleum des Theoderich in Ravenna). In der Gegenwart ist z.B. an das Leninmausoleum auf dem Roten Platz in Moskau zu denken. Der Begriff »Mausoleum« erscheint im deutschen Sprachraum seit 1594 und wurde im 18. Jh. geläufig.

Ⓛ Kluge 469; Macrone 41; Rannacher 24; Rössing 22-24. [1] Strab. 14,2,1 6-17; Plin. nat. 36,30. Ⓢ Engl. »mausoleum« (seit etwa 1540 für das antike Mausoleum, seit 1600 für jedes großartige Grabmal); russ. »мавзолей« (mawsolej).

Medusenhaupt

Grauenhafter Anblick, Bild des Schreckens; Medusa: häßliche Frau.

Die drei Gorgonen Stheno, Euryale und Medusa (Μέδουσα, lat. Medusa), Töchter von Phorkys und Keto, waren Ungeheuer im äußersten Westen am Ufer des Okeanos; sie besaßen Schlangenhaare, mächtige Zähne und einen Blick, der jeden, der sie ansah, in Stein verwandelte. Medusa (auch: »die Gorgo«) war als einzige der drei Gorgonen sterblich. Perseus, der den gefährlichen Auftrag erhalten hatte, das Haupt der Medusa zu holen, schlug ihr den Kopf ab, indem er ihr Spiegelbild in seinem bronzenen Schild betrachtete.

Nach Bestehen aller weiteren Abenteuer schenkte Perseus das Haupt der Medusa der Göttin Athene, die es seither in ihrem Sturmschild führte (→ Ägide). Das fratzenhafte Gorgonenhaupt (γοργώνειον, sprich: Gorgoneion) soll Dämonen von der Art der Medusa abwehren und findet sich auch auf dem Schild Agamemnons, auf Gräbern, Trinkgefäßen und vielem mehr. Seit etwa 400 v. Chr. wurde Medusa aber auch als schöne Frau dargestellt, bisweilen als Mischwesen aus Frau und Stute, da aus ihr von Poseidon die Pferde Pegasus (→ Pegasusflug) und Chrysaor hervorgingen.

Die Römer verwendeten »Gorgo« und »gorgonisch« sprichwörtlich für einen feurigen Blick: Beispielsweise gibt der Dichter Ovid in seiner »Liebeskunst« den Rat, sich mit Zorn zurückzuhalten, da er der Schönheit abträglich sei: »Vor Zorn schwillt das Gesicht, die Adern werden dunkel vor Blut, | die Augen zucken wilder als gorgonisches Feuer.«[1]

[L] Otto, Nachträge 21; Rannacher 24. Weiterführende Literatur nennt Hunger 145. [1] Ov. ars 3,503-504; vgl. Claud. 26,342. [R] Ballett »Medusa« von Gale Hoffmann, 1957 (Musik von G. v. Einem). Ballette nennt Hunger 145. Popsong: Die Gruppe UB 40 besang 1980 Margaret Thatcher als »Madam Medusa«.

* Meergreis

(oft scherzhaft): uralter Mann.

In Homers → »Odyssee« berichtet der spartanische König Menelaos dem Telemachos, wie er in Ägypten dem weissagenden Meergott Proteus begegnete, der die verschiedensten Gestalten annahm (→ Proteusnatur); ihn nennt Homer den »unfehlbaren Greis des Meeres« (griech. γέρων ἅλιος νημερτής).

L Büchmann 290; Der neue Büchmann 357; Rannacher 25.
[1] Hom. Od. 4,349.

Megäre

Rachsüchtige, häßliche Frau.

Megaira (Μέγαιρα, »die Mißgönnende«, lat. Megaera) war eine der drei Erinyen (auch: Erinnyen), der griechischen Rachegöttinnen (röm. Furien; vgl. → wie von den Furien gehetzt). Bereits der römische Geschichtsschreiber Ammianus Marcellinus (4. Jh. n. Chr.) benutzt den Begriff, um die intrigante Frau des Nebenkaisers Gallus als furienhaft gefährlich zu kennzeichnen: »... geradezu *eine sterbliche Megäre*, eine beständige Anheizerin des Wütenden, in ihrer Gier nach Menschenblut um nichts harmloser als ihr Gatte.«[1]

L Otto, Nachträge 87; Rannacher 25. [1] Amm. 14,1,2: »Megaera quaedam mortalis, inflammatrix saevientis assidua, humani cruoris avida nihil mitius quam maritus.«

Mentor

Guter Lehrer, Berater, Begleiter (von Personen und Büchern gesagt); eine Mentorrolle spielen: beraten.

Mentor (Μέντωρ, lat. Mentor) ist bei Homer ein kluger Freund des Odysseus und in dessen Abwesenheit Verwalter des Hauses und besorgter Erzieher von dessen Sohn Telemachos (→ Telemach).[1] Vor der Volksversammlung fordert er mutig dazu auf, die Freier aus dem Palast des Odysseus zu vertreiben.[2] In der Gestalt Mentors begleitet die Göttin Athene Telemachos auf der Suche nach seinem Vater nach Pylos und Sparta[3] und hilft schließlich mit ihrem Rat Odysseus und Telemachos, die Freier zu besiegen.[4]

1699 betonte Erzbischof Fénelon von Cambrai (1651-1715) die Figur des Mentor in seinen »Aventures de Téléma-che«, wodurch sie zuerst in Frankreich und dann in England[5] zum Synonym des weisen Ratgebers wurde.

Ⓛ Büchmann 290; Der neue Büchmann 357; Macrone 12; Rannacher 25. [1] Hom. Od. 2,224-227. [2] Hom. Od. 2,228-241. [3] Hom. Od. 2,267ff.399ff.; 3,22ff.240ff.; 4,654ff. [4] Hom. Od. 22,205-240. [5] Lord Chesterfield schreibt 1730 an seinen Sohn über »friendly care and assistance of your Mentor«; seit etwa 1870 wurde der Begriff von dem homerischen Mentor gelöst und mit kleinem m geschrieben: Macrone 12. Ⓢ Engl. »Mentor/mentor«.

auf des Messers Schneide stehen

(meistens: Es steht auf des Messers Schneide; griech.: ἐπὶ ξυροῦ ἵσταται ἀκμῆς, sprich: epi xyrū histatai akmās) von ungewissem Ausgang sein; danach: auf Spitz und Knopf stehen: kritisch sein, von ungewissem Ausgang sein.

In der »Ilias« weckt der erfahrene und weise → Nestor angesichts der nahe bei den Griechen lagernden Trojaner den schlafenden Diomedes und spricht diese Worte zu ihm:[1] »Aber viel zu große Kümmernis drängt die Achäer! | Denn nun steht es allen fürwahr auf der Schärfe des Messers: | Schmählicher Untergang den Achaiern oder auch Leben!« Der Historiker Herodot nahm die Wendung auf und legte sie dem phokäischen Heerführer Dionysios in den Mund, der mit ihr die ionischen Griechen kurz vor dem Fall Milets zum Widerstand gegen die Perser aufruft.[2] Der römische Fabeldichter Phaedrus spielt auf den griechischen Ausdruck an, wenn er die Zeit als »auf dem [Scher]messer schwebend« (lat. pendens in novacula) bezeichnet.[3] Erasmus (um 1500) kennt ihn in der lateinischen Form »in acie novaculae« (auf der Schneide eines Messers), die dann ins Deutsche übertragen wurde.[4]

»Auf des Messers Schneide« kann heute nicht nur für eine Entscheidung im Kampf, sondern auch für andere kritische Situationen verwendet werden.

[L] Bartels 15; Büchmann 289; Der neue Büchmann 356; Duden 11,486; Duden 12,53; Otto 245 s. v. novacula (Nr. 1238); Rannacher 25; Röhrich 3,1026 und 5,1533. [1] Hom. Il. 10,172-174. [2] Hdt. 6,11,2: »Denn auf des Messers Schneide stehen für uns die Dinge, ob wir frei sind oder Sklaven werden …« ('Επὶ ξυροῦ γὰρ ἀκμῆς ἔχεται ἡμῖν τὰ πρήγματα, ἄνδρες Ἴωνες, ἢ εἶναι ἐλευθέροισι ἢ δούλοισι …). [3] Phaedr. 5,8,1. [4] Er. ad. 1,1,18. [S] Engl. »to be/to hang on the razor's edge« (Voss 79).

* Midasohren haben

Keinen Kunstverstand besitzen; * jemanden um die Midasohren hauen: übertölpeln; * Midas: reicher Dummkopf, reicher Esel; jemanden an den Ohren erkennen: durchschauen, das wahre Wesen erkennen.

Der phrygische König Midas (Μίδας, lat. Midas) erkannte als Schiedsrichter in einem musikalischen Wettstreit zwischen Apollon (vgl. → apollinisch) und dem Hirtengott Pan (vgl. → Panik) letzterem den Sieg zu. Zur Strafe ließ Apollon Midas Eselsohren wachsen, die dieser fortan unter seiner Mütze verbarg. Doch bemerkte ein Diener beim Haareschneiden die langen Ohren; er flüsterte das Geheimnis auf den Erdboden, wo ein Jahr darauf Schilfrohr wuchs und mit seinem Geflüster das Geheimnis von den Ohren des Königs verriet.[1] Die Eselsohren des Midas waren schon bei den Griechen sprichwörtlich und wurden von den Römern übernommen.[2]

Bekannter ist Midas allerdings wegen einer anderen Geschichte, in der er sich leichtsinnigerweise von dem Dionysosbegleiter Silenos (→ Silen) wünscht, daß sich alles, was er berührt, in Gold verwandelt. Darauf gehen die Redensarten → »ein goldenes Händchen haben« (sehr viel Geld verdienen) und »was er anfaßt, verwandelt sich in Gold« (er verdient sehr viel Geld) zurück.

[L] Otto 222 (Nr. 1111) u. Nachträge 187; Rannacher 25; Röhrich 4,1113-1114; Wiesenthal 22-23. Weiterführende Lit. nennt Hunger 256. [1] Ov. met. 11,155-193 für die ganze Geschichte; vgl. Pers. 1,121 m. Schol.; Hyg. fab. 191. Andere Erklärungen für seine Eselsohren finden sich Schol. Aristoph. Plut. 287. [2] Aristoph. Plut. 287 m. Schol.; Diogen. 3,29 (CPG 2,40); lat. Stellen nennt Otto 222 (Nr. 1111) u. Nachträge 187. [R] Dramen, Romane, Erzählungen, Opern nennt Hunger 255.

Mohrenwäsche halten

(griech. Αἰθίοπα σμήχειν); eine mühselige und doch erfolglose Arbeit verrichten, Unmögliches versuchen, einen offensichtlich Schuldigen rein waschen wollen (auch: einen Mohren weiß waschen wollen).

In Jer. 13,23 prangert Gott die Sünden des Volkes Israel an: »Kann auch ein Mohr seine Haut wandeln, oder ein Parder seine Flecken? So wenig könnt auch ihr Gutes tun, die ihr ans Böse gewöhnt seid.« Vielleicht von dem Bibelwort inspiriert ist eine Fabel des griechischen Dichters Äsop:[1] Ein Mann kauft einen Äthiopier und denkt, er sei so dunkel, weil sein früherer Besitzer ihn vernachlässigt habe; zu Hause nimmt er daher alle Reinigungsmittel zu Hilfe und sucht ihn weiß zu bekommen, doch erreicht er damit nur, daß der Äthiopier davon krank wird.

Danach wurde die Wendung »einen Äthiopier waschen« bei den Griechen sprichwörtlich für eine mühselige und unweigerlich zum Scheitern verurteilte Arbeit.[2] Bei den christlichen Schriftstellern hingegen geht die Mohrenwäsche auf Jer. 13,23 (s. o.) zurück.[3] Im Deutschen ist die Redensart seit 1649 belegt.[4] Das dazugehörige Sprichwort lautet: »Einen Mohren kann man nicht weiß waschen«, »Wer einen Mohren wäscht, verliert Mühe und Seife« oder kurz »Kein Mohr wird weiß.«

L Borchardt-Wustmann-Schoppe 335; Büchmann 29; Duden 11,491; Duden 12,342; Otto 7 (Nr. 32); Röhrich 3,1040-1041. [1] Nr. 13 Halm = Nr. 274 Hausrath/Hunger; vgl. Lukian. ind. 28: »... und ich versuche, dem Sprichwort entsprechend, einen Äthiopier zu waschen« (... καὶ κατὰ τὴν παροιμίαν Αἰθίοπα σμήχειν ἐπιχειρῶ); vgl. Zon. epit. 15,4. [2] Αἰθίοπα σμήχειν: Zenob. 1,46 (CPG 1,18); Diogen. 1,19 (CPG 2,4) u. 1,45 (CPG 1,187); vgl. Plut. CPG 1,344 Nr. 7 Αἰθίοπα σμήχεις u. 1,348 Nr. 52 Αἰθίοπα λευκαίνεις. [3] Die Stellen nennt Otto 7 (Nr. 32). [4] Gerlingius Nr. 29/30: »Aethiopem lavas ... Du wäschest einen Mohren, oder thust vergebliche Arbeit«, »Aethiops non albescit. Ein Mohr wird nit weiß«; ähnlich im »Eulenspiegelvolksbuch«: »Das hieß wol bleichen einen Moren«: Röhrich 3,1041. S Engl. »to wash a blackamoor white«; frz. * »à laver la tête d'un Maure on y perd sa lessive«; ndl. »het is de Moriaan gewassen«.

in Morpheus' Armen

Schlafend, sanft schlummernd (z. B.: in M. A. ruhen); in Morpheus' Arme wiegen: zum Schlafen bringen; aus Morpheus' Armen reißen: unsanft aufwecken; Morphium: »Schlafmittel« (1804 von W. Sertürner entdeckt und parallel zum Opium benannt).

Der Traumgott Morpheus (Μορφεύς, »der Gestaltende«, von μορφή Gestalt; lat. Morpheus) war Sohn der Nacht und

Bruder des Todes. Nach Ovid war er Sohn des Schlafes (Hypnos, lat. Somnus) und hatte die Macht, Träume hervorzurufen.[1] Er wurde meistens geflügelt dargestellt.

L Büchmann 72; Duden 11,494; Rannacher 25; Röhrich 3,1052. [1] Ov. met. 11,633-645. S Frz. »être dans les bras de Morphée«.

aus einer Mücke einen Elefanten machen

(griech. ἐλέφαντα ἐκ μυίας ποιεῖν): etwas aufbauschen, etwas stark übertrieben darstellen (auch verallgemeinernd: aus jeder M. einen E. machen).

Diese Redensart wird von dem griechischen Schriftsteller Lukian im 2. Jh. n. Chr. im Schlußsatz seiner »Lobrede auf die Fliege« als griechisches Sprichwort zitiert: »Und obwohl ich noch viel zu sagen habe, beende ich meine Rede, damit ich nicht noch gemäß dem Sprichwort den Eindruck mache, einen Elefanten aus einer Fliege zu machen.«[1] Lateinisch erscheint die Wendung erst in der Renaissance bei Erasmus;[2] im Deutschen übertrug Johann Fischart im 16. Jh. die genannte lukianische Schrift als »Lob der Mucken« und formulierte »die Muck zum Elephanten machen«,[3] was eigenständig zuerst bei Grimmelshausen im 17. Jh. wiederkehrt.[4] Schon bei Luther jedoch steht der Elefant für das Große, die Mücke für das Kleine: »... das ich anzeige die verkerte meinung deren, die mucken fahen und elephanten lassen faren«.[5] Im Schwäbischen heißt es dementsprechend: »Nach der Muck schlagen und den Elefanten springen lassen.«

L Duden 11,494; Grimm 12,2608; Röhrich 3,1054-1055. [1] Lukian. musc. enc. 12: »πολλὰ δ' ἔτι ἔχων εἰπεῖν καταπαύσω τὸν λόγον, μὴ καὶ δόξω κατὰ τὴν παροιμίαν ἐλέφαντα ἐκ μυίας ποιεῖν.« [2] »Elephantum ex musca facis«: Er. ad. 1,9,69. [3] V. 332 nach Grimm 12,2608. [4] Simplicissimus 3,289: »Woraus ich lernete, daß die Verwunderung aus der Unwissenheit entstehe und daß man aus der Muck einen Elephanten macht, ehe man weiß, daß der Berg nur eine Mauß gebären werde« (nach Röhrich 3,1054). [5] Nach Röhrich 3,1055. $\boxed{S}$ Neugr. »κάνω τὴν μυῖαν ἐλέφαντα«.

Muse

Begabung, künstlerische Eingebung; von der Muse geküßt sein/werden, unter den Musen erzogen sein: künstlerisch inspiriert werden (z.B.: warten, daß einen die Muse küßt); jemandes Muse sein: künstlerisch inspirieren; den Musen leben: sich nur künstlerisch und wissenschaftlich beschäftigen; Musenalmanach: Jahrbuch gesammelter Gedichte; Musensitz: Dichterwohnung, Dichterstadt, Universitätsstadt; Musentempel: Theater; Musensohn/Musenfreund: Dichter, Student; * Musenkreis: Kreis von Dichtern; * Musenfleiß: eifriges Dichten; Musenkunst: Dichtkunst; * Musensprache: dichterische Rede; * Musenwut: dichterische Begeisterung; * Musenkinder: Gedichte; leichte Muse: Unterhaltung, Komödie, Varieté; die zehnte Muse: Kabarett; Museum (nach dem Μουσεῖον in Alexandria): Kunstsammlung; vgl. auch die »Musik« (griech. μουσικὴ τέχνη, sprich: musikä technä), die heute allein die Tonkunst, in der Antike jedoch Kunst und Dichtung im allgemeinen bezeichnete.

Die neun Musen (Μοῦσαι, Sg. Μοῦσα; lat. Mūsa, Pl. Mūsae) waren die Schutzgöttinnen der Künste und Wissenschaften. Ihr Führer ist Apollon, ihr Wohnsitz auf den Bergen Parnaß (→ den Parnaß besteigen), Pindos oder Helikon. Die ursprünglich einzelne Muse war inspirierende Schutzgöttin der Rhapsoden, der umherziehenden Dichtersänger im frühen Griechenland; sie wurde traditionell zu Beginn eines Werkes angerufen (Homer, Hesiod). Zugleich bildete sich früh ein Kanon von drei und in der Klassik von neun Schwestern heraus, die als Töchter des Zeus und der Mnemosyne (Gedächtniskraft) galten und als Schutzgöttinnen alle Bereiche des künstlerischen Lebens abdeckten; die genaue Festlegung ihrer Funktionen stammt jedoch aus römischer Zeit. Schulen, Gymnasien und Philosophenzirkel unterstellten sich dem Schutz der Musen und ließen ihnen Statuen errichten; »Museia« waren Schulfeste, an denen die Schüler das Gelernte vorführten.[1]

»Fern von Musen und Grazien« war bei den Griechen eine sprichwörtliche Umschreibung für »geistlos, ungebildet«,[2] und bei den Römern konnte »Muse« stellvertretend für Geist und Eingebung genannt werden.[3] Über die gelehrte Dichtung des 17. Jh. wurden die neun Musen in die gehobene deutsche Sprache eingeführt, wobei sich der Singular erst allmählich durchsetzte.[4] Für »leichte« Dichtung und Kabarett wurde bisweilen eine »zehnte Muse« eingeführt.[5]

[L] Büchmann 224; Grimm 12,2735-2739; Otto 235 (Nr. 1175-1176, vgl. Nr. 1177-1178); Rannacher 25-26; Röhrich 3,1062. Weiterführende Literatur bei Hunger 264, ferner: Alfried Lehner, Die Musen. Über das wunderbare Wissen vom Wesen der Welt, in: MUT 262 (6/1989), 50-71. [1] Hunger 263. [2] Siehe die Belege unter dem Stichwort → Grazie. [3] Varro bei Non. Buch 6 s. v. edolare (ed. Lindsay S. 719): »ohne irgendeine Muse [d. h. ohne jedes Talent]« (sine ulla ... Musa); vgl. Martial. 2,89,3; Cic. Arch. 20. [4] Belege siehe bei Grimm 12,2736. [5] Bei den Griechen konnte als »zehnte Muse« eine großartige Frauenpersönlichkeit bezeichnet werden: Anthol. Pal. 9,146.506 (Sappho).515.571; entsprechend läßt Andreas Gryphius im »Horribilicribrifax« (wohl 1648, Erstausg. Breslau 1663) den Schulmeister Sempronius eine Liebeserklärung an Coelestina mit den Worten verfassen: »... der zehenden Musae [zehnten Muse], andern Veneri [Venus], vierdten Chariti [Grazie] und letzten Parcae [Parze], meines

Verhängnisses …« (Bl. 30). Für leichte Dichtung steht die 10. Muse z. B. bei Maximilian Bern (1849-1923), Die zehnte Muse, Berlin 1902 (Anthologie von Liedern und Gedichten). R Dichtungen, Opern und Ballette nennt Hunger 263-264.

* Myrmid<u>o</u>nen

Mit Schwert, Feder oder Zunge kampfbereite Gefolgschaft.

Die Myrmidonen (Μυρμιδόνες) sind in der homerischen »Ilias« die Untertanen und Soldaten des Achilleus, des stärksten und tapfersten griechischen Helden vor Troja.

L Der neue Büchmann 355.

N

Nabel der Welt

Mittelpunkt der Welt (z. B.: sich für den Nabel der Welt halten).

Als der »Nabel der Erde« (ὀμφαλὸς γῆς, sprich: omphal<u>o</u>s g<u>ä</u>s; ὀμφαλός. »Nabel, Schildbuckel«) wurde von den Griechen ein weißer, mit kultischen Binden und Perlenschnüren verzierter Stein in Form eines großen, halben Eies angesehen, der im Apollontempel des Heiligtums von Delphi stand. Ursprünglich wohl ein uralter Kultgegenstand von ungewisser Bedeutung, wurde er als geographische Markierung des Erdmittelpunktes betrachtet. Nach einem spätantiken Scholiasten seien zwei Adler, die Zeus einmal von Westen und Osten ausgeschickt habe, um die Mitte der Erde herauszufinden, hier aufeinandergetroffen.[1] Der älteste Omphalos-Stein aus dem 7. Jh. v. Chr. wurde mehrfach zerstört und wiederhergestellt. Heute ist im Museum von Delphi eine römische Marmorkopie zu sehen.

Einen entsprechenden Stein errichteten die Römer auf dem Forum Romanum, den »umbilicus urbis Romae« (Nabel der Stadt Rom).

[L] Duden 11,500; Rannacher 26; Röhrich 3,1066; Stichwörter 55-57 u. Komm. 90-96. [1] Schol. Lucan. 5,70-71.

Narziß

Eitler, selbstverliebter Mann; Narzißmus: Selbstliebe, Eitelkeit, (in der Psychoanalyse:) Charakterprägung, bei der nicht eine andere Person, sondern das eigene Selbst zum Liebesobjekt wird.

Da der junge und schöne böotische Jäger Narziß (Νάρκισ-σος, lat. Narcissus) nach dem römischen Dichter Ovid die Liebe der Nymphe Echo zurückwies (die sich daraufhin in Stein verwandelte), bestrafte ihn Aphrodite mit unstillbarer Selbstliebe: Beim Trinken an einer Quelle verliebte er sich in sein Spiegelbild im Wasser dermaßen, daß er vor Sehnsucht starb, vom Widerhall seiner Klagen durch Echo verhöhnt. Schließlich wurde er von den Göttern in eine »Narzisse«, die Blume der Unterwelt, verwandelt.[1] Nach einer anderen Variante der Sage beging Narziß, für den Tod eines Liebhabers verantwortlich und von dem Gott Eros mit Selbstliebe bestraft, Selbstmord, und aus der Erde, in die sein Blut floß, wuchs die Narzisse hervor.[2]

In der neuplatonischen Philosophie wurde Narziß als

Symbol der Seele gedeutet, die sich zu sehr an die sinnliche Schönheit klammert und dadurch verfinstert wird. Vom »Narzißmus« als übersteigerter Selbstliebe spricht erst die moderne Psychoanalyse. Auch die übertragene Verwendung des Namens »Narziß« dürfte nicht weiter als ins 20. Jh. zurückreichen.

[L] Rannacher 26. Weiterführende Literatur nennt Hunger 266. [1] Ov. met. 3,339-510. [2] Konon Fr. 24 (FGrH 1,197). [R] Zum literarischen Fortwirken der Figur siehe ausführlich Frenzel, Stoffe 538-543; dramatische Bearbeitungen, Dichtungen, Essays, Opern: Hunger 265-266.

an der Nase herumführen

(griech. τῆς ῥινὸς ἕλκειν): überrumpeln, zum Narren halten.

In Dialog »Hermotimos« des griechischen Schriftstellers Lukian (2. Jh. n. Chr.) betont der Skeptiker Lycinus (→ Skepsis) die Notwendigkeit, Falsches von Wahrem unterscheiden zu können, da man sonst von jedem, der das wolle, »an der Nase herumgeführt werde«.[1] Er bringt so seinen Gesprächspartner Hermotimus dazu, seine stoische Überzeugung (→ stoische Ruhe) fallenzulassen, da er einsieht, die richtige und die falsche stoische Lehre nicht voneinander unterscheiden zu können. Vielleicht spielt Lukian mit dieser Wortwahl auf die Methode an, Bären an einem Nasenring zu führen.

Im Deutschen hat sich die Wendung seit dem 16. Jh. als »bei der Nase ziehen« oder »bei der Nase führen« (später »herumführen«; heute nur noch mit »*an* der Nase«) eingebürgert.[2]

[L] Duden 11,508; Macrone 194. [1] Lukian. Herm. 68 (τῆς ῥινὸς ἕλκεσθαι) u. 73 (εἶλκεν ὑμᾶς τῆς ῥινός). [2] Vgl. die Belege bei Grimm 13,404-405. [S] Engl. »to lead by the nose« (zuerst 1581 als Beschreibung, was betrügerische Papisten mit tölpelhaften Unschuldigen tun können); John Florio übersetzte das italienische Äquivalent 1598 ins Englische, und mit Shakespeare (Othello 1,3) setzte sich die Wendung endgültig durch; ital. »menare per il naso«.

zur zweiten Natur werden

Selbstverständlich werden, zur festen Gewohnheit werden.

Aristoteles schreibt die Wendung in seiner »Nikomachischen Ethik« dem Epigrammatiker Euenos (6. Jh. v. Chr.) zu: »Es ist nämlich leichter, eine Gewohnheit zu verändern als eine Natur; es ist nämlich auch deswegen schwierig, die Gewohnheit zu verändern, weil sie der Natur gleicht, genau wie auch Euenos sagt: ›Ich behaupte, daß die Übung dauerhaft ist, Freund, und daß ja | diese für die Menschen schließlich eine Natur ist.‹«[1] Auch in seiner »Rhetorik« greift Aristoteles den Gedanken auf: »Das Gewohnte wird gleichsam schon zum Natürlichen; denn die Gewohnheit ist etwas der Natur Ähnliches.«[2] Dies erweiterte Cicero zu »Ferner [sagen sie,] daß durch die Gewohnheit gleichsam eine gewisse zweite Natur bewirkt wird«.[3]

Von dort ausgehend findet sich das Motiv der »zweiten Natur« in vielen europäischen Sprachen. Im Deutschen erscheint es zuerst im 18. Jh. bei Georg Christoph Lichtenberg und Johann Gottfried Herder.[4]

[L] Bartels 55-56; Grimm 13,440; Duden 11,511; Macrone 204; Röhrich 3,1085. [1] Aristot. eth. Nic. 7,10 (7,12 Bekker 2,1152a): »ῥᾷον ἔθος μετακινῆσαι φύσεως· διὰ γὰρ τοῦτο καὶ τὸ ἔθος χαλεπόν, ὅτι τῇ φύσει ἔοικεν, ὥσπερ καὶ Εὔηνος λέγει· φημὶ πολυχρόνιον μελέτην

ἔμεναι, φίλε, καὶ δή | ταύτην ἀνθρώποισι τελευτῶσαν φύσιν εἶναι.«
Vgl. Stob. 2,31,10 (= TGrF Adespota 516): »Übung geht, lange betrieben, in Natur über« (Μελέτη χρονισθεῖσ᾽ εἰς φύσιν καθίσταται).
[2] Aristot. rhet. 1,11 (Bekker 2,1370a): »καὶ γὰρ τὸ εἰθισμένον
ὥσπερ πεφυκὸς ἤδη γίγνεται· ὅμοιον γάρ τι τὸ ἔθος τῇ φύσει.«
[3] Cic. fin. 5,74: »deinde consuetudine quasi alteram quandam na-
turam effici.« Spätantike Stellen mit dem gleichbedeutenden »secunda
natura« nennt Bartels 56.   [4] Die Belege siehe bei Grimm 13,440.
⑤ Engl. »to become second nature to s. o.«; frz. »C'est devenu sa seconde nature«, z. B. Pascal, Pensées: »L'habitude est une seconde
nature«; ndl. »dat is hem een tweede natuur«.

Nektar

Göttliches Getränk; * nektarisch/* nektarn: göttlich süß,
erfrischend.

Nektar (νέκταρ, lat. nectar) war das Getränk der Götter,
→ Ambrosia ihre Speise.[1] Bei den Römern war »süßer als
Nektar« (nectare dulcior) eine sprichwörtliche Wendung.[2]
  Im Deutschen begegnet »Nektar« seit dem 17. Jh. (in der
Dichtersprache auch früher) in eigentlicher und übertrage-
ner Bedeutung sowie in einer Fülle von Zusammensetzun-
gen (Nektarduft, Nektarschale, Nektartropfen u. a.).[3] In der
Botanik ist »Nektar« ein süßes Drüsensekret von Pflanzen
zum Anlocken von bestäubenden Insekten. Außerdem ist
»Nektar« auch die Handelsbezeichnung für ein Fruchtsaft-
getränk mit einem – nicht gerade göttlich anmutenden –
Fruchtanteil von (je nach Fruchtart) 25 bis 50 %.

Ⓛ Büchmann 66; Grimm 13,594-596; Kluge 507; Rannacher 26.
[1] Hom. Od. 5,92-93, vgl. 199-201.   [2] Eine Vielzahl von Belegstellen bietet Otto 241 (Nr. 1218) u. Nachträge 17.76.191.281.   [3] Siehe
die Belege bei Grimm 13,594-596.

der Arm der Nemesis

Die gerechte Strafe.

Nemesis (Νέμεσις »die Zuteilende« von νέμειν zuteilen; lat. Nemesis) war die griechische Göttin der strafenden Gerechtigkeit und des gerecht zugeteilten Schicksals).[1] In den Kyprien (einem die Ereignisse vor der »Ilias« schildernden Epos des 8./7. Jh. v. Chr.) wird sie als Geliebte des Zeus – die beiden heiraten dort in Gestalt von Schwan und Gans – und als Mutter der Helena beschrieben. Wegen ihrer Verbindungen zu den Toten wurde sie besonders von Soldaten verehrt; aber auch bei Wettkämpfen aller Art (v. a. in Amphitheatern und Rennbahnen der Kaiserzeit) war ihr Kult verbreitet.[2] In der 1. Hälfte des 2. Jh. schrieb Mesomedes den Hymnos »An Nemesis«, die er dort als Schicksalsgöttin mit den Zügen von Dike (Gerechtigkeit) und Tyche (Glück) zeichnet.

L Rannacher 26. Weiterführende Lit. bei Hunger 268. [1] Aischyl. Fr. 266 (TrGF 3,367-368); Pind. Pyth. 10,44, der sie dort als die »überaus gerechte Nemesis« (ὑπέρδικον νέμεσιν) erwähnt; Soph. El. 792 (Elektra entrüstet, als ihre Mutter Klytaimnestra den vermeintlichen Tod Orests begrüßt): »O hör' es, du Nemesis des jüngst Verstorbenen!« (ἄκουε, Νέμεσι τοῦ θανόντος ἀρτίως). [2] Hunger 268.

Nessushemd

Verderben bringende Gabe, Ursache für höchste Schmerzen (auch: Nessusgewand).

Der Kentaur (d. h. Wesen aus Pferdeunterleib und Menschenoberkörper) Nessos (Νέσσος, lat. Nessus), der Reisende über einen Fluß setzte, vergriff sich an Herakles' Frau Deianeira (lat. Deianira), als er sie hinüberbrachte. Dafür wurde er von Herakles mit einem vergifteten Pfeil tödlich verwundet. Sterbend rächte er sich, indem er Deianeira riet, sein Blut aufzufangen und später einmal als »Liebeszauber« zu verwenden. Als Herakles sich später in die schöne Iole verliebte, bestrich Deianeira ein Gewand mit dem Blut des Nessus und sandte es ihrem Mann, damit er es beim Opfer trage. Als er es anzog, klebte es am Körper fest und vergiftete ihn, obwohl er den Überbringer Lichas ins Meer warf und es sich mühsam vom Körper riß. Vor Schmerzen ließ sich Herakles freiwillig auf dem Berg Öta (Thessalien) auf dem Scheiterhaufen verbrennen.[1]

[L] Büchmann 69-70; Duden 12,355; Rannacher 26-27. [1] Quelle für die gesamte Geschichte ist Soph. Trach. ab V. 550. Weiterführende Lit. nennt Hunger 173-174.

Nestor

Kluger alter Mann, älterer Vertreter eines Fachgebietes.

Nestor (Νέστωρ, lat. Nestor), der alte Herrscher von Pylos, war vor Troja bei den Griechen wegen seiner Erfahrung und Beredsamkeit hoch angesehen. Homer nennt ihn »den ältesten und weisesten Griechen«.[1] Seine großartige Redegabe (vgl. → honigsüße Rede) erscheint sprichwörtlich schon bei dem griechischen Schriftsteller Theognis.[2]

Bei den Römern wurde Nestor vor allem wegen seines hohen Alters und wieder wegen seiner beeindruckenden Redeweise angeführt,[3] aber er erscheint dort auch schon als Musterbeispiel des klugen Ratgebers.[4]

[L] Büchmann 287-288; Der neue Büchmann 354; Otto 242 (Nr. 1223 u. 1224) u. Nachträge 5.61.112.192.241.248.281; Rannacher 27; Röhrich 3,1090; weiterführende Lit.: R. Cantieni, Die Nestorerzählungen im 11. Gesang der Ilias, Diss. Zürich 1942. [1] Hom. Il. 1,247-253 u.ö.; Od. 1,284 u.ö. nach Rannacher 27. [2] Thgn. 714: »Wenn du die gute Redegabe des gottgleichen Nestor haben könntest« (Γλῶσ-σαν ἔχων ἀγαθὴν Νέστορος ἀντιθέου). [3] Alter: Otto 242 (Nr. 1223) u. Nachträge 61.112.192.241.281; Redegabe: Otto 242 (Nr. 1224) u. Nachträge 5.112.192.241.281. [4] Cic. ad fam. 9,14,2 (an den Konsul Dolabella): »[Und dennoch ist es nicht unter deiner Würde…] irgendeinen Nestor beim Fassen von Beschlüssen zu haben« (habere aliquem in consiliis capiendis Nestorem); Tib. 4,1,48-49.

Von nichts kommt nichts

Alles hat seine Ursache (auch: aus nichts wird nichts); auch: Für Erfolg ist Anstrengung unerläßlich; oder auch: Über etwas Unangenehmes braucht man sich nicht zu wundern, da es eine Ursache haben wird (vgl. »so was kommt von so was«).

Bereits der frühe griechische Philosoph Empedokles (5. Jh. v. Chr.) hatte den Gedanken, daß nichts existieren kön-ne, was nicht schon existiere: »Denn aus gar nicht Seien-dem kann keinesfalls etwas entstehen.«[1] Die Formulierung »Nichts entsteht aus dem Nichtseienden« (griech. οὐδὲν γί-νεται ἐκ τοῦ μὴ ὄντος, sprich: ūden ginetai ek tu mä ontos) wird von Diogenes Laertios als Lehrmeinung gleich dreier Philosophen (Demokrit, Diogenes von Apollonia und Epi-kur) angeführt.[2] So spricht Aristoteles im Zusammenhang mit dem vorsokratischen Philosophen Anaxagoras wohl zu Recht davon, daß dieser »die allgemeine Ansicht der Natur-philosophen, daß aus dem Nichtseienden nichts entstehe«, für wahr gehalten habe.[3]

Bekannter als der griechische Ursprung ist die lateinische Fassung »De nihilo nihil« nach dem römischen Dichter Luk-rez (um 94-55 v. Chr.), der den Gedanken vermutlich von Epikur übernahm.[4] Später erscheint er noch einmal griechisch bei Kaiser Marc Aurel[5] und lateinisch bei Boethius und Thomas von Aquin.

[L] Bartels 74-75; Büchmann 319; Duden 11,516; Duden 12,495; Macrone 71. [1] Diels/Kranz 31 B 12: »ἔκ τε γὰρ οὐδάμ᾽ ἐόντος ἀμήχανόν ἐστι γενέσθαι ...« Vgl. denselben Gedanken bei Melissos von Samos: Diels/Kranz 30 B 1. [2] Diog. Laert. 9,44 (Demokrit); 9,57 (Diogenes von Apollonia); 10,38 (Epikur). [3] Aristot. phys. 1,4 (Bekker 187a): »... τὴν κοινὴν δόξαν τῶν φυσικῶν εἶναι ἀληθῆ, ὡς οὐ γιγνομένου οὐδενὸς ἐκ τοῦ μὴ ὄντος.« [4] Lucr. 1,149-150.205 u. 2,287; aufgegriffen von Pers. 3,83-84. [5] M. Aur. 4,4: »Denn nichts kommt aus dem Nichts, genau wie es auch nicht in das Nichtseiende verschwindet.« [5] Engl. »Nothing comes from nothing«.

* Herr Niemand

(scherzhaft:) niemand; St. Nimmerlein: niemand (scherzhafter, nicht existierender Heiliger); am St. Nimmerleins-Tag: niemals; Niemandsland: leeres, unbewohntes Land; der liebe Niemand ist an allem schuld: »Niemand« muß für alles herhalten, da es immer niemand gewesen sein will.

In der homerischen → »Odyssee« nennt sich Odysseus gegenüber dem Zyklopen (→ zyklopisch) Polyphem »Οὖτις« (»Niemand«);[1] als der von Odysseus Geblendete später seine Gefährten um Hilfe ruft (»Niemand hat mich geblendet!«),[2] verstehen sie ihn nicht, und Odysseus kann entkommen.

Im Humanismus wurde Οὖτις oder lat. Nemo zum beliebten Pseudonym oder Stellvertreter: In Ulrich von Huttens Schreiben an seinen Freund Crotus Rubeanus mit dem Titel »Outis et nemo« (1515) übernimmt für schlimme Zustände seiner Zeit jeweils »Niemand« die Verantwortung, der in einem Gedicht Huttens selbst zu Wort kommt.

178

Aus Bibelstellen, die das Wort »nemo« (niemand) enthalten, wurde schon früher ironischerweise eine Person dieses Namens abgeleitet und als Heiliger geführt (dt. »Sankt Nimmerlein«). Dieser Niemand erscheint als Schutzpatron des um faule Ausreden bemühten Gesindes;[3] bildlich wurde er oft auch als Mann mit einem Schloß vor dem Mund dargestellt und mit zerbrochenem Hausrat umgeben.[4] Er ist Gegenbild zum Jedermann und wird im 17. Jh. auch mit diesem zusammen abgebildet; auch in Frankreich und England kennt man einen »seigneur Nemo« bzw. einen armen »John Nobody«[5] Vielleicht in Anspielung darauf nannte der Schriftsteller Jules Verne (1828-1905) eine Romanfigur »Kapitän Nemo«.

Heute ist v. a. noch der Ausdruck »Niemandsland« für ein ödes, unbewohntes Land gebräuchlich.

[L] Grimm 13,828; Röhrich 3,1096 mit weiterführender Lit. [1] Hom. Od. 9,366-367: »›Niemand‹ ist mein Name; und ›Niemand‹ nennen mich | Mutter, Vater und alle anderen Gefährten.« [2] Hom. Od. 9,407. [3] So in einem Gedicht des Straßburgers Jörg Schan (um 1500) und in bildlichen Darstellungen wie Flugblättern: Röhrich 3,1096. [4] Röhrich 3,1096. [5] Röhrich 3,1096.

Niobeschmerz

Schwerer Schmerz einer Mutter über den Verlust ihrer Kinder.

Niobe (Νιόβη, lat. Nioba), Tochter des Tantalos (→ Tantalusqualen) und Frau des Königs Amphion von Theben, war stolze Mutter von sechs Söhnen und sechs Töchtern, verspottete jedoch in Hochmut die Göttin Leto, da sie nur einen Sohn (Apollon) und eine Tochter (Artemis) habe.[1] Zur Strafe töteten Apollon und Artemis Niobes Kinder mit Pfeilen.[2] Die unglückliche Niobe irrte umher, bis sie am Berg Sipylos in Phrygien in einen Felsen verwandelt wurde.[3]

Im Griechischen ist bereits der übertragene Begriff »Niobeleiden« (Νιόβης πάθη) für schlimmste Leiden belegt;[4] im Lateinischen erscheint Niobe in Vergleichen, die einen großen Schmerz illustrieren sollen.[5]

[L] Otto, Nachträge 21; Rannacher 27; Wiesenthal 18. Weiterführende Literatur bei Hunger 274. [1] Quellen dazu (auch mit anderen Zahlenangaben) siehe Hunger 274 Anm. 1. [2] Hom. Il. 24,602-61 3; Diod. 4,74,3; Apollod. bibl. 3,5,6; Ov. Met. 6,146-312. [3] Hom. Il. 24,614-617; Apollod. bibl. 3,5,6,5. [4] Apostol. 12,11 (CPG 2,544-545); im eigentlichen Sinne spricht von den »Leiden der Niobe« Plat. rep. 2,380a. [5] Hieron. epist. 69,2 (CSEL 54,682): »Du hättest ihn für eine Niobe halten können« (Niobam putares); vgl. Prop. 3,10,8; Stat. silv. 5,1,33. [R] Zur nachantiken literarischen Fortwirkung der Niobefigur siehe Frenzel, Stoffe 557; dramatische Bearbeitungen, Dichtungen und Opern nennt Hunger 274.

* Nymphe

Schöne junge Frau, (ggf.) Prostituierte.

Die Nymphen (Νύμφαι, Sg. Νύμφη, lat. Sg. nympha o. nymphe) waren feenartige Göttinnen, die die Kräfte der freien Natur verkörperten und überall in den Bergen, in Höhlen und Grotten, Gewässern (Meer, Flüsse, Quellen) und Wäldern lebten, spielten und tanzten; sie waren sehr menschenscheu, begegnen aber oft im Gefolge des Dionysos, in erotischem Spiel von Satyrn (→ Satyr) und Silenen (→ Silen) begleitet (daher das Fremdwort »nymphoman«: liebestoll [nur für Frauen gebraucht]). Das griechische Wort νύμφη (klein geschrieben) bedeutete einfach »junge Frau, Braut« und war so die naheliegendste Bezeichnung für die wenig individuellen, stets in Gruppen auftretenden Göttinnen.

Im Deutschen erscheint das Wort übertragen zuerst bei Georg Rudolf Weckherlin (1584-1653) für die Prostituierten am Stuttgarter Hof[1] und wird auch sonst oft für käufliche Frauen verwendet.[2]

L Grimm 13,1037-1038. [1]: Georg Rudolf Weckherlin, Kurtze Beschreibung [...] 789 nach Grimm 13,1038: »Halt, Myrta, schönste nymf!« u. ö. [2] Diverse Belege bei Grimm 4,1038. R Dramen, Dichtungen, Opern und Ballette mit den Nymphen als Thema nennt Hunger 276.

O

seinen Obolus beisteuern

Etwas Geld entrichten, seinen finanziellen Beitrag leisten, etwas spenden, Eintritt zahlen.

Der Obolos (ὀβολός, lat. obolus), war die kleinste attische Münze (1/6 Drachme). Die Redewendung geht auf die Hadesschilderung in der Dichtung »Minyas« (7/6. Jh. v. Chr., dem Prodikos von Phokis zugeschrieben) zurück, nach der man den Toten einen Obolos in den Mund legte, damit sie vom Fährmann Charon über den Unterweltsfluß Acheron gebracht wurden.

L Rannacher 28; Röhrich 4,1108.

Ödipuskomplex

(nach der Psychoanalyse, v. a. Sigmund Freud:) frühkindliche inzestuöse Bindung an den gegengeschlechtlichen Elternteil und Rivalität zum gleichgeschlechtlichen

Elternteil; ödipale Phase: kindliche Entwicklungsphase, in der die Triebregungen des Ödipuskomplexes vorherrschen und verarbeitet werden.

Ödipus (Οἰδίπους, »Schwellfuß«, lat. Oedipus), Sohn der Iokaste und des Königs Laios von Theben, wurde gleich nach seiner Geburt mit durchbohrten Knöcheln (daher sein Name) ausgesetzt, da das Orakel von Delphi seinem Vater prophezeit hatte, er werde durch seinen eigenen Sohn umkommen. Jedoch finden Hirten aus Korinth das Kind und bringen es in ihre Heimatstadt, wo es vom Königspaar als Sohn angenommen wird. Als der Herangewachsene Andeutungen über seine unkönigliche Herkunft hört, geht er ratsuchend nach Delphi, um das Orakel zu befragen. Ihm wird geweissagt, er werde seinen Vater töten und seine Mutter heiraten. Im Bemühen, dem zu entgehen, kehrt er nicht nach Korinth zurück, trifft aber auf dem Weg nach Theben den Laios, der in Delphi Rat gegen das Ungeheuer der → Sphinx einholen will. Bei der Begegnung kommt es zum Streit, und Ödipus erschlägt seinen ihm unbekannten Vater.

Vor Theben löst er das Rätsel der Sphinx, befreit so die Stadt und erhält die Hand der verwitweten Königin, seiner Mutter Iokaste. Der Ödipusmythos stellt so die Unmöglichkeit für den Menschen dar, seinem Schicksal zu entgehen: Gerade durch den Versuch, ihm zu entkommen, erfüllt der Mensch sein Schicksal.[1]

Sigmund Freud (1856-1939) hat Ödipus jedoch allein wegen der Motive des Vatermordes und der Mutterhochzeit zur Bezeichnung eines frühkindlichen psychischen Zustandes herangezogen:[2] Das Kind, d.h. der Junge, entwickle eine libidinöse Beziehung zur Mutter und trete in Konkurrenz zum übermächtigen Vater; der Konflikt werde aus Angst vor

Vergeltung des Vaters (Kastrationsangst) dadurch gelöst, daß die inzestuöse Neigung verdrängt werde und schließlich eine Identifizierung mit dem Vater stattfinde, wodurch die »ödipale Phase« abgeschlossen werde.

Den Terminus »Ödipuskomplex« verwendete Freud gedruckt erstmals 1910 in dem Essay »Über einen besonderen Typus der Objektwahl beim Manne«.[3]

Freud nahm zwar auch für Mädchen einen Ödipuskomplex an, hielt diesen jedoch für sehr verschieden von dem des Jungen, der für ihn im Mittelpunkt stand. C. G. Jung hingegen vertrat die Meinung, die Entwicklung von Mädchen verlaufe hier genau spiegelbildlich wie beim Jungen; dafür prägte Jung – nach Orests Schwester Elektra, die bei Sophokles die aktive Rolle bei der Rache an ihrer Mutter Klytaimnestra, der Mörderin des Vaters, spielt – analog zum »Ödipuskomplex« die Bezeichnung »Elektra-Komplex«.

L Macrone 114-116. [1] Bei den Griechen war das »Ödipusverderben« sprichwörtlich; vgl. Wiesenthal 18. [2] Am 15. 10. 1897 schrieb Freud an seinen Kollegen Fließ: »... (man) versteht die packende Macht des Königs Ödipus [...], die griech. Sage greift einen Zwang auf, den jeder anerkennt, weil er dessen Existenz in sich verspürt hat«: J. Laplanche/J.-B. Pontalis, Das Vokabular der Psychoanalyse, Frankfurt a. M. 1972, S. 352. [3] »Er [der Knabe] beginnt die Mutter selbst in dem neugewonnenen Sinne zu begehren und den Vater als Nebenbuhler, der diesem Wunsch im Wege steht, von neuem zu hassen; er gerät, wie wir sagen, unter die Herrschaft des Ödipuskomplexes«: Sigmund Freud Studienausgabe, Frankfurt a. M. 7. Aufl. 1994, Bd. 5, S. 192; bereits in »Über infantile Sexualtheorien« (1908) führte Freud den gleichbedeutenden Begriff des »Kernkomplexes« ein. R Zur literarischen Fortwirkung des Ödipus siehe Frenzel, Stoffe 565-569. S Engl. »Oedipus complex«.

Odyssee

Lange, gefahrenreiche Irrfahrt; * Odysseus: Seefahrer.

Der griechische Held Odysseus ('Οδυσσεύς lat. Ulixēs)
kehrte nach der Eroberung Trojas erst nach zehnjähriger Irrfahrt in seine Heimat Ithaka zurück. Homer besingt seine
Abenteuer in dem nach Odysseus benannten Epos »Odyssee« ('Οδύσσεια, lat. Odyssēa: »Odysseusfahrt«); diese Bezeichnung wurde bald für ihren Inhalt, d. h. für eine lange
Irrfahrt, übertragen verwendet.

Ⓛ Büchmann 289; Macrone 11; Rannacher 28. Ⓡ Zur literarischen Fortwirkung der Odysseusgestalt siehe Frenzel, Stoffe 558-565.
Ⓢ Engl. »Odyssey« seit dem späten 19. Jh. (eigentümliche Reise, heute
mehr: Entdeckungsreise, spirituelle Suche): Macrone 11.

olympisch

1. erhaben, majestätisch, herrlich (z. B. o. Ruhe); olym-
pisches Glück: reines, ungetrübtes Glück; auf dem
(hohen) Olymp sitzen: eine zu hohe Meinung von sich
haben, herablassend sein.

2. Olympische Spiele: im griechischen Olympia statt-
findende Sportwettkämpfe der Antike, seit 1896 wieder-
eingerichtet; Olympiade: in der Antike der Vierjahres-
zeitraum zwischen den olympischen Spielen (damit
Grundlage der griechischen Zeitrechnung), heute in der
Bedeutung: Olympische Spiele.

Der Olymp (῎Ολυμπος), mit 2985 Metern höchster Berg
Griechenlands und zwischen Makedonien und Thessalien
gelegen, galt als Sitz der Götter.[1] Umgekehrt wurde bei den
späteren Dichtern das Himmelsgewölbe, auf dem die Göt-

ter wohnen, als Olymp bezeichnet.[2] Heute meint man damit scherzhaft die obersten Sitzreihen im Theater. Als »der Olympier« wurden wegen ihrer Erhabenheit und Ausgeglichenheit der Politiker Perikles[3] und auch der alternde Goethe bezeichnet.

Der Ort Olympia, an dem die olympischen Spiele stattfanden, liegt hingegen auf der Peloponnes. Die Spiele wurden der Sage nach von Herakles (→ Herkules) im Jahre 776 v. Chr. begründet und wurden bis zu ihrer Abschaffung durch Kaiser Theodosius I. (396 oder 426 n. Chr.)[4] gefeiert. In der Neuzeit wurden sie 1894 von dem französischen Baron Pierre de Coubertin wiederbelebt und erstmals wieder 1896 in Athen gefeiert.

Unter dem »olympischen Gedanken« versteht man – anknüpfend an die antike Friedenspflicht während der Spiele – die Idee der Völkerverständigung und des Friedens anläßlich der olympischen Spiele; die »olympischen Ringe« sind das Zeichen der olympischen Spiele aus fünf verschränkten Ringen, die die Kontinente symbolisieren.

Ⓛ Büchmann 64-65; Otto, Nachträge 195; Rannacher 28; Röhrich 4,1121. [1] Von Homer wird er »Sitz der Unsterblichen« (ἀθανάτων ἕδος: Hom. Il. 8,456) oder »Sitz der Götter« (θεῶν ἕδος: Hom. Od. 6,42) genannt. »Olympisch« durften sich diejenigen griechischen Götter nennen, die mit Zeus gegen die Giganten kämpften: Diod. 4,15,1. [2] Aristoph. Thesm. 1068-1069; Verg. ecl. 5,56-57. [3] Aristoph. Ach. 530; Plut. Per. 8,3 u. 39,2. [4] Der Kleine Pauly 4,286.

* O̲mphale

Starke, bezwingende Frau; entsprechend: Jeder Herkules findet seine Omphale: Jeder starke Mann läßt sich von irgendeiner Frau besiegen.

Als Strafe für einen Mord oder für den Raub des delphischen Dreifußes[1] mußte der Held → Herkules für ein Jahr der lydischen Königin Omphale (᾽Ομφάλη, lat. Omphale) als Sklave dienen.[2] Sie soll ihn mit ihrer Schönheit bezaubert und ihn dazu gebracht haben, Wolle zu spinnen oder Frauenkleider anzuziehen, während sie sich mit seiner Keule und dem Löwenfell brüstete.[3]

Die mit Löwenfell und Keule ausgestattete Omphale ist seit der Antike ein beliebtes Motiv der bildenden Kunst.

[L] Rannacher 28. Weiterführende Literatur: K. Schauenburg, Herakles und Omphale, Rheinisches Museum 103, 1960, 57-76. [1] Mord an Iphitos: Hom. Od. 21,22-30; Soph. Trach. 270-279; Dreifußraub: Hyg. fab. 32. [2] Diod. 4,31,5-8; Soph. Trach. 252-253; drei Jahre: Apollod. bibl. 2,6,2,5. [3] Ov. her. 9,55-130 (v. a. 73-76.111-118) und fast. 2,305; vgl. Apostol. 12,74 (CPG 2,560-561). [R] Dramatische Bearbeitungen, Opern, Symphonien und Ballette nennt Hunger 290.

orakelhaft

Rätselhaft, geheimnisvoll; wie ein Orakel reden/orakeln: geheimnisvoll reden.

Orakel (Sg. Orakel; griech. μαντεῖον ο. χρηστήριον, lat. oraculum) waren Stätten, an denen Gottheiten die Zukunft voraussagten oder Ratschläge erteilten. Dies geschah zumeist, z. B. in der berühmtesten Orakelstätte von Delphi, durch eine in Trance redende Priesterin (→ Pythia) und ein interpretierendes Priesterkollegium. Die Orakelsprüche, ebenfalls als »Orakel« bezeichnet, waren zumeist dunkel und doppelsinnig gehalten. Beispielsweise lautete ein Orakel an den lydischen König Kroisos (→ Krösus), er werde, wenn er gegen die Perser zu Felde ziehe, »ein großes Reich zerstören«[1] – es war sein eigenes. Oder die Athener erhielten vom Orakel den Rat, vor den Persern »hinter hölzernen Mauern« Schutz zu suchen[2] – gemeint war die Flotte, die die Perser bei Salamis schlagen sollte. Die Römer übernahmen die griechische Institution der Orakel und prägten die Bezeichnung »oraculum« (»Redestätte« von orāre »reden, beten, bitten«). Im Deutschen erscheint das davon abgeleitete »Orakel« seit dem 16. Jh.[3]

Den Nimbus der Unfehlbarkeit der griechischen Orakel griff August von Kotzebue ironisch auf, indem er in einem seiner Stücke einen Sultan sprechen läßt: »Vernimm unsere Weisheit! Das Orakel hat gesprochen, und wenn das Orakel gesprochen hat, so nennt man das einen Orakelspruch. Gegen einen solchen Orakelspruch, der von dem Orakel gesprochen worden, ist nichts mehr zu sprechen.«[4]

L Grimm 13,1313-1314; Macrone 33; Rannacher 28-29; Röhrich 4,1123. Weiterführende Lit.: Der Kleine Pauly 4,323-328. [1] Hdt. 1,53. [2] Hdt. 7,141. [3] Vgl. Grimm 13,1313. [4] August von Kotzebue, »Bäbbel oder aus zwei Übeln das kleinste. Historische Posse in Einem Akt« (Werkausgabe Stuttgart 1822), Bd. 7,61. S Engl. »oracular«/»delphic«: mysteriös, unerforschlich (seit dem frühen 18. Jh., zuvor: göttlich inspiriert: Macrone 33).

* Orest und Pylades

Unzertrennliche Freunde; * Pylades: bester Freund.

Orest ('Ορέστης, lat. Orestes), Sohn des Agamemnon und der Klytaimnestra, wuchs am Hof seines Onkels Strophios in der mittelgriechischen Landschaft Phokis auf und hatte in dessen Sohn Pylades (Πυλάδης, lat. Pyladēs) seinen engsten Freund.[1] Gemeinsam mit ihm nahm er als Erwachsener Rache an seiner Mutter und ihrem Geliebten Aigisthos, die seinen Vater ermordet hatten.[2] Auch half Pylades seinem Freund Orest bei der Rückholung seiner Schwester Iphigenie aus Tauris.[3] Bei Euripides wünscht Pylades sogar zusammen mit seinem nach dem Muttermord zum Tode verurteilten Freund zu sterben.[4]

Bereits bei Griechen (wenn auch erst in späten Belegen) und Römern war die Freundschaft zwischen Orest und Pylades sprichwörtlich.[5]

[L] Büchmann 65; Otto 258 (Nr. 1307) u. Nachträge 114.196; Rannacher 29; Wiesenthal 55. [1] Pind. Pyth. 11,34-36; Soph. El. 15-16; Eur. El. 14-18; Hyg. fab. 257. [2] Eur. Or. 407 u. ö.; »Heimkehr« des Hagias v. Troizen nach Prokl. chrest. 2,5 (Scriptores metrici Graeci ed. Westphal 1,1866, S. 240-241). [3] Aischyl. Choeph. 561-562; Eur. Iph. T. 95 u. ö. [4] Eur. Or. 1069-1099; Iph. T. 674-686; vgl. Pacuvius nach Cic. Lael. 7,24; Cic. fin. 2,79; Ov. Pont. 3,2,69-70.85-86. [5] Apostol. 13,54 (CPG 2,590): »οὐδὲν' Ὀρέστης πρὸς ἡμᾶς καὶ Πυλάδης« (Orest und Pylades sind nichts gegen uns); vgl. schon Greg. Naz. fun. or. Bas. 22,3; lat. z. B. Cic. fin. 2,84 »auch ohne diese pyladeshafte Freundschaft« (etiam sine hac Pyladea amicitia); weitere Stellen nennt Otto 258 (Nr. 1307) u. Nachträge 114.196. [R] Dramatische Bearbeitungen, Dichtungen, Opern und Ballette nennt Hunger 292-293.

Orgie

Taumel, Begeisterung, Ausschweifung; Orgien feiern: unkontrolliert sein, nicht mehr zurückzuhalten sein (z. B.: der Haß feierte Orgien); orgiastisch: ausschweifend, überschwenglich.

Orgien (Sg. O̲rgie, griech. Pl. ὄργια) waren religiöse Feste in den Kulten von Fruchtbarkeitsgottheiten, die nachts mit Musik, Tanz und sexueller Ausgelassenheit stattfanden. Das im Deutschen seit Ende des 18. Jh. eingeführte Wort spielt

somit stets abwertend auf kulinarisches Übermaß und sexuelle Ausschweifung an.

Ⓛ Duden 11,531; Grimm 13,1345; Rannacher 29.

orphisch

Gottbegeistert, schwungvoll.

Orpheus (Ὀρφεύς, lat. Orpheus) war der Sage nach ein thra-
kischer Sänger, der mit seinem großartigen Gesang Ordnung
unter die Menschen brachte, wilde Tiere zähmte und Bäume
und Felsen bewegte.[1] Sogar die Götter und Bewohner der
Unterwelt konnte er bezaubern, um von dort seine Gattin
Eurydike zurückzuholen, was jedoch letztlich scheiterte.[2]

Später galt Orpheus als Begründer der Orphik, einer dem
Dionysoskult nahestehenden Geheimlehre der archaischen
Zeit. Ihre Anhänger entwickelten eigene Vorstellungen von
Götterabstammung und Weltentstehung und vertraten die
Lehre von der Seelenwanderung. Die davon zeugenden 87
»Orphischen Hymnen« stammen in der erhaltenen Fassung
jedoch erst aus hellenistischer Zeit.

»Orphischer Gesang« und »orphische Zunge o. Sprache«
waren bei den Griechen für zauberhafte Ausstrahlung beim
Singen bzw. Reden sprichwörtlich; von Apostolios ist für
einen guten Redner die Wendung überliefert: »Du duftest
beim Reden nach der Kithara des Orpheus.«[3]

Aus Goethes Beschäftigung mit den orphischen Lehren
ging seine Gedichtsammlung »Urworte. Orphisch« hervor.

Ⓛ Duden 12,182-183; Rannacher 29; Wiesenthal 51. Weiterführende
Literatur bei Hunger 298. [1] Sen. Herc. Oet. 1052-1053; Hor. ars
391-393; Apoll. Rhod. 1,569-579. In der ihm zugeschriebenen Dich-

tung »Argonautica« nimmt Orpheus am Argonautenzug (→ Argonauten) teil. [2] Verg. Georg. 4,457-506; Ov. met. 10,1-85; Hor. c. 3,11,15-16. [3] Apostol. 16,56 (CPG 2,675-676); vgl. Wiesenthal 51. R Zur Fortwirkung des Orpheus in der Dichtung siehe Frenzel, Stoffe 573-579; Romane, Erzählungen, symphonische Dichtungen, Kantaten und Ballette nennt Hunger 297-298. In seinem ersten Lied von 1968 wünscht sich Reinhard Mey: »Ich wollte wie Orpheus singen.«

Ostrakismus

Verbannung oder Achtung eines Menschen, hartes Gericht oder Urteil; auch: Scherbengericht.

Der athenische Ostrakismos, das »Scherbengericht« (ὀστρακισμός, von ὄστρακον [Abstimmungsscherbe]; lat. ostracismus), wurde von Kleisthenes 508/507 v. Chr. als Schutz gegen eine erneute Tyrannis in Athen eingeführt. Jährlich im Frühling wurden die Bürger gefragt, ob »es gut scheine, die Tonscherbe mitzubringen«. Wurde dies bejaht, mußten mindestens 6000 Stimmberechtigte zusammenkommen und auf Tonscherben den Namen desjenigen schreiben, den jeder für gefährlich hielt und verbannt sehen wollte.[1] Wer die meisten Stimmen erhielt, mußte Athen für zehn Jahre verlassen, doch blieben Vermögen und Bürgerrechte unversehrt. Berühmte Betroffene (von insgesamt etwa 10 Verbannten) waren Aristides (483), Themistokles (471) und Kimon (461). Das Scherbengericht wurde 417 wieder abgeschafft.[2]

L Büchmann 361; Der neue Büchmann 438; Duden 12,410; Macrone 47; Rannacher 29-30. [1] Vier Tonscherben sind nach Rannacher 29 erhalten, darunter eine mit dem Namen des Themistokles. [2] Aristoteles führt das Scherbengericht als ein notwendiges Mittel an, um die Macht allzu überragender Einzelpersonen zu beschränken: Aristot. pol. 3,13 (Bekker 2,1284a). S Engl. »ostracism« (zuerst bei Robert

Greene, 1588, noch im speziellen Sinn; allgemein als »Verbannung« zuerst bei John Donne im frühen 17. Jh.), »to ostracize« (seit Andrew Marvell).

P

* Pall<u>a</u>dium

Heiliger Schutz, Wahrzeichen, Banner (z. B.: das P. der Freiheit).

Das Palladion (Παλλάδιον, wohl von παλλάς »Mädchen«; lat. Palladium) war bei den Griechen an mehreren Orten ein kleines, mit Waffen versehenes Holzbild der Göttin Pallas Athene, dem man den Schutz einer Stadt zuschrieb. Am bekanntesten ist das Palladion von Troja, das unter der Regierung des Ilus vom Himmel gefallen sein soll und die Stadt schützte.[1] Odysseus und Diomedes raubten es und brachten es nach Athen.[2]

[L] Büchmann 71; Rannacher 30. Weiterführende Lit.: Der Kleine Pauly 4,431-432. [1] Apollod. epit. 5,10; Dion. Hal. 1,68. [2] Apollod. epit. 5,13; Verg. Aen. 2,162-184; vgl. 9,149-152.

Pand<u>o</u>rabüchse

Unheilvolles, Gefährliches (z. B.: die P. der Zwietracht); auch: Büchse der Pandora/Büchse Pandoras; er ist wie die Büchse Pandoras: er ist allen Lastern ergeben.

Die von dem Schmiedegott Heph<u>ai</u>stos (lat. Vulcanus) aus Erde geschaffene und von den Göttern wunderschön ausgestattete Frau mit Namen Pandora (Πανδώρα, d. h. »die von allen Beschenkte«; lat. Pand<u>o</u>ra)[1] brachte als Strafe für den Feuerdiebstahl des Prometheus (→ prometheisch) in einem verschlossenen Gefäß jegliches Unheil zu den Menschen, die bis dahin sorgenfrei lebten. Epimetheus (»der hinterher Denkende«) hörte nicht auf die Warnungen seines Bruders Prometheus (»der Vorausdenkende«) und nahm die schöne Pandora von Hermes als vermeintliches Geschenk an.[2] Sie öffnete ihr Gefäß – nach Hesiod noch ein »Krug« (πίθος) –, aus dem daraufhin alle Krankheiten und Plagen herausströmten. Nur die (trügerische, keinen echten Trost bietende) Hoffnung behielt Pandora nach dem Willen des Zeus unter dem Deckel zurück.[3]

Nach Babrios (3. Jh.) wurde das Gefäß von Zeus den Menschen wohlwollend überlassen und enthielt alle guten Dinge; doch als ein Mensch es aus Neugier öffnete, flogen sie – bis auf die (hier positive) Hoffnung – zu den Göttern zurück.[4]

In der christlichen Tradition wurde Pandora mit Eva und ihr Gefäß mit der verbotenen Frucht der Sündenfallgeschichte verglichen. Auch Erasmus von Rotterdam (in seiner Sprichwörtersammlung »Adagia«, ab 1500) gestaltete Pandora als Verführerin des Epimetheus parallel zur biblischen Eva; er verwendete dabei als erster das Wort »pyxis« (lat. für »Büchse«),[5] woraufhin im Deutschen die »Büchse der Pandora« sprichwörtlich wurde.

[L] Büchmann 68; Duden 11,134; Duden 12,86; Rannacher 30; Röhrich 1,276; Rössing 122-123. Weiterführende Lit. bei Hunger 304-305. [1] Hes. Theog. 570-589; Erga 60-82. Nach Fulg. myth. 2,6 wurde Pandora von Prometheus (→ prometheisch) erschaffen. [2] Hes. erg. 83-93. [3] Hes. erg. 94-99. [4] Babr. 58. [5] Er. ad. 1,1,31 (»Malo accepto stultus sapit«). [R] Zur literarischen Fortwirkung des Pandoramotivs v. a. seit der Renaissance siehe Frenzel, Stoffe

587-591; dramatische und epische Bearbeitungen, Dichtungen, Romane, Chorwerke und Opern nennt Hunger 304; »Pandora«, Festspiel von Goethe (1808); »Die Büchse der Pandora«, Tragödie von Wedekind (1904). B Schlagzeile »Die offene Pandora-Büchse«, in: Der Spiegel 13 vom 29. 3. 99, S. 214. [5] Ndl. »dat is de doos van Pandora«.

panegyrisch

Feierlich, prahlerisch, schönrednerisch, übertrieben;
* Panegyrikus: feierliche, prunkvolle Rede; * Panegyriker/
Panegyrist: Verfasser einer Prunkrede.

Der »Panegyrikos logos« (Πανηγυρικὸς λόγος lat. Panegyricus) war eine oft übertriebene Festrede zum Lob einer Persönlichkeit, eines Volkes oder einer Begebenheit. Am bekanntesten ist der »Panegyrikos« des athenischen Redners Isokrates, der aber nur als politische Propaganda gegen Demosthenes verbreitet wurde und niemals tatsächlich gehalten worden ist.

L Rannacher 30-31.

Panik

Verwirrung, plötzlicher Schrecken, Bestürzung (z. B.: in P. geraten, jemanden in P. versetzen, P. hervorrufen/ erzeugen; auch: panischer Schrecken); panisch: verwirrt, bestürzt, erschrocken; es ist (jetzt) die Stunde des (großen) Pan: es herrscht völlige Mittagsstille; der große Pan ist tot: ein bedeutender Mensch ist gestorben.

Der gehörnte und bocksfüßige Hirtengott Pan (Πάν, »Papa« [Lallwort], Adj. Πανικός; lat. Pan, Gen. Panos o. Panis; Adj. Panicus) durchstreift mit den Nymphen[1] Berg und

Tal und jagt den weidenden Tieren oder den Menschen durch sein unvermutetes Erscheinen oder mit seiner Hirtenflöte (Syrinx) »panischen Schrecken« (griech. πανικὸν δεῖμα oder πανικὸς φόβος; sprich: panikon deima, panikos phobos) ein.[2] In der Mittagshitze ruht Pan eigentlich aus; in dieser »Stunde des Pan« sollen deshalb auch Mensch und Tier ruhen und störende Geräusche vermeiden. Auch sah man in Pan die Ursache für plötzliche und ansteckende, scheinbar unerklärliche Angst von Menschenmassen, z. B. in Heerlagern durch nächtlichen falschen Alarm.[3] Die Athener schrieben ihm die Flucht des Perserheeres bei Marathon zu und führten seinen Kult in Attika ein, von wo aus er sich über ganz Griechenland verbreitete.

Die deutsche Wendung »panischer Schrecken« (oder: panische Angst, panisches Entsetzen) ist eine Übersetzung des lateinischen »panicus terror« und kam im 16. Jh. auf,[4] wurde jedoch erst im 18. Jh. verbreitet.[5] Das deutsche Substantiv »Panik« wurde in der Mitte des 19. Jh. von englisch »panic« oder der ebenfalls jungen französischen Bildung »panique« übernommen.

Die Redewendung »Der große Pan ist tot« geht auf eine Erzählung Plutarchs zurück:[6] Dort hören Seefahrer vor einer Insel zwischen Korfu und Leukas eine Stimme, die den Steuermann beim Namen ruft und auffordert, an einen bestimmten Ort die Nachricht weiterzugeben: »Der Große Pan ist tot« (Πᾶν ὁ Μέγας τέθνηκε, sprich: Pan ho megas tetnäke); an der genannten Stelle angekommen, spricht er den Satz zur Erde und hört das Klagen vieler Stimmen. Diese Geschichte, von der es in Deutschland, England und Skandinavien zahlreiche Varianten gibt, mag zu der Reihe von Legenden über das Sterben eines Vegetationsgottes gehören.[7] Philosophisch-mystisch wurde Pan (nach griech. πᾶν =

alles) als Allgott gedeutet; in Spätmittelalter und Barock wurde der »große Pan« mit dem Teufel oder auch Christus identifiziert[8] und hat mit seiner Bocksgestalt – Pan ist offenbar nicht tot! – die Ikonographie des Teufels geprägt.

[L] Büchmann 70; Grimm 13,1422; Kluge 529; Rannacher 31; Röhrich 4,1130-1132 mit weiterführender Lit.; vgl. dazu auch Hunger 302. [1] Gelegentlich erscheint er auch als Anführer der Satyrn (→ Satyr) und Silene (→ Silen): Hunger 300. [2] Apollodor erklärt dies in Schol. Eur. Rhes. 36 mit den Geräuschen der Berge; Orph. h. 7.23; Paus. 10,23,7. Auch bei Cicero erscheint der »panische Schrecken« in der griechischen Form: πανικόν Cic. Att. 14,3,1 u. 16,1,4; πανικά Att. 5,20,3 u. fam. 16,23. Die Römer schrieben die Wirkungen des griechischen Pan dem Faunus zu: Dion. Hal. ant. 5,16,3. [3] Paus. 10,23,7; Cic. Att. 5,20,3; Eur. Rhes. 36-38; vgl. Xen. an. 2,219. [4] Johann Fischart, Gargantua (1575) 409 mit Zitat bei Röhrich 4,1132. [5] Belege siehe bei Grimm 13,1422. [6] Plut. def. or. 17 (mor. 419 b-d). [7] Hunger 301. [8] Hunger 301. [R] Dramatische Bearbeitungen, Hymnen, Dichtungen, Novellen, Kantaten, symphonische Dichtungen und Opern nennt Hunger 302. Eine Kunstzeitschrift um 1900 hieß »Pan«, ebenso eine neuere Kunstzeitschrift. [B] Johann Fischart, Dämonomania 51 (1581): »solt er zu wissen thun, das der Grose Pan gestorben sei … darum deiten den Pan vil auff christum« (157); Christoph Martin Wieland, Oberon 2,18: »Es ist so stille hier, als sei der große Pan gestorben«; Schiller, Räuber 2,3: »Ein panischer Schreck schmeißt alle zu Boden.« [S] Engl. »panic«; frz. »panique«.

Parasit

Schmarotzer, Mitesser; parasitisch/parasitär: mitessend, auf Kosten anderer lebend.

Bei den Griechen war der »Parasitos« (παράσιτος »beim Getreide [sitzend]«, lat. parasitus) ein Priester, der beim Kult des Apollon und des Herakles die Aufsicht über die Getreideopfer hatte und dafür einen Teil des Opfers erhielt. Daraus entwickelte sich später die Bedeutung, daß der »Parasit« faul auf Kosten anderer lebt (lat. parasitari »schmarotzen«).

In der griechischen und später römischen Komödie wurde der Parasit ab dem 4. Jh. v. Chr. zur stehenden Figur des Müßiggängers, der bei reichen Leuten als Spaßmacher oder Schmeichler sein Auskommen findet. Der Typus lebte in der italienischen Commedia dell'arte und im französischen Lustspiel weiter. Das deutsche Wort wurde im 18. Jh. über das französische »parasite« eingeführt.[1]

Ⓛ Grimm 13,1459; Röhrich 4,1374 s.v. schmarotzen. [1] Schiller schrieb ein Lustspiel »Der Parasit«. Ⓢ Frz. »parasite«.

* den Parnaß besteigen

Dichten; (lat.:) * gradūs ad Parnassum (»Stufen zum Parnaß«): Hilfe zur (dichterischen oder anderweitigen) Vervollkommnung.

Der Parnaß (Παρνασσός, lat. Parnassus), ein bis zu 2460 m hohes Gebirge in der Landschaft Phokis, an dem auch Delphi liegt, galt als bevorzugter Wohnsitz des Apollo und der neun Musen, die jede künstlerische Tätigkeit, insbesondere die Dichtung, unterstützten (vgl. → Muse).[1] Ende des 17. Jh. erschien in Köln ein verbreitetes Buch des Jesuiten Paul Aler (1656-1727) über lateinische Verskunst mit dem Titel »Gradūs ad Parnassum« (Stufen zum Parnaß).[2] In dessen Folge wurde die Wendung »den Parnaß besteigen« gleichbedeutend mit dichterisch-künstlerischer Tätigkeit. »Stufen zum Parnaß« wurde später für ähnliche lateinische, griechische oder andere Lehrwerke verwendet[3] und damit zur allgemeinen Bezeichnung eines Werkes, das zur Vervollkommnung auf einem bestimmten Gebiet beiträgt.

[L] Bartels 83; Büchmann 67.359; Duden 12,199; Rannacher 31.
[1] Nach dem homerischen Hymnus auf Apollo (Hom. h. 3,281-286)
baute sich der Gott am Fuße des Parnaß einen Tempel. [2] Das Werk
wird dem Jesuiten Chatillon zugeschrieben und wurde zuerst 1652 in
Paris unter dem Titel »Epithetorum et synonymorum thesaurus« veröf-
fentlicht, unter dem Titel »Gradus ad Parnassum sive novus thesaurus«
in Amsterdam 1683; die Erstausgabe von Aler erfolgte in Köln um
1680, unter seinem Namen zuerst 1699: Büchmann 359. [3] Beispielsweise für eine Kontrapunktlehre des österreichischen Komponi-
sten Johann Joseph Fux, 1725.

* Pegasusflug

**Dichterischer Höhenflug; * seinen Pegasus satteln/auf-
zäumen/sich auf den Pegasus schwingen/auf dem Pegasus
reiten/den Pegasus reiten/den Pegasus besteigen: dichten; Pegasus im Joche: das Genie eines Dichters verküm-
mert, da er aus Geldnot anderweitig arbeiten oder mit seiner Kunst profanen (z.B. politischen) Zwecken dienen
muß.**

Das geflügelte Pferd Pegasus (Πήγασος, lat. Pēgasus), Kind
des Poseidon und der Medusa (→ Medusenhaupt), ent-
sprang aus dem Rumpf seiner von Perseus getöteten Mutter.[1] Es wurde von dem korinthischen Helden Bellerophon
(→ Bellerophonsbrief) gezähmt, trug ihn im Kampf gegen
die Chimaira (Schimäre),[2] warf ihn jedoch auf dem Weg
zum Himmel ab und wurde zum Sternbild;[3] es wohnte auf
dem Olymp und trug für Zeus Blitz und Donner.[4] Durch
den Schlag seines Hufes entstand auf dem Berg Helikon, einem Kultort der Musen (→ Muse), die »Roßquelle«
Hippokrene (Ἱπποκρήνη o. Ἵππου κρήνη, daher dt. auch
»Hippukrene«)[5] – noch heute ein Brunnenschacht namens
Kriopigadi mit alter Einfassung und eiskaltem Wasser; diese

Quelle machte nach späterer Vorstellung jeden, der aus ihr trank, zum Dichter oder Sänger.[6]

Bei den Römern war Pegasus sprichwörtlich für seine Schnelligkeit.[7] In der Neuzeit dagegen wurde er als »Musenroß« zum Sinnbild dichterischer Inspiration. Die Wendung »Pegasus im Joche« stammt aus Schillers gleichnamigem Gedicht, in dem dieser die Zwänge kunstfremder Betätigung eines Dichters beklagt.[8]

[L] Büchmann 67.144; Duden 11,538-539; Duden 12,382; Rannacher 32; Röhrich 4,1146-1147; Rössing 124-125; Weiterführende Lit.: Pegasus und die Künste, hrsg. von Claudia Brink und Wilhelm Hornbostel, Katalogbuch zur Ausstellung im Museum für Kunst und Gewerbe Hamburg 8.4.-31. 5. 1993, München 1993; vgl. auch Röhrich 4,1147 und Hunger 310. [1] Hes. Theog. 280-286. [2] Hes. Theog. 325; Pind. Ol. 13,84-92. [3] Ps.-Eratosth. Catast. 18. [4] Hes. Theog. 284 (s.o.); Arat. 223-224. [5] Hes. Theog. 6; Arat. 216-223; Paus. 9,31,3; Ov. met. 5,257. [6] Vgl. Pers. Prologus 1; das Motiv dürfte aber älter sein. [7] Otto 271 (Nr. 1374) u. Nachträge 23.62. [8] Schiller, »Pegasus im Joche«, so betitelt in der Ausgabe der Gedichte Leipzig 1800-1803 (1,187); im »Musenalmanach für das Jahr 1796« erschien das Gedicht noch unter dem Titel »Pegasus in der Dienstbarkeit«: Röhrich 4,1147.

* den Pelion auf den Ossa türmen

Unmögliches versuchen, Himmel und Hölle in Bewegung setzen.

Der Pelion (Πήλιον, lat. Pēlion, Pēlios o. Pēlius) ist ein Gebirgszug an der Küste Thessaliens südlich des Berges Ossa (Ὄσσα, lat. Ossa). Im »Gigantenkampf« (→gigantisch) versuchten Otos und Ephialtes, riesenhafte Söhne des Aloeus oder des Poseidon, die Berge aufeinanderzutürmen, um den nahegelegenen Olymp zu erstürmen und die olympischen Götter zu stürzen, doch tötete sie Apollon mit Pfeilen.[1]

L Rannacher 32.   [1] Hyg. fab. 28.

Penelope-Arbeit

Immer wieder von vorn begonnene, nie abgeschlossene Arbeit (auch: Penelopearbeit).

Penelope (Πηνελόπεια »die das Gewebe Auflösende«; lat. Pēnelopa o. Pēnelopē), die Frau des Odysseus (→ Odyssee), hielt während der Abwesenheit ihres Mannes die um sie werbenden Freier hin, indem sie ein Totengewand für ihren alten Schwiegervater Laertes wob und sagte, daß sie sich nach dessen Fertigstellung entscheiden werde; nachts jedoch trennte sie das Gewand immer wieder auf und begann morgens erneut mit der Arbeit.[1]

Platon zitiert diese endlose Arbeit in seinem Dialog Phaidon, wo Sokrates über die philosophierende (d.h. sich immer wieder von körperlichen Bedürfnissen lösende) Seele spricht: »So dürfte wohl die Seele eines philosophischen Mannes denken und nicht meinen, daß die Philosophie sie zwar befreien müsse, wenn jene sie aber befreie, daß sie dann zulassen müsse, sich wieder an Lüste und Unlüste festzubinden und eine unaufhörliche Arbeit der Penelope zu betreiben, einen Webstuhl umgekehrt handhabend«:[2] So wie Penelope webt, um doch wieder aufzulösen, löst sich umgekehrt die Seele von Begierden, um sich doch wieder an sie zu binden.

Bei den Römern stand das »Gewebe Penelopes« (tela Penelopae) sprichwörtlich für etwas unaufhörlich und immer neu Betriebenes.[3]

L Büchmann 289-290; Der neue Büchmann 356-357; Duden 12,382; Otto 272-273 (Nr. 1379) u. Nachträge 62.78.200.284; Rannacher 32. Weiterführende Lit. siehe Hunger 316. [1] Hom. Od. 2,92-106, ähnlich 19,137-151. Vgl. Lukian. fug. 21 (die Philosophie klagt): »Ich erleide jenes Schicksal Penelopes: Denn soviel ich ja zuende webe, dieses wird in ganz kurzer Zeit wieder aufgelöst.« [2] Plat. Phaed. 84a: »[...] καὶ ἀνήνυτον ἔργον πράττειν Πηνελόπης τινὰ ἐναντίως ἱστὸν μεταχειρι φομένης.« [3] Beispielsweise Cic. Ac. 1 95: »gleichsam das Gewand Penelopes wieder auftrennend« (quasi Penelopae telam retexens); zahlreiche weitere Stellen nennt Otto 272-273 (Nr. 1379) u. Nachträge 62.78.284. R Dramatische Bearbeitungen, Dichtungen, Romane, Kantaten und Opern über Penelope allgemein nennt Hunger 316.

* Penthesilea

Kriegerische, streitlustige Frau.

Penthesilea (griech. Πενθεσίλεια, lat. Penthesilea) war Tochter des Ares und Königin der Amazonen (→ Amazone). Im Trojanischen Krieg kommt sie nach Hektors Tod den Trojanern zu Hilfe und drängt die Griechen zu ihren Schiffen zurück.[1] Doch wird sie schließlich von Achilleus getötet, der jedoch von ihrer Schönheit hingerissen wird.[2] Der römische Dichter Properz besingt die Szene, wie die besiegte Königin Achill mit ihrer Schönheit besiegt, als dieser ihr den Helm abzieht: »Einst versuchte sie, wild zu Pferde mit Pfeilen | die Schiffe der Danaer zu bestürmen, die Mäotierin [Mäotis: Asowsches Meer] Penthesilea; | als ihr der goldene Helm das Gesicht freigab, | besiegte den siegreichen Mann die strahlende Schönheit.«

L Rannacher 32-33. Weiterführende Lit.: G. Méautis, Penthesilée, in: Mythes inconnus de la Grèce antique, Paris 1949, 68-75. [1] Diod. 2,46,5; Q. Smyrn. Buch 1. [2] Apollod. epit. 5,1; Q. Smyrn. 1,629-674; Schol. Lycophr. 999. Bei Ptolemaios Xennos tötet hingegen Penthesilea Achill, der durch Vermittlung seiner Mutter wieder zum Leben erweckt wird und sich an der Amazone rächt: Scriptores poeticae historiae Graeci ed. Westermann (1843) S. 195,7-9. [3] Prop. 3,11,13-16: »ausa ferox ab equo quondam oppugnare sagittis | Maeotis Danaum Penthesilea rates; | aurea cui postquam nudavit cassida frontem, | vicit victorem candida forma virum.« R Dramatische Bearbeitungen: Heinrich v. Kleist, Penthesilea (Trauerspiel von 1808); A. Q. Scudder (geb. 1898), Woman's victory. Epen, Dichtungen, symphonische Dichtungen und Opern nennt Hunger 317.

* Peripatetiker

Munterer, beweglicher Kerl, Mensch ohne Sitzfleisch.

Aristoteles pflegte seine Schüler zu unterrichten, indem er mit ihnen in den Wandelgängen (περίπατοι) seiner Schule auf und ab ging. Seine Schüler und späteren Anhänger werden daher »Peripatetiker« (»Umherwandler«) und seine Philosophenschule »Peripatos« oder die »peripatetische« Schule genannt.

Die scherzhafte Bezeichnung eines unruhig umherlaufenden Menschen als »Peripatetiker« ist im Englischen (»peripatetic«) seit dem 16. Jh. belegt;[1] im Deutschen dürfte dieser Gebrauch erst im 19. oder 20. Jh. übernommen worden sein.

L Macrone 103; Rannacher 33. [1] Metaphorisch für »ständig in Bewegung« seit dem späten 16. Jh., z. B. John Moore, 1617: »The devil is a Peripatetic ... always walking and going about, seeking whom he may ensnare« (Macrone 103); heutzutage z. B. als Schlagzeile der New York Times am 25. 1. 1989: »A Peripatetic President« (über den Jogging betreibenden US-Präsidenten George Bush; nach Macrone 103).

der steile Pfad der Tugend

Ein arbeitsvolles, moralisch einwandfreies Leben (z.B.:
auf den s. P. d. T. zurückkehren; auch ohne das Adjektiv
»steil«, z.B.: auf dem P. d. T. wandeln, vom P. d. T.
abweichen).

Der frühgriechische Dichter Hesiod mahnt in seinem Lehr-
gedicht »Werke und Tage« seinen bequemlichen Bruder Per-
ses mit den Worten: »Vor die Tugend aber haben die un-
sterblichen Götter den Schweiß | gesetzt; lang und steil ist
der Weg zu ihr | und steinig zuerst; aber sobald man den
Gipfel erreicht hat, | ist er dann leicht, obwohl er schwierig
war.«[1] Der Pfad ist hier noch ein Weg *zur* Tugend, der nach
Hesiod in harter Arbeit besteht und den redlichen Menschen
der Tugend näher bringt. Daneben hat sich das griechische
Sprichwort »Mühsam ist das Gute« überliefert, in dem das
tugendhafte Handeln selbst als schwierig bezeichnet wird.[2]
   Aus römischer Zeit ist eine Fülle lateinischer Formulierungen – teils von einem mühsamen Weg zur Tugend, teils
von ihrer eigenen Mühseligkeit – erhalten;[3] am bekanntesten ist das Sprichwort »per aspera ad astra«, dessen erster Beleg jedoch nicht nachweisbar ist.[4] Ihm entsprechen
die deutschen Sprichwörter »Der Weg zum Himmel führt
durch Kreuzdorn« und »Durch Gedränge zum Gepränge«.
In der sprichwörtlichen Redensart vom »steilen Pfad der
Tugend«[5] ist der Sinn dagegen ganz zu einem Pfad *der* Tugend verschoben, in der man sich nun zwar bereits befindet,
die zu praktizieren jedoch bekanntlich einige Mühe bereitet.

[L] Bartels 135-136; Duden 11,541; Otto 36 (Nr. 161) u. Nachträge
43.261-262; Röhrich 4,1154-155. [1] Hes. erg. 289-292: »τῆς δ'
ἀρετῆς ἱδρῶτα θεοὶ προπάροιθεν ἔθηκαν | ἀθάνατοι· μακρὸς δὲ καὶ

ὄρθιος οἶμος ἐς αὐτήν | καὶ τρηχὺς τὸ πρῶτον· ἐπὴν δ' εἰς ἄκρον
ἵκηται, | ῥηιδίη δὴ ἔπειτα πέλει, χαλεπή περ ἐοῦσα.« [2] Zenob.
6,38 (CPG 1,172-173): »Χαλεπὰ τὰ καλά«; ebenso Greg. cypr. Leid.
3,30 (CPG 2,89). [3] Beispielsweise Sen. de ira 2,13,1: »Steil und
rauh ist der Weg zu den Tugenden«; eine Fülle weiterer lat. Belege bietet
Otto 36 (Nr. 161) u. Nachträge 43.261-262. [4] Vgl. Bartels 135-
136 mit teilweise ähnlichen lat. Stellen. [5] Im Ansatz zuerst belegt bei
Johann Friedrich Cronegk (1731-1758): »Warum hab ich den Pfad der
Tugend nicht erlesen?« nach Grimm 13,1583.

nach jemandes Pfeife tanzen

Jemandem widerstandslos gehorchen.

In der äsopischen Fabel »Der flötenspielende Fischer«[1] versucht ein Fischer mit seinem Flötenspiel die Fische an Land
zu locken. Als dies vergeblich bleibt, legt er die Flöte beiseite,
wirft die Netze aus und fängt viele Fische. Sein Kommentar
lautet daraufhin: »Ihr schlimmes Getier! Als ich flötete, tanz-
tet ihr nicht, jetzt, da ich aufgehört habe, tut ihr's!«[2] Was also
die Fische auf Befehl nicht tun wollten, müssen sie jetzt unter
Zwang tun. Herodot berichtet, daß der Perserkönig Kyros
diese Fabel zornig den ionischen Griechen erzählt habe, als
sie sich ihm zuerst nicht unterwerfen wollten, nach dem Fall
des Lyderreiches dies hingegen bereitwillig anboten.[3]

Der Evangelist Matthäus zitiert, aber wohl aus rabbini-
scher Quelle,[4] ein entsprechendes Wort, um die Verstockt-
heit der Menschen zu bezeichnen: »Wir haben euch aufge-
spielt, und ihr wolltet nicht tanzen.«[5] Daraus ist dann die
deutsche Redensart »nach jemandes Pfeife tanzen« entstanden.[6]

[L] Büchmann 294; Der neue Büchmann 360; Duden 11,542-543; Duden 12,351; Rannacher 33; Röhrich 4,1161-1162. [1] Nr. 27 Halm =
Nr. 11 Hausrath/Hunger. [2] Griech.: »Ὦ κάκιστα ζῷα, ὑμεῖς, ὅτε

μὲν ηὔλουν, οὐκ ὠρχεῖσθε, νῦν δέ, ὅτε πέπαυμαι, τοῦτο πράττετε.«
[3] Hdt. 1,141. [4] D. Zeller, Die Bildlogik des Gleichnisses Matth.
11,16f./Luk. 7,31f., in: Zeitschrift für neutestamentl. Wiss. 68, 1977,
252-257. [5] Matth. 11,17; vgl. Luk. 7,32: »Wir haben euch aufge-
spielt, und ihr habt nicht getanzt.« [6] Vgl. die Beispiele ab dem
16. Jh. bei Grimm 13,1643. ⑤ Engl. »to dance to someone's tune«
(Voss 87).

* Phäakendasein

Sorgenfreies Dasein, Leben in Saus und Braus (auch:
Phäakendasein, Phäakentum); phäakisch: paradiesisch;
* Phäakenland: Märchenland; * die Phäaken an der
Donau: die Wiener.

Die Phäaken (oder Phaiaken, griech. Φαίακες, lat. Phaeā-
cēs) sind in Homers → »Odyssee« die leichtlebigen und
glücklichen Bewohner der Insel Scheria, bei denen Odysseus
Schiffbruch erleidet und im Palast von seinen Abenteuern
erzählt.[1] Der Phäakenkönig Alkinoos selbst schildert sein
Volk dort als luxusliebend: »Immer sind uns lieb Gelage,
Saitenspiel und Tänze, | und Kleider zum Wechseln, warme
Bäder und Ruhebetten.«[2] Er gibt Odysseus ein Schiff, um in
die Heimat zurückzukehren.

Das Land der Phäaken ist bisher am glaubhaftesten in
Süditalien (Kalabrien) lokalisiert worden.[3] Das homerische
Bild des märchenhaften Seefahrervolkes könnte an eine tatsächliche bronzezeitliche Kultur in dieser Gegend anknüp-
fen.

Schon der römische Dichter Horaz verwendet die Bezeichnung »Phäake« für »Genußmensch« in einem Brief, in
dem er sich bei einem Freund nach süditalischen Städten er-
kundigt: »... so daß ich fett und als Phäake von dort heim-
kehren kann«.[4]

L Otto 12 (Nr. 54); Rannacher 34. [1] Hom. Od. Gesänge 6-13. [2] Hom. Od. 8,248-249. [3] Armin und Hans-Helmut Wolf, Die wirkliche Reise des Odysseus, München 3. Aufl. 1990,138-141. [4] Hor. epist. 1,15,24: »pinguis ut inde domum possim Phaeaxque reverti.« Für Stellen, in denen für die Phäaken deren König Alcinous genannt wird, siehe Otto 12 (Nr. 54). R Roman: E. Schnabel, Der 6. Gesang (1956).

* Phaethonsflug

Zu tollkühnes Unternehmen, die menschlichen Kräfte übersteigende Aufgabe (auch: phaethonischer Zug, phaethonische Gelüste).

Phaethon (griech. Φαέθων: »der Leuchtende«), Sohn des Sonnengottes Helios und der Klymene,[1] ließ sich als Beweis seiner Abkunft von seinem Vater die Erfüllung eines Wunsches zusagen; daraufhin erbat und erhielt er von Helios die Erlaubnis, einen Tag lang den Sonnenwagen lenken zu dürfen. Dabei verlor er die Kontrolle über das Viergespann mit dem Sonnenwagen, der der Erde zu nah kam und sie in der Äquatorgegend verbrannte. Um das Schlimmste zu verhindern, zerschmetterte Zeus Phaethon mit seinem Blitz und ließ ihn in den Eridanos, einen fabelhaften Fluß im Westen Europas, stürzen.[2]

Seit Mitte des 18. Jh. nannte man in Anspielung auf diesen Mythos eine zweirädrige, leichtgebaute und offene Kutsche »Phaeton« (nach frz. »phaéton«);[3] noch in den 1920er Jahren nannte sich ein hohes, leichtes Wagenmodell mit vier Rädern und vier Sitzen »Phaethon«. Die Begriffe »Phaethonsflug« und »phaethonisch« stammen vermutlich aus dem 19. Jh.

L Rannacher 33. Für weiterführende Lit. vgl. Hunger 326. [1] Lukian. dial. deor. 25,2; Ov. met. 2,19; Hes. Theog. 986-991. [2] Die

Geschichte wird so erzählt von Ov. met. 2,1-332; weitere Quellen: Lucr. 5,396-405; Diod. 5,23,2-3. [3] Vgl. Grimm 13,1820. R Euripides schrieb eine Tragödie »Phaethon«, von der Fragmente erhalten sind: Fr. 771-786 TGrF. Spätere Dramen, Dichtungen, Romane, symphonische Dichtungen und Opern nennt Hunger 325-326.

Phalanx

Fester Zusammenschluß, Kampfbündnis.

Die Phalanx (griech. φάλαγξ, lat. phalanx) war die bei Griechen und Römern übliche geschlossene Kampfstellung des Fußvolks, bei der jeder seinen Nachbarn durch seinen Schild mitdeckte.

Das deutsche Wort »Phalanx« begegnet seit dem 18. Jh. zugleich im eigentlichen Sinne (z. B. bei Klopstock und Wieland) und vereinzelt auch als Bild für ein festes Bündnis (bei Goethe und Schiller).[1]

L Grimm 13,1820-1821; Rannacher 33-34. [1] Vgl. die Belegstellen bei Grimm 13,1820-1821.

* Philemon und Baukis

Altes, einmütig zusammenlebendes Ehepaar.

Philemon (Φιλήμων, lat. Philēmon oder Philēmo) und seine Frau Baukis (Βαῦκις, lat. Baucis) sind bei Ovid[1] ein phrygisches Bauernehepaar, das die Götter Zeus und Hermes, die sonst überall abgewiesen wurden, in ihrer armseligen Hütte freundlich aufnahm und bewirtete. Dafür verschonten die Götter sie von einer Flut, verwandelten ihre armselige Hütte in einen Tempel, machten die beiden zu dessen Hütern und gewährten ihnen die Gnade, in hohem Alter gleichzeitig zu sterben. Dann wurde Philemon in eine Eiche, Baukis in eine Linde verwandelt.

Die Sage knüpft wohl an tatsächliche phrygische Baumkulte an und ist mit den weit verbreiteten Motiven der unter Menschen wandernden Götter und der Sintflut verbunden.

L Büchmann 72; Rannacher 34. Weiterführende Lit. bei Hunger 330, ferner E. Frenzel, Stoffe der Weltliteratur, 2. Aufl. S. 517 f. [1] Ov. Met. 8,611-724. R Die Fortwirkung des Motivs in der Literatur behandelt ausführlich Frenzel, Stoffe 611-613; dramatische Bearbeitungen, Dichtungen und Opern nennt Hunger 329. Philemon und Baukis erscheinen auch in Goethes Faust II, 5. Akt. In dem Lied »Mein Testament« wünscht sich Reinhard Mey für sich und seine Frau das Schicksal von Philemon und Baukis.

Bei Philippi sehen wir uns wieder!
Bei nächster Gelegenheit werde ich mich rächen.

Bei der makedonischen Stadt Philippi (Φίλιπποι) besiegten Octavian und Antonius im Jahre 42 v. Chr. die Caesarmörder Brutus und Cassius, womit sie den Tod Caesars rächten und sein politisches Erbe antraten. Nach Plutarch[1] sah Brutus einige Zeit vor dieser Schlacht in der Nacht den furchteinflößenden Geist eines großen Mannes, der zu ihm sprach: »Ich bin, Brutus, dein böser Daimon; und du wirst mich bei Philippi sehen.«[2] In der Schlacht erschien der Geist tatsächlich erneut, wodurch Brutus sein Schicksal erkannte und kurz darauf ums Leben kam.

Shakespeare hat in seinem »Julius Caesar« (1599) den »Dämon« als den Geist Caesars gedeutet und ausgestaltet; dieser antwortet auch dort dem Brutus auf dessen Frage, weshalb er komme: »Um dir zu sagen, daß du zu Philippi mich sehen sollst«.[3]

Ⓛ Büchmann 265; Duden 11,547; Röhrich 4,1179. [1] Plut. Caes. 69,6-14. [2] Plut. Caes. 69,11: »ὁ σὸς, ὦ Βροῦτε, δαίμων κακός· ὄψει δέ με περὶ Φιλίππους«; vgl. Er. ad. 1,1,72. [3] Shakespeare, Julius Caesar 4. Akt, 3. Szene: »(Brutus:) Why com'st thou? | (Ghost:) To tell thee thou shalt see me at Philippi. | (Brutus:) Well, then I shall see thee again? | (Ghost:) Ay, at Philippi. (Brutus:) Why, I will see thee at Philippi then.«

Philippika

Feurige Anklagerede.

Den makedonischen König Philipp II. (Φίλιππος »Pferde-freund«; lat. Philippus) bekämpfte der athenische Redner Demosthenes (384-322 v. Chr.) in drei »philippischen Reden« (Φιλιππικά, 351-341 v. Chr.). In Anspielung darauf nannte M. Tullius Cicero (106-43 v. Chr.) seine 14 flammenden Reden gegen Marcus Antonius in seinem Briefwechsel mit Marcus Brutus »Philippische [Reden]« (lat. Philippicae), was daraufhin zur »offiziellen« Bezeichnung wurde.[1]

In diesem Sinne einer leidenschaftlichen Rede übernahm den Ausdruck der Kirchenvater Hieronymus (348-420 n. Chr.) in dem Abschlußsatz eines Mahnbriefs an einen Freund: »Und ich wünsche mir, wenn es möglich ist und wenn es meine Gegner zulassen, daß ich dir eher Kommentare zu biblischen Büchern als Philippiken des Demosthenes und des Tullius schreibe.«[2]

Ⓛ Büchmann 318; Duden 12,384; Otto, Nachträge 89; Rannacher 34. [1] Cic. ad Brut. 4,2: »Ich sehe, daß du an meinen Philippica Freude hast« (te video delectari Philippicis nostris); Antwort des Brutus 3,4: »Ich gebe zu, daß sie geradezu Philippika genannt werden müssen, wie du in einem Brief scherzhaft geschrieben hast« (iam concedo, ut vel Philippici [sc. libelli] vocentur, quod tu quadam epistola iocans scripsisti). [2] Hieron. epist. 57,13 (PL 22,579): »Optoque, si fieri potest, et si adversarii siverint, Commentarios potius Scripturarum, quam Demosthenis et Tullii Philippicas tibi scribere.«

wie ein Phönix aus der Asche auferstehen

Aus völliger Vernichtung wieder aufleben; auch parodiert zu: wie ein Phönix aus der Patsche.

Der Phönix (Φοῖνιξ, lat. phoenix) war ein sagenhafter orientalischer Vogel, der, wenn er seinen Tod herannahen sah, sich im eigenen Nest verbrannte und durch die Strahlen der Sonne jung und schön wiederauferstand. Schon die Ägypter verehrten einen bachstelzen- oder reiherartigen Phönix im Zusammenhang mit dem Kult des Sonnengottes Re in Heliopolis. Vielleicht weil der nach der Flut neu erscheinende Boden von Vögeln bedeckt war, wurde der Phönix als Verkörperung oder Seele des sich erneuernden Fruchtbarkeitsgottes Osiris angesehen. In der Kunst steht er oft als Symbol für die Sonne.

In der griechischen Literatur erscheint der Phönix zuerst in einem Hesiod-Fragment, wo sein Alter mit 972 Menschenaltern angegeben wird.[1] Daraufhin erzählte Herodot die Geschichte des Phönix, der jeweils nach 500 Jahren seinen Vater zur Bestattung ins ägyptische Heliopolis bringe.[2] Von der Selbstverjüngung des Vogels berichtet erst der Römer Plinius.[3] Nach Laktanz[4] (um 300 n. Chr.) führt der Phönix zusammen mit Phoebus ein paradiesisches Leben im fernen Osten; nach 1000 Jahren (nach anderen nach 500 oder 1461 Jahren) sucht er die Welt des Todes auf, indem er sich in Syrien auf eine Palme setzt, auf ihr ein Nest baut und sich darin von der Sonne entzünden und verbrennen läßt. Aus der Asche entsteht zunächst ein Wurm, der sich nach einigem Wachstum in ein Ei verwandelt, aus dem der junge

Phönix schlüpft. Nach Claudian (370-404 n. Chr.) steht der verjüngte Phönix hingegen direkt aus der Asche auf.[5] Seit dem 2. Jh. fand der Phönix durch frühchristliche Dichter, Kirchenväter und das allegorische Tierbuch »Physiologus« in die christliche Symbolik Eingang (er verkörpert Christi Tod und Auferstehung)[6] und findet sich später auch vielfach in Volksmärchen und natürlich in Kunst und Literatur.[7] Der chinesische »Phönix« ist ebenfalls ein Sagenvogel, hat jedoch Pfauen- oder Fasanengestalt und hat mit dem ägyptisch-europäischen Phönix nichts zu tun.

Sprachliche Vergleiche mit dem auferstehenden Phönixvogel zogen schon die römischen Dichter Martial und Statius.[8] Im Deutschen wurde der Phönix zuerst von Konrad von Megenberg im 14. Jh. beschrieben und ab dem 16. Jh. auch als Symbol für Wiederauferstehung oder auch für einzigartige Schönheit verwendet.[9] Schiller dichtete z. B.: »Du siehst die Liebe aus des Hasses Flammen | wie einen neu verjüngten Phoenix steigen.«[10]

[L] Büchmann 72-73; Duden 11,547; Duden 12,384-385; Grimm 13,1833-1834; Otto, Nachträge 20; Rannacher 34; Röhrich 4,1180-1181; Stichwörter 92-98 u. Komm. 145-154. [1] Fr. 304 Merkelbach-West aus Plut. def. or. 11 (mor. 415c). [2] Hdt. 2,73. [3] Plin. nat. 10,2,3-5. [4] Lact. De ave Phoenice. [5] Claud. De ave Phoenice (ed. Hall, carmina minora 27 S. 369-373). [6] Tert. carn. 13 (CSEL 47,42,5-16). [7] Näheres bei Röhrich 4,1181. [8] Martial. 5,7,1; Stat. silv. 2,4,36-37. [9] Vgl. die Belege bei Grimm 13,1833-1834. [10] Die Braut von Messina 1,6. [B] Johann Riemer (1648-1714), Der politische Stockfisch, Merseburg 1681, V. 357: »Mein Fromsein machte mich zum Phönix in dem Lande, | nachdem ich aber mich in böser Glut verbrennt, | so gibt die Asche nichts als Eulen voller Schande.« Als Inbegriff der Schönheit erscheint der Phönixvogel bei August von Kotzebue, »Bäbbel oder aus zwei Übeln das kleinste. Historische Posse in Einem Akt« (Werkausgabe Stuttgart 1822), Bd. 7,55 (Der Zollvisitator Bäbbel und ein Seemann, dessen Frau gerade Selbst-

mord begangen hat): »[Bäbbel:] Na, laß er's gut seyn. War denn seine
Frau ein Phönix? [Seemann:] Ein Rabe war sie.«

platonische Liebe

Geistige, nicht sexuelle Liebe; platonisch lieben: geistig
lieben; * Platoniker: Tugendwächter.

Bei Platon (Πλάτων, lat. Platō), dargestellt im »Symposion«
und im »Phaidros«, ist der wahre »Eros« (der Liebesgott
Ἔρως, von griech. ἔρως »Liebe«) vor allem die Liebe zur
wahren Erkenntnis und zur reinen Idee des Schönen; der
Liebende wird zwar auch von der physischen Schönheit
des Geliebten angezogen, wendet sich dann aber dessen innerer Schönheit zu, die er schließlich als Ausfluß der höhe-
ren, göttlichen Idee des Schönen erkennt. Daher nennt man
»platonisch« eine solche Liebe, die nicht so sehr eine körperliche Anziehung wie die Hinwendung zu Seele und Charakter des Geliebten darstellt.

Die lateinische Wendung »amor platonicus« wurde im
15. Jh. von dem italienischen Philosophen Marsilio Ficino
geprägt und bezeichnete zunächst die Neigung zur Päde-
rastie, später das Fehlen sexuellen Verlangens zugunsten
geistiger Liebe. Im Deutschen erhielt »platonisch« diese Bedeutung wohl im 18. Jh. und findet sich bei August Friedrich Ernst Langbein (1757-1835): »Der bisherige platonische
Liebhaber verwandelte sich in einen wollüstigen Faun.«[1]
Wilhelm Busch formulierte skeptisch: »Platonische Liebe
kommt mir vor wie ein ewiges Zielen und Niemalslosdrük-
ken.«[2]

[L] Büchmann 306; Der neue Büchmann 372; Duden 12,385; Grimm
13,1900-1901; Macrone 92-93; Rannacher 35; Röhrich 4,1188 mit
weiterführender Lit. [1] Nach Grimm 13,1900, der weitere Belegstel-

len bietet. [2] Duden 12,385. ⑤ Engl. »platonic love« (seit dem
17. Jh., stets im Sinne geistiger Liebe, so definiert z. B. von John Norris,
1678).

post festum

(lat. »nach dem Fest«, griech. κατόπιν ἑορτῆς): zu spät,
wenn alles schon vorüber ist.

Dieser Ausdruck stammt aus Platons Dialog »Gorgias«: Sokrates kommt dort zu einem Fest bei dem reichen Kallikles,
trifft aber, weil er unterwegs von Chairephon aufgehalten
wurde, mit ihm erst »nach dem Fest« ein, als der Haupt-
redner Gorgias schon gesprochen hat.[1] Die schon dort als
sprichwörtlich zitierte Wendung wurde auch später in Form
der Anrede »Du kommst nach dem Fest« (griech. Κατόπιν
ἑορτῆς ἥκεις, sprich: katopin heortās hākäis) für jemanden
gebraucht, der irgend etwas Schönes verpaßt hat.[2] Lateinisch spielte wohl Varro im 1. Jh. v. Chr. mit der Wendung
»cena comessa« (nach Verzehr des Essens) darauf an.[3]

Im deutschen Sprachraum hat sich kein deutsches Äquivalent, sondern nur die nachantike lateinische Übersetzung
»post festum« verbreiten können.[4]

Ⓛ Büchmann 305; Der neue Büchmann 371; Duden 12,387-388.
[1] Plat. Gorg. 447 a: »Also sind wir doch, wie man sagt, ›nach dem
Fest‹ gekommen und verspäten uns?« (Ἀλλ’ ἦ τὸ λεγόμενον κατόπιν
ἑορτῆς ἥκομεν καὶ ὑστεροῦμεν). [2] Diogen. 5,73 (CPG 1,265);
Apostol. 9,44 (CPG 2,472). [3] Varro rust. 2,1,11. [4] Zuerst belegt
Er. ad. 1,9,52.

Prokrustesbett

Form, in die etwas gewaltsam hineingepreßt wird, unangenehme Zwangslage (z. B.: jemanden auf das P. spannen/in ein P. zwängen).

Prokrustes (Προκρούστης, d. h. »Strecker«, lat. Procrūstēs) war in der griechischen Sage der Beiname des riesenhaften attischen Wegelagerers Damastes, der in Hermos in der Nähe von Eleusis die Wanderer ausplünderte. Vor allem aber warf er sie auf ein sehr langes oder sehr kurzes Bett, um sie dem langen durch Strecken oder Klopfen bzw. dem kurzen durch Abhacken brutal anzupassen. Doch fiel auch Prokrustes selbst seinem eigenen Bett zum Opfer: Der athenische Held Theseus tötete ihn, als er auf ihn traf, auf gleiche Weise.[1]

Ⓛ Büchmann 71; Duden 12,389; Rannacher 35; Röhrich 4,1204; Rössing 122; Stichwörter 48-50 u. Komm. 78-84.   [1] Diod. 4,59,5; Paus. 1,38,5; Plut. Thes. 11.   Ⓡ Dramen, Epen, Dichtungen und Romane und Opern mit dem Helden Theseus werden genannt bei Hunger 404.

prometheisch

Kraftvoll, kühn, aufbegehrend; oder auch: duldend, unversöhnlich; *Prometheusfunken: göttliche Erleuchtung, Eingebung; *Prometheusnatur: schöpferischer, aufstrebender Geist.

Der Titan Prometheus (Προμηθεύς, »der Vorausdenkende«; lat. Prometheus) bildete die ersten Menschen aus Wasser und Lehm und half ihnen auf listige Weise gegenüber den Göttern: Bei einem Opfer in Mekone überlistete er Zeus beinahe, indem er ihm das gute Fleisch und die Eingeweide in einem Rindermagen und die wertlosen Knochen in glänzender Fetthaut vorsetzte; Zeus durchschaute den Betrug, wählte aber dennoch die Knochen: So wurde mythisch erklärt, weshalb beim Opfer seither nur die Knochen dargeboten werden.[1] Außerdem stahl Prometheus für die Menschen das Feuer als Funken in einem Halm;[2] dafür wurde er auf Befehl des Zeus an einen Felsen im Kaukasus geschmiedet, und ein Adler hackte ihm die nachts stets nachwachsende Leber aus.[3] Unversöhnlich wies er jeden Versuch der Götter zurück, zwischen ihm und Zeus zu vermitteln; erst nach 30 000 Jahren[4] versöhnte er sich mit Zeus, so daß in dessen Auftrag Herakles den Adler tötete und Prometheus befreite.[5]

Die Figur des Prometheus steht für den letztlich erfolglosen, aber doch ungebrochenen Widerstand gegen ungerechte Gewaltherrschaft; so läßt ihn Goethe am Schluß seines Gedichts »Prometheus« zu Zeus sprechen: »Hier sitz' ich, forme Menschen | Nach meinem Bilde, | Ein Geschlecht, das mir gleich sei, | Zu leiden, zu weinen, | Zu genießen und zu freuen sich, | Und dein nicht zu achten, | Wie ich!«

[L] Rannacher 35-36. Weiterführende Lit. bei Hunger 356. [1] Hes. Theog. 535-564. [2] Hes. Theog. 565-569; erg. 47-52; Aischyl. Prom. 107-113; Plat. Prot. 321d-322a; Hyg. fab. 144. [3] Hes. Theog. 521-525. [4] Mythogr. Vat. 2,64. 30 Jahre: Hyg. fab. 54.144. 13 Generationen: Aischyl. Prom. 774. [5] Diod. 4,15,2; Paus. 5,11,6; Apollod. bibl. 2,5,11,10. [R] Von Aischylos' Prometheus-Trilogie ist nur der zweite Teil, »Der gefesselte Prometheus«, erhalten; von dort aus hat der Stoff breite Wirkung in der Literatur entfaltet; siehe dazu ausführlich Frenzel, Stoffe 622-627. Dramen, Epen, Dichtungen, Romane, Erzählungen, symphonische Dichtungen, Oratorien, Opern und Ballettmusik nennt Hunger 354-356. Johann Wolfgang Goethe, Prometheus (Gedicht, s. o.; auch ein Dramenfragment von 1773); Gerhart Hauptmann, »Promethidenlos« (episches Erstlingswerk von 1885).

* Proteusnatur

Wandelbarer, unzuverlässiger Mensch (auch einfach:
* Proteus); proteushaft: wechselhaft, sich schnell verwandelnd.

Proteus (Πρωτεύς, lat. Proteus), ein weissagender Meeresgott, hütete auf der ägyptischen Mittelmeerinsel Pharos die Robben seines Vaters Poseidon. Von ihm hatte er die Fähigkeit erhalten, sich in alle beliebigen Gestalten zu verwandeln; nur dem, der ihn bei der Verwandlung mit starker Hand festhielt, erschien er in seiner menschlichen Gestalt und weissagte ihm die Zukunft. Dies erreichte von ihm Menelaos auf seinem Heimweg von Troja mit Hilfe seiner Tochter Eidothea: Nach verschiedenen Verwandlungen (in Löwe, Schlange, Panther, Eber, Baum, Wasser) gab sich Proteus geschlagen und beantwortete Menelaos alle Fragen.[1]

Bei den Römern wurde Proteus zum Sinnbild der Wandelbarkeit und schlauen Geschicklichkeit.[2] So findet er sich auch im 2. Jh. bei dem griechischen Schriftsteller Lukian.[3]

[L] Büchmann 65.290; Otto 289 (Nr. 1478); Rannacher 36. [1] Alles Genannte findet sich bei Hom. Od. 4,349-570, bes. V. 416-419 u. 455-459. Nach anderer Überlieferung war Proteus König von Ägypten: Eur. Hel. 46; Apollod. epit. 3,5. [2] Beispielsweise Hor. s. 2,3,71: »Dennoch wird diesen Fesseln der freche Proteus entgehen«; eine Fülle weiterer Stellen nennt Otto 289 (Nr. 1478). [3] Lukian. sacr. 5 (über die vielfältigen Erscheinungsformen des Liebhabers Zeus): »... und ganz und gar bunter [d. h. verwandlungsfähiger] als Proteus selbst« (... καὶ ὅλως ποικιλώτερος αὐτοῦ Πρωτέως). [R] Dramatische Bearbeitungen, Dichtungen, Erzählungen und Opern nennt Hunger 358. »Proteus« ist auch der Name eines Frachtflugzeugs mit flexibler Spannweite und variablem Rumpf (abgebildet und beschrieben in Focus 14/1999 vom 3. 4. 1999, S. 182). [B] Ernst Jünger, Der gordische Knoten 130: »Der proteushafte Wechsel, die rastlose Arbeit des Geistes an den Formen verhindert oder gefährdet die Emanzipation.«

* (das) proton pseudos

(griech. πρῶτον ψεῦδος, sprich: prōton pseudos: »der erste Irrtum«): der Grundfehler, der Grundirrtum.

Der griechische Philosoph Aristoteles schreibt in seiner »Ersten Analytik«: »Die falsche Schlußfolgerung ergibt sich entsprechend dem ersten Irrtum«, d. h. aufgrund eines Irrtums in einer der Voraussetzungen, aus denen ein Schluß gefolgert wird.[1] Trotz richtigen Schließens kann sich also ein vorhandener Grundfehler fortsetzen.

L Bartels 29; Büchmann 307; Rannacher 36. [1] Aristot. an. pr. 2,18 (Bekker 1,66a): »Ὁ δὲ ψευδὴς λόγος γίνεται παρὰ τὸ πρῶτον ψεῦδος«.

der springende Punkt

(lat. punctum saliens): der Kern einer Sache, die entscheidende Sache oder Frage, auf die es ankommt.

Aristoteles spricht in seiner »Geschichte der Tierwelt« vom Herz des werdenden Vogels: »Das Herz ist wie ein Blutfleck im Eiweiß; und dieses Zeichen springt und bewegt sich wie etwas Lebendiges«.[1] Theodoros Gaza (um 1398-1476) übersetzte im 15. Jh. die letzten Worte mit »quod punctum salit iam et movetur ut animal« (dieser Punkt springt schon und bewegt sich wie ein Lebewesen).[2] Die Wendung »punctum salit« (der Punkt springt) wurde von Volcher Coiter (1534-1576) verwendet,[3] vom »hüpfenden Punkt« (punctum saliens) als dem Kernpunkt des Lebens sprachen dann Aldrovrandi,[4] W. Harley[5] und Schiller.[6] Goethe spricht gern vom »Lebenspunkt« oder »Quellpunkt«. Der »hüpfende Punkt«, der – da auf ihn alles ankommt – bildlich die Hauptsache oder den wichtigsten Umstand darstellt, erscheint zuerst bei Jean Paul (1763-1825)[7] und wird als »springender Punkt« heute ausschließlich in diesem Sinne verwendet.

[L] Bartels 141-142; Büchmann 306-307; Der neue Büchmann 373; Duden 11,559; Duden 12,439; Röhrich 4,1210. [1] Aristot. hist. an. 6,3 (Bekker 1,561 a): »(... καὶ) ὅσον στιγμὴ αἱματίνη ἐν τῷ λευκῷ ἡ καρδία. τοῦτο δὲ τὸ σημεῖον πηδᾷ καὶ κινεῖται ὥσπερ ἔμψυχον.« [2] Aristotelis Physicorum libri VIII (1579) nach Der neue Büchmann 373. [3] Exercitationes anatomicae, Nürnberg 1573. [4] Ulysses Aldrovrandi (1522-1605), Ornithologia, Bologna 1599 u.ö., 14,1. [5] W. Harvey (1579-1657), Exercitationes de generatione animalium ..., London 1651, Kap. 17. [6] Schiller, Der Genius, 1795: »Da noch das große Gesetz, das oben im Sonnenlauf waltet | Und verborgen im Ei reget den hüpfenden Punkt, | Noch der Notwendigkeit stilles Gesetz, das stetige, gleiche, | Auch der menschlichen Brust freiere Wellen bewegt.« [7] Jean Paul, Levana oder Erziehungslehre (1807): »Jede Erfindung ist anfangs ein Einfall; aus diesen hüpfenden Punkten entwickelt sich eine schreitende Lebensgestalt.« Zwei weitere Belege bei ihm nennt Grimm 13,2235. [B] Wilhelm Raabe, Vom alten Proteus (1875), Kap. 2: »So wollen wir nun dem Hüpf-, Brüt- und Lebenspunkt im Ei dieser Historie näher gehen.« Buchtitel: Winfried Pilz, Der springende Punkt: Jesus, Paderborn, 2. Aufl. 1988.

Pygmäe

Kleiner Mensch, Zwerg, Wichtigtuer; * pygmäisch: klein, unbedeutend.

Die Pygmäen (»Fäustlinge«, griech. Πυγμαῖοι, nach πυγμαῖος »faustgroß, zwergenhaft« von πυγμή »Faust«; lat. Pygmaei) waren ein fabelhaftes Zwergenvolk an den Quellen des Nils, das sich alljährlich gegen Kraniche zur Wehr setzen mußte.[1] Homer vergleicht in der »Ilias« das Geschrei der angreifenden Trojaner mit dem der Kraniche, die auf die Pygmäen losgehen.[2] Als der Held → Herkules den Pygmäen begegnete, sammelte er sie in seinem Löwenfell ein und brachte sie zu Eurystheus nach Mykene.[3]

»Pygmäisch« im eigentlichen Sinne von »faustgroß, winzig« erscheint auch in dem griechischen Sprichwort »einem → Koloß [d. h. einer Großstatue] eine pygmäische Weihegabe anpassen« (etwas tun, was nicht zusammenpaßt).[4] Die Römer dachten bei ihrem Wort »Pygmaeus« jedoch immer an die Pygmäen und verwendeten das Wort daher nur bei Personen.[5]

Als Ende des 19. Jh. kleingewachsene Völker in Äquatorialafrika entdeckt wurden, wurde die griechische Bezeichnung auf sie übertragen (zuerst engl. »Pygmies«), während man bis dahin die Zwergen Homers mit den Einwohnern Ostindiens identifiziert hatte.

[L] Büchmann 64; Macrone 6; Otto 292 (Nr. 1495) u. Nachträge 243; Rannacher 36. [1] Aristot. hist. an. 8,12 (Bekker 1,597a); Plin. nat. 7,26-27. [2] Hom. Il. 3,1-7. [3] Philostr. 2,22. [4] Apostol. 15,12 (CPG 2,631): »Du paßt einer Großstatue eine pygmäische Weihegabe an« (Πυγμαῖα ἀκροθίνια κολοσσῷ ἐφαρμόζεις). [5] Beispielsweise Iuv. 6,505-506: »... und sie erscheint kleiner als eine Pygmäenfrau« (breviorque videtur | virgine Pygmaea); weitere Stellen nennt Otto 292 (Nr. 1495) u. Nachträge 243.

Pyrrhussieg

Ein zu teuer erkaufter Erfolg; ein so verlustreicher Sieg, daß er fast einer Niederlage gleichkommt; ein Sieg, der den Sieger mehr schwächt als den Besiegten (z. B.: sich einen P. erkämpft haben).

Pyrrhos (Πύρρος, lat. Pyrrhus, 319-272 v. Chr.), König der nordwestlich an Griechenland anstoßenden Landschaft Epirus und Gegner der Römer in Unteritalien, erlitt in der

Schlacht von Herakleia (280 v. Chr.) beinahe ebenso hohe
Verluste wie die geschlagenen Römer; daher soll er, als ihm
ein Freund zum Sieg gratulierte, gesagt haben: »Noch ein
solcher Sieg über die Römer, und wir sind verloren!«[1]

Der »Pyrrhussieg« als geflügeltes Wort ist allerdings für
das Altertum noch nicht zu belegen und dürfte erst im
19. Jh. aufgekommen sein. Daß der Begriff nicht auf mili-
tärische Auseinandersetzungen beschränkt ist, illustriert
ein – noch immer aktueller – Aphorismus von Karl Kraus
(1874-1936): »Der Fortschritt feiert Pyrrhussiege über die
Natur.«[2]

[L] Büchmann 365; Der neue Büchmann 440; Duden 12,391; Macrone
169; Rannacher 36; Stichwörter 64-68 u. Komm. 104-108.   [1] Plut.
Reg. et imp. ap. 3 (mor. 184c): »…›ἂν ἔτι μίαν‹ ἔφη ›μάχην Ῥωμαίους
νικήσωμεν, ἀπολώλαμεν‹«; vgl. Diod. 22,6,2; App. Hann. 111-112;
cass. Dio 9,40,19; Zon. epit. 8,3,12 (ed. Dindorf 2,181); Oros. 4,1,15
(CSEL 5,209). Von Plut. Pyrrh. 21,9 wird der Ausspruch hinter die
ähnlich verlaufene Schlacht von Ausculum verlegt. Aus Sicht der Römer bildete sich die Redensart von einer »Ausculanischen Schlacht«,
wenn ein Besiegter den Sieger letztlich besiegt: Fest. ed. Lindsay S. 214.
[2] Karl Kraus, Beim Wort genommen, hg. von H. Fischer, München
1955, S. 279 nach Mieder 118.128. [S] Engl. »a Pyrrhic victory« (zuerst in der britischen Zeitung »The Daily Telegraph«, 1885).

Pythia

**Weissagende Frau; * Talent zur Pythia haben: in die
Zukunft blicken können.**

Die Pythia (Πυθία, lat. Pythia) war die Priesterin des Apollon im Tempel von Delphi, die in Trance, auf einem Dreifuß sitzend und Lorbeerblätter kauend, zusammenhanglose
Worte ausstieß, die von der Priesterschaft in Verse gefaßt
und verkündet wurden.

Die Griechen hatten daher für eine unfehlbare Wahrheit die sprichwörtliche Bezeichnung »das, was vom Dreifuß kommt«.[1]

L Otto 30 (Nr. 130); Rannacher 37. [1] Zenob. 6,3 (CPG 1,161): »τὰ ἀπὸ τρίποδος.«

R

ein weißer Rabe

Seltenheit, große Ausnahmeerscheinung; auch: Individualist, selbstbewußter Mensch; vgl. dt. »ein bunter Hund«.

Als Apollons (→ apollinisch) Geliebte Koronis von ihm mit dem späteren Heilgott Asklepios schwanger war, betrog sie Apollon noch während der Schwangerschaft mit dem Sterblichen Ischys. Als ein weißer Rabe dem Apollon die Untreue der Koronis verriet, tötete Apollon sie mit einem Pfeil und rettete den noch ungeborenen Asklepios aus ihrem Leib; den Raben ließ er zur Strafe schwarz werden.[1] Diese Geschichte dient als mythologische Erklärung der Tatsache, daß Raben eben schwarz sind, während ein weißer Rabe dagegen sehr selten ist.

Der römische Dichter Iuvenal setzte den weißen Raben (corvus albus) dann für einen Menschen mit sehr seltenen, ungewöhnlichen Eigenschaften.[2] Der griechische Arzt Galen verband damit im 2. Jh. vor allem Halsstarrigkeit und Individualität: Er wandte das Bild auf einen Kollegen an, der sich mit seiner Meinung weder anderen anschließen wollte noch selbst Richtiges sagte.[3]

Im Deutschen erscheint das Motiv wieder hauptsächlich zur Bezeichnung höchster Seltenheit, und zwar seit Hugo von Trimberg (um 1230-1313): »Selten wir gesehen haben | Swarze swanen und wîze raben: | Noch seltseiner diuhte mich ein rihtêre [Noch seltener dünkte mich ein Richter], Der gereht an allen sachen wêre.«[4]

L Büchmann 343; Duden 11,562; Duden 12,516; Grimm 14,5-6; Röhrich 4,1217. [1] Hes. Fr. 59-60 Merkelbach-West; Hom. Hymn. 16,2; Pind. Pyth. 3,8-46; Apollon läßt den Raben schwarz werden: Schol. Pind. 3,14.52b; Ov. met. 2,534-632. [2] Iuv. 7,202: »Dennoch ist jener glücklich, auch seltener als ein weißer Rabe« (felix ille tamen, corvo quoque rarior albo). [3] Gal. nat. facult. 1,17; vgl. dazu Er. ad. 4,7,35: »Manche Menschen glauben ja, daß sie sich etwas vergeben, wenn sie auch nur ein einziges Mal mit einem anderen gleicher Meinung sind.« [4] Der Renner V. 8367-8370: (hrsg. von G. Ehrismann, Tübingen 1908, Neudruck Berlin 1970, Bd. 1,349). Ferner in der »Zimmerischen Chronik« 2,172: »Wie ein seltzammer Vogel ist es umb ein weissen Rappen oder umb ain schwarzen Schwanen.« Ähnlich bei Burkhard Waldis (um 1490-1557): »Ein weisser rappen vnd schwartzen schwan, wer mag den je gesehen han.« Alles nach Röhrich 4,1217; spätere Belege nennt Grimm 14,5-6. [5] Engl. »a white crow«; frz. »un merle blanc«; ndl. »een witte raaf«.

* Rhadamanth

Unerbittlicher, »höllisch« strenger Richter.

Rhadamanthys (Ῥαδάμανθυς, lat. Rhadamanthus, dt. zumeist Rhadamanth) war Bruder des sagenhaften kretischen Königs Minos. Aufgrund seiner herausragenden Gerechtigkeit und Frömmigkeit wurde er nach seinem Tod zusammen mit seinen Brüdern Minos und Aiakos Richter in der Unterwelt oder herrscht auf den Inseln der Seligen (→ elysisch).[1]

Bei den Griechen sprichwörtlich waren die Wendungen

»ein Rhadamanthys von seinem Charakter her«, ein »Rhadamanthysurteil« und ein »Rhadamanthyseid«.[2]

L Rannacher 37; Wiesenthal 54-55. [1] Ps.-Plat. Axioch. 371; Hom. Od. 4,565; vgl. Thgn. 701. [2] Phrynichos Arabios ed. Bekker, Anecdota Graeca 1,61,23: »›Ein Rhadamanthys von seinem Charakter her‹: [Dies] kann man über einen Gerechten sagen (Ῥαδάμανθυς τοὺς τρόπους· ῥηθείη ἄν ἐπί τινος δικαίου); vgl. Suda s. v. Ῥαδαμάνθυος κρίσις bzw. ὅρκος (Nr. 12-13); Diogen. 8,98 (CPG 1,304); Zenob. 5,81 (CPG 1,152-153); Macar. 7,49.50 (CPG 2,206).

auf Rosen gebettet sein

Überfluß haben, im Vergnügen schwelgen (auch: auf Rosen gehen, auf lauter Rosen sitzen u. a.); nicht auf Rosen gebettet sein: Not und Sorgen haben.

Die Rose ist seit dem Altertum Symbol des Glücks, der Liebe und der Sinnesfreude und diente daher als Schmuck bei Festen und Gastmählern.[1] Dionysios (→ Damoklesschwert), Verres, Antiochos, die → Sybariten und andere genußfreudige Persönlichkeiten sollen sich auf rosengefüllten Matratzen gebettet haben. Kleopatra füllte den Raum eine Elle hoch mit Rosen, Nero ließ es Rosen regnen. Kaiser Elagabal (204-222 n. Chr.) ließ anläßlich eines Festes sogar so viele Rosen auf seine Gäste herabregnen, daß einige darunter erstickten.

Die lateinische Wendung »iacēre in rosā« (auf der Rose liegen)[2] hat das deutsche »auf Rosen gehen« (voller Freude sein) angeregt, z. B. bei Luther: »Des Christen Herz auf Rosen geht, | Wenn's mitten unterm Kreuze steht.«[3] Daß gestreute Rosen oft nur oberflächliche Freundlichkeit bedeuten, sagt das Sprichwort »Es ist nicht auf Rosenblätter zu bauen.«

L Borchardt-Wustmann-Schoppe 403-404; Duden 11,588; Grimm 14,1169.1172; Rannacher 37; Röhrich 4,1253. [1] Vgl. Grimm 14,1168-1169. [2] Sen. epist. 36,9; vgl. Martial. 8,77,2. [3] Nach Borchardt-Wustmann-Schoppe 404. Weitere Belege für »auf Rosen gehen« bietet Grimm 14,1172. S Engl. »their path is strewn with roses«; frz. »être (couché) sur des roses«, »son chemin est jonché de roses«; ndl. »op rozen gaan«.

* Rufer im Streite

Lauter Rufer, lauter Kämpfer.

Der griechische Ausdruck βοὴν ἀγαθός (sprich: boän agathos, »im [Schlacht]ruf tüchtig«) ist ein beliebtes Beiwort für die homerischen Helden, v. a. für Menelaos, Diomedes und Hektor.[1] Die deutsche Formulierung »Rufer im Streite« entstand durch die Übersetzung der griechischen Worte von Johann Heinrich Voß (1751-1826).

L Büchmann 288; Der neue Büchmann 355; Grimm 14,1407; Rannacher 37. [1] Es kommt in Homers »Ilias« 25mal vor, z.B. Hom. Il. 2,408: »Aber es kam von allein der Rufer im Streit Menelaos«; 9,696; 13,123.

S

sardonisches/sardanisches Lachen

(griech. σαρδάνιος/σαρδόνιος bzw. Σαρδώνιος γέλως); bitteres, gezwungenes Lachen (auch: sardonisches Grinsen).

Der als Bettler heimkehrende Odysseus verbirgt bei Homer unter »sardanischem« Lächeln (d.h. bitterem, eigent-

223

lich fletschendem, grinsendem [σαρδάνιος/σαρδόνιος von σαίρω »fegen, grinsen«] Lächeln) seinen Zorn, als er das Treiben der Freier im Palast sieht und zur Demütigung mit einem Kuhfuß beworfen wird.[1] Aus dieser Szene heraus wurde das »sardonische Lachen« bei den Griechen sprichwörtlich für einen Gesichtsausdruck, der zu bösem Spiel eine gute Miene macht und Freude heuchelt.[2]

Das homerische Wort hat später der Reiseschriftsteller Pausanias mit dem Lachen in Verbindung gebracht, das angeblich von einer giftigen auf Sardinien (Σαρδώ) wachsenden Pflanze verursacht werde.[3] Das »sardonische Kraut« (»[herba] Sardonia« oder »Sardoa herba«) erschien daraufhin auch bei mehreren lateinischen Schriftstellern als die Ursache eines bitteren Lachens oder wahnsinnigen Grinsens.[4] Nach Johannes Lydos (6. Jh.) habe der grausame römische König Tarquinius Superbus bei seinen einfallsreichen Folterungen diese Pflanze angewandt, damit er sich bei den Gefolterten – sie lachten ja – nicht zu schnell erweichen ließe.[5]

In der heutigen Medizin ist Sardonisches Lachen (lat. risus sardonicus) eine an ein Lächeln erinnernde Starre des Gesichts, die von den Kau- und Gesichtsmuskeln ausgeht und ein typisches Zeichen bei Starrkrampf ist.

⊡ Büchmann 291; Der neue Büchmann 358; Macrone 22; Otto 308 (Nr. 1586) u. Nachträge 64.209.244; Rannacher 37; Röhrich 3,917. [1] Hom. Od. 20,300-302: »Odysseus aber wich aus, | indem er den Kopf ein wenig zur Seite neigte, und lächelte im Gemüt | ganz bitter …« (… ὁ δ᾽ ἀλεύατ᾽ Ὀδυσσεὺς | ἦκα παρακλίνας κεφαλήν μείδησε δὲ θυμῷ | σαρδάνιον μάλα τοῖον;). [2] Cic. fam. 7,25,1; Zenob. 5,85 (CPG 1,154-156), darin Aischyl. Fr. 455 TGrF (= TrGF 3,499); Diogen. 8,5 (CPG 1,305): »Über die, die nicht freudigen Herzens lachen« (ἐπὶ τῶν μὴ ἐκ χαιρούσης ψυχῆς γελώντων); ähnlich Macar. 7,59 (CPG 2,207) u. Apostol. 15,35 (CPG 2,638); Eust. Il. 3,707 (zu Hom. Il. 15,101); Od. 2,238 (zu Hom. Od. 20,302); 2,271 (zu Hom. Od.

18,111); Soph. Fr. 163 TGrF (= Fr. 160 in TGrF 4,171); Plat. rep. 337a.
[3] Paus. 10,17,13: »Außer einer einzigen Pflanze aber ist die Insel auch
von allen Giften rein, die den Tod bewirken; das verderbliche Gras aber
ist dem Eppich ähnlich, und die, die es essen, überfällt lachend, wie man
sagt, das Ende. Daher nennen Homer und seine Nachfolger das Lachen
bei nichts Gesundem ›sardanisch‹.« [4] Beispielsweise Salv. gub. dei
7,6,1: »Du könntest meinen, daß gewissermaßen das ganze Volk der
Römer mit sardonischen Kräutern gesättigt sei: Es albert und lacht«;
für weitere Stellen siehe Otto 308 (Nr. 1586) u. Nachträge 64.244.
[5] Lyd. mens. 4,29. [S] Engl. »sardonic smile/laughter« (bitteres, ver-
ächtliches Lächeln/Lachen).

* Satrap

**Reicher, hochmütig und üppig auftretender Herr;
gelegentlich auch: Parteigänger/Helfer eines Mächtigeren;
* satrapisch: hochmütig, verschwenderisch; Satrapen-
staat: nominell unabhängiger, faktisch aber abhängiger
Staat.**

Satrapen (Sg. Satrap, griech. Σατράπης lat. satrapēs o. sa-
trapa) waren Provinzstatthalter im Perserreich. Sie waren
zwar dem Großkönig untergeordnet, regierten aber in ihren
Hoheitsgebieten weitgehend unabhängig und beinahe selbst
so aufwendig wie Könige.

Schon die Griechen verwendeten das Wort »Satrap« übertragen für einen reichen, vornehmen Herrn und »satrapisch«
(σατραπικός) im Sinne von »üppig, verschwenderisch«; bei
dem Komödiendichter Antiphanes findet sich auch das Wort
»satrapenreich« (σατραπόπλουτος, sprich: satrapoplutos)
für »ungeheuer reich«.[1] Bei den Römern war der Satrap ein
Synonym für »Perser« und damit auch wieder für großen
Reichtum.[2] Im Deutschen ist die übertragene Verwendung
zuerst 1802 bei dem Dichter Klamer Schmidt belegt.[3]

☐ Grimm 14,1811; Otto 273 (Nr. 1383); Rannacher 37. [1] Antiphanes Fr. 224 (CAF 2,110): »aber dem satrapenreichen, wie sie sagen, Bräutigam« (Τῷ σατραποπλούτῳ δ᾽ ὡς λέγουσι νυμφίῳ). [2] Ter. Heaut. 452: »Auch wenn ihr Liebhaber ein Satrap wäre, | könnte er niemals ihre Ausgaben tragen« (satrapa si siet | amator, numquam sufferre eius sumptus queat.« [3] Komische u. humoristische Dichtungen (1802) 440 nach Grimm 14,1811.

* Satyr

Zudringlicher, lüsterner Mensch; * satyrhaft: sexuell zudringlich; * Satyrspiel: Lächerlichkeit, Farce.

Die Satyrn (Sg. Satyr, griech. Σάτυρος; lat. Satyrus) waren ursprünglich auf der Peloponnes beheimatete, derb-ausgelassene Waldwesen mit Pferdeohren, Pferdeschwanz und Hufen; damit glichen sie den Silenen (→ Silen), die seit dem 4. Jh. auch als Satyrn bezeichnet werden konnten.[1] Seit hellenistischer Zeit erscheinen die Satyrn unter dem Einfluß des Pan (→ Panik) auch mit Ziegenfüßen, Ziegenschwanz und Hörnern. Sie begleiteten den Weingott Dionysos und stellten gern den Nymphen (→ Nymphe) nach. In den »Satyrspielen«, die noch bei den Dionysien als Nachspiel der dramatischen Trilogien aufgeführt wurden, wurden Schwänke mit possenhaften Tänzen der den Chor bildenden Satyrn aufgeführt.

☐ Rannacher 37-38. Weiterführende Lit.: F. Brommer, Satyroi, Würzburg 1937; E. Buschor, Satyrtänze und frühes Drama, München 1943. [1] Hunger 370. ☐ Dichtungen, Symphonische Dichtungen, Opern und Ballette nennt Hunger 371.

vor seinem Schatten fliehen

Sich ohne Grund fürchten (auch: seinen eigenen Schatten fliehen/sich vor seinem eigenen Schatten fürchten/den Schatten an der Wand fürchten).

In Platons Dialog »Phaidon« wird diese Wendung bereits als Sprichwort zitiert.[1] Außerdem findet sie sich in einem Fragment des Komödiendichters Aristophanes und bei anderen griechischen Autoren.[2] Lateinisch (tim$\underline{e}$re $\underline{u}$mbram s$\underline{u}$am) erscheint sie zuerst bei Cicero,[3] deutsch 1532 in der »Namenlosen Sammlung« (Nr. 283): »Der füercht sich vor seim eygen schatten. Das sagt man von einem kleynmüthigen Menschen.«

L̄ Borchardt-Wustmann-Schoppe 422; Duden 11,612; Macrone 201; Otto 354 (Nr. 1817) u. Nachträge 119.290; Röhrich 4,1306. [1] Plat. Phaed. 101d (Sokrates zu Kebes): »Du aber, aus Furcht vor deinem eigenen Schatten, wie man sagt, und vor deiner Ungeschicktheit, an jene sichere Voraussetzung dich haltend, dürftest so antworten [nämlich daß alles seine Eigenschaften allein durch Teilhabe an übergeordneten Ideen besitzt]« (Σὺ δὲ δεδιὼς ἄν, τὸ λεγόμενον, τὴν σαυτοῦ σκιὰν καὶ τὴν ἀπειρίαν, ἐχόμενος ἐκείνου τοῦ ἀσφαλοῦς τῆς ὑποθέσεως, οὕτως ἀποκρίναιο ἄν). [2] Aristoph. Fr. 77 (CAF 1, 411-412); Greg. Cypr. Leid. 3,18 (CPG 2,88): »Er fürchtet seinen eigenen Schatten: [das sagt man in bezug] auf die absolut feigesten« (τὴν ἑαυτοῦ σκιὰν δέδοικεν· ἐπὶ τῶν σφόδρα δειλοτάτων); Apostol. 16,49a (CPG 2,673); Epict. diss. Arr. 1,24,3. [3] Cic. Att. 15,20,4: »auch wenn mir jener, der seinen Schatten fürchtet, den Tod im Blick zu haben scheint« (etsi mihi videtur iste, qui umbras timet, ad caedem spectare); weitere lat. Belegstellen nennt Otto 354 (Nr. 1817) u. Nachträge 119.290; vgl. auch Er. ad. 1,5,65. R̄ Adelbert von Chamisso, Peter Schlemihls wundersame Geschichte, 1814. [5] Engl. »to be afraid of one's own shadow«. Ndl. »Hij vlugt voor zijne schaduw«.

im Reich der Schatten sein

Gestorben sein.

Nach antiker Anschauung war die Unterwelt, das »Reich der Schatten« (d. h. der Seelen der Gestorbenen), ein äußerst trostloser und unerfreulicher Ort: Als Odysseus im 11. Gesang der homerischen → »Odyssee« in die Unterwelt steigt und auf den toten Achilleus (vgl. → Achillesferse) trifft, sagt dieser zu ihm: »Lieber wollte ich als Ackerknecht einem anderen dienen, | bei einem Mann ohne Land, der nicht viel Vermögen hat, | als über alle dahingeschiedenen Toten zu herrschen.«[1]

L̲ Röhrich 4,1307. [1] Hom. Od. 11,489-491. S̲ Frz. »être au royaume des ombres«.

den Schierlingsbecher reichen

(griech. κωνειάζεσθαι): jemanden zum Selbstmord durch Vergiften zwingen, jemandem dabei zur Hand gehen, etwas für ihn Unangenehmes und Schädliches zu tun; den Schierlingsbecher trinken: zum Selbstmord durch Vergiften gezwungen werden, gezwungenermaßen etwas für einen selbst Schädliches tun.

Im antiken Athen mußte ein zum Tode Verurteilter vermutlich seit der Herrschaft der 30 Tyrannen (404 v. Chr.) ein Getränk mit Schierlingsgift (κώνειον, lat. conium maculatum) trinken.[1] Das im Schierling (v. a. in den Samen) enthaltene Alkaloid Coniin bewirkt von den Beinen her aufsteigende Lähmungen, Trockenheit im Hals, Erbrechen, Sinnestäuschungen, Zuckungen, Herzschwäche und schließlich den Tod durch Lähmung des Atemzentrums, wobei das

Bewußtsein bis zuletzt erhalten bleibt.[2] Das berühmteste Opfer ist der Philosoph Sokrates, dessen Tod Platon im Dialog »Phaidon« schildert.[3] Im Schutt des Gefängnisanbaus von Athen sind 13 vier Zentimeter hohe Becher gefunden worden, die der Verabreichung des Giftes gedient haben könnten.[4] »Der Schierling hat Sokrates groß gemacht«,[5] schrieb später Seneca d. J. in Anspielung darauf, daß Sokrates[1] Todesumstände erheblich zur Berühmtheit des Philosophen beigetragen haben.

318 v. Chr. wurde auch der athenische Feldherr Phokion mit Schierling hingerichtet.[6] Der Tyrann Klearchos von Herakleia (411-353 v. Chr.) und König Attalos III. Philometor (gest. 132 v. Chr.) beseitigten mißliebige Bürger mit Hilfe von Schierlingsgift.[7] Auf der Insel Kea in der Ägäis beging man üblicherweise mit Schierling Selbstmord,[8] und auch bei lebensmüden Philosophen und später Klerikern fand das Gift Anwendung.[9] Bis zum 16. Jh. wurde die Schierlingspflanze vor allem zu medizinischen Zwecken eingesetzt, mit der allgemeineren Verbreitung der Geschichte vom Tod des Sokrates allerdings bald nur noch mit dem dort verwendeten Giftgetränk assoziiert.

[L] Macrone 86; Röhrich 4,1328-1329 mit weiterführender Lit. Außerdem: Alexander Demandt, Macht und Recht. Große Prozesse in der Geschichte, München 1991; Louis Lewin, Die Gifte in der Weltgeschichte, Berlin 1920, v. a. 65-68. [1] Das Trinken von Schierlingsgift wurde zur in Athen üblichen Art der Hinrichtung: Plin. nat. 25,151; Tac. ann. 15,64,3; Diod. 18,67,6. Die 30 Tyrannen gelten als Urheber der Tötungsart, da unter ihrer Herrschaft die ersten Opfer belegt sind, nämlich Theramenes, einer von ihnen und Schüler des Sokrates, und Polemarchos, der Bruder des Lysias: Lewin (s. o.) 67 mit Quellen. [2] Vgl. die Schilderungen bei Lewin (s. o.) 69-72. Sollte der Tod, wie bei Selbstmord, schmerzlos sein, wurde Opium beigegeben: Lewin (s. o.) 65. [3] Plat. Phaed. 115a-118a. Die Gefängniszelle des Sokrates war wohl die zweite rechts vom Eingang, die Zugang zum Bad besitzt und aus der auch eine Sokratesstatuette stammt: Mabel Lang, Socrates in the Agora, 1978, nach Demandt (s. o.) 19. [4] Mabel Lang (s. o.) nach Demandt (s. o.) 19. [5] Sen. epist. 13,14: »Cicuta magnum Socratem fecit.« [6] Lewin (s. o.) 66 mit Einzelheiten. [7] Lewin (s. o.) 66 u. 6. [8] Lewin (s. o.) 141-143 mit Quellen. [9] Cass. Dio 69,8-9; vgl. Lewin (s. o.) 143-145. [S] Engl. »a cup of hemlock«.

eine Schlange am Busen nähren

Einem vermeintlichen Freund Gutes tun, eine für den Wohltäter tödliche gute Tat leisten, jemandem leichtfertig vertrauen, in einem vermeintlichen Freund einen Feind haben (auch: eine Natter am Busen nähren).

In der äsopischen Fabel »Der Bauer und die Schlange«[1] findet ein Bauer eine durch die Winterkälte starr gewordene Schlange und nimmt sie aus Mitleid unter sein Gewand. Als sie ihn daraufhin beißt und tötet, sagt er sterbend: »Mir geschieht es ganz recht, da ich mit dem Missetäter Mitleid hatte.«[2]

Der römische Schriftsteller Petronius formulierte in Anspielung auf diese Fabel: »Du nährst eine Schlange unter deiner Achsel.«[3] Deutsch erscheint die Redewendung bei Christoph Lehmann (1639): »Wer ein Schlang im Busen ernehret, der wird mit Gifft belohnet.«[4] Neben der äsopischen Fabel haben auch Vorstellungen von der nährenden Erdenmutter (die »Schlangensäugerin« in der karolingischen Kunst) und die biblisch-christliche Identifizierung der Schlange mit der Versuchung zum Bösen zur Verbreitung des Bildes beigetragen.[5]

[L] Borchardt-Wustmann-Schoppe 428; Büchmann 294; Der neue Büchmann 360; Grimm 15,448; Rannacher 38; Duden 11,623; Duden 12,413; Röhrich 4,1357-1359. [1] Nr. 97 Halm (bzw. 97b »Der

Wanderer und die Natter«): Nr. 62 Hausrath/Hunger; sie wird auch von Phaedrus (Phaedr. 4,20) und Erasmus (Er. ad. 4,2,40: »Colubrum in sinu fovere«) erzählt. [2] »Δίκαια πάσχω τὸν πονηρὸν οἰκτήρας.« [3] Petron. 77,2 (Der reiche Gastgeber Trimalchio berichtet, was ihm ein Astrologe in Anspielung auf seine Frau gesagt habe): »Tu viperam sub ala nutricas.« [4] Christoph Lehmann, Florilegium politicum oder Politischer Blumengarten, Lübeck 1639 und Frankfurt a.M. 1641, S. 831 (Undanck 36). Weitere Belege nennt Grimm 15,448. [5] Näheres bei Röhrich 4,1357-1359. ⟦S⟧ Frz. »Nourrir un serpent/ une vipère dans son sein.«

wissen, wo der Schuh drückt

Schwächen und Nachteile einer Sache gut kennen; selbst am besten wissen, wo einen der Schuh drückt: seine Probleme selbst am besten kennen; Wo drückt (denn) der Schuh?: Welche Sorgen hast du?; das ist nicht meine Schuhnummer/das ist kein Schuh für meine Füße: das paßt mir nicht, das sagt mir nicht zu; sich einen Schuh anziehen: einer Sache zustimmen, etwas zugeben, eine Kritik annehmen (z.B.: »Den Schuh brauch' ich mir nicht anzuziehen!«).

Nach Plutarch habe ein Römer sich von seiner reichen, treuen und schönen Ehefrau scheiden lassen und auf die ungläubigen Fragen seiner Freunde auf seinen Schuh gezeigt und geantwortet: »Auch dieser ist schön anzusehen und neu, aber niemand weiß, wo er mich drückt.«[1]

Die Redensart hat im Deutschen seit etwa 1500 weite Verbreitung gefunden.[2] Bisweilen wird noch an die antike Episode angespielt, z.B. bei Samuel Butschky (17. Jh.): »Offt hat einer ein Weib, so nach dem euserlichen Scheine und Wandel tugendhafft und untadelich; aber niemand weis, wo den Mann der Schuh druckt.«[3] Öfter jedoch ist die Verbin-

dung gelöst und ein beliebiges Problem durch den drücken-
den Schuh symbolisiert. So auch bei Luther: »Ja ich weyß,
wo dich der Schuch druckt, du kannst nichts aus der heyli-
gen Schrifft.«[4]

Ⓛ Büchmann 310; Der neue Büchmann 376; Duden 11,638; Duden
12,549; Grimm 15,1847-1848; Otto 325 (Nr. 1660); Röhrich 4,1408-
1409 und 5,1738. [1] Plut. Coniug. praec. 22 (mor. 141a) = Stob.
74,45: »Καὶ γὰρ οὗτος, ἔφη, καλὸς ἰδεῖν καὶ καινός, ἀλλ᾿ οὐδεὶς οἶδεν
ὅπου με θλίβει«; ähnlich Aem. 5,3-4: »..., aber wahrscheinlich weiß
niemand von euch, an welcher Stelle mein Fuß gedrückt wird« (... ἀλλ᾿
οὐκ ἂν εἰδείη τις ὑμῶν καθ᾿ ὅτι θλίβεται μέρος οὑμὸς πούς); vgl.
Hieron. adv. Iov. 1,48 (PL 23,292). [2] Diverse Beispiele bei Röhrich 4,1408-1409 und Grimm 15,1847-1848. [3] Pathmos 832 nach
Grimm 15,1848. [4] Nach Grimm 15,1847. [5] Engl. »to know
where the shoe pinches« (Voss 100); ndl. »Het ist geen schoen naar
zijnen voet«.

Schuster, bleib bei deinem Leisten!

**Mische dich nicht in etwas ein, wovon du nichts ver-
stehst!; bei seinem Leisten bleiben: sich auf sein eigenes
Fachgebiet beschränken.**

Nach Plinius d. Ä. habe der griechische Maler Apelles (gest.
308 v. Chr.) seine Gemälde so aufgestellt, daß er dahinter
stehen und die Kommentar der Betrachter hören konnte.
Als ein Schuster das Fehlen einer Öse an einem gemalten
Schuh kritisierte, fügte sie Apelles hinzu; als aber nun der
Schuster stolz auch das Bein kritisierte, habe Apelles zornig
gerufen: »Der Schuster soll nicht über seinen Leisten hinaus
(urteilen)!«[1]
  Aus dem Zitat ist auch eine sprichwörtliche Redensart geworden, wenn man sagt, jemand »solle bei seinem Leisten
bleiben«, also bei dem, wovon er etwas versteht.[2]

L Büchmann 364; Der neue Büchmann 439-440; Duden 11,642; Duden 12,416; Röhrich 4,1421-1422. [1] Lat. »Ne sutor supra crepidam!« Plin. nat. 35, 84-85; Val. Max. 8,12, externi 3; vgl. Er. ad. 1,6,16. [2] Beispiel: »Ein Autor möge doch bei seinem Leisten bleiben.« (Die Zeit 27, 1971, S. 11, Sp. 5 nach Mieder 37 Nr. 206). B Schlagertext: »Schuster, bleib bei deinem Leisten, | schöne Mädchen kosten Geld. | Leider kostet stets am meisten, | was nur kurze Dauer hält« (Röhrich 4,1422). S Engl. »let the cobbler stick to his last«; frz. »chacun doit se mêler de son métier, es vaches sont bien gardées; mêlez-vous de vos pantoufles«; vgl. »mêle toi de tes oignons« (Kümmere dich um deine eigenen Zwiebeln); ndl. »Schoenmaker, houd u bij uwe leest«.

Eine Schwalbe macht noch keinen Sommer

Den vereinzelten Vorzeichen eines Ereignisses darf man nicht zu schnell trauen, vom Einzelnen darf nicht zu schnell auf das Allgemeine geschlossen werden; auch umgekehrt: Er muß viel Schwalben sehen, bis er glaubt, daß es Frühling sei: Er ist nur schwer von einer positiven Wendung zu überzeugen.

Der Dichter Äsop erzählt in der Fabel »Der unverbesserliche Jüngling und die Schwalbe«,[1] wie ein Verschwender auch noch seinen letzten Mantel verkauft, als er eine Schwalbe sieht und den Sommer gekommen glaubt. Danach aber wird es noch so kalt, daß die Schwalbe erfriert und der Jüngling sich bei ihr über ihre Täuschung beklagt: »Du hast mich und auch dich zugrunde gerichtet!« Die Moral lautet, daß »all das, was am rechten Augenblick vorbei getan wird, gefährlich ist«.

Aristoteles machte aus der Geschichte das Sprichwort »Eine Schwalbe macht noch keinen Frühling«,[2] das wir – allerdings wie bei Äsop mit dem Sommer als Jahreszeit – ins Deutsche übernommen haben.[3] In Griechenland wird noch heute am 1. März mit Umzügen der Kinder die Rückkehr der Schwalben als Verkünder des Frühlings gefeiert.[4] Auch in Deutschland und den Niederlanden mußten Turmwärter früher auf die ersten Schwalben achten. Goethe dichtete dazu: »Der Sonnenblick betrüget | mit mildem falschem Schein, | die Schwalbe selber lüget, | warum? Sie kommt allein.«[5]

[L] Büchmann 296; Der neue Büchmann 362-363; Duden 11,643; Duden 12,417; Grimm 15,2184-2185; Rannacher 12; Röhrich 4,1426-1428. [1] Nr. 304 Halm = Nr. 179 Hausrath/Hunger; vgl. Babr. 131. [2] Aristot. eth. Nic. 1,6 Bekker 1098 a): »Μία γὰρ χελιδὼν ἔαρ οὐ ποιεῖ, οὐδὲ μία ἡμέρα« (..., und auch nicht ein einziger Tag). [3] Zuerst mittelhochdeutsch im »Ritterspiegel« (Zingerle 135): »Ein swalbe ouch nicht bringet den lenzin wan si komit geflogin.« Diverse mundartliche Belege bei Grimm 15,2184-2185 u. Röhrich 4,1428. [4] Abb. bei Röhrich 4,1427. [5] Nach Grimm 15,2185. [S] Engl. »One swallow does not make a summer/the spring«; frz. »Une hirondelle ne fait pas le printemps«; ital. »una rondine non fa (una) primavera«.

Schwanengesang

(griech. κύκνειον ᾆσμα, sprich: kykneion asma): Todesahnung, Todesklage, letzte Schöpfung/letzter Auftritt eines Dichters oder Künstlers, letztes Werk einer Epoche (auch: Schwanenlied); * Schwan: großer Dichter, großer Künstler (z. B.: der S. von Mantua [Vergil], der S. vom Evon [Shakespeare]); mir schwant (etwas): ich ahne (etwas; v. a. Böses) voraus (auch: * ich habe/bekomme Schwansfedern).

Der auf Island und im hohen Norden Europas und Asiens vorkommende »Singschwan« (lat. cygnus cygnus; Überwinterung im Gebiet von Nordsee, Ostsee und Schwarzem Meer) kann tatsächlich trompetenartige Töne hervorbringen, abwechselnd zwischen einem starken hohen und einem schwächeren tiefen Ton. In der Antike wurde dem Schwan, der dem Gott Apollon (→ apollinisch) heilig war, die Gabe zugeschrieben, den eigenen Tod vorauszusehen. Kurz davor stimme er ein Sterbelied, den »Schwanengesang«, an. So beginnt z. B. in zwei Fabeln des Äsop ein Schwan zu singen, als er spürt, daß geschlachtet werden soll.[1] Von dem Tragödiendichter Aischylos wurde das Motiv erstmals auf Menschen übertragen: Die Seherin Kassandra (→ Kassandrarufe) erhebt »nach Art des Schwans« Totenklage, bevor sie von Klytaimnestras Hand stirbt.[2] Nach Platon verglich sich Sokrates kurz vor seinem Tod (vgl. → den Schierlingsbecher reichen) selbst mit den Schwänen: Der Grund für ihren Gesang und ihre Wahrsagegabe vor dem Tod liege darin, daß sie sich freuten, zu ihrem Schutzgott Apollon zu gelangen; ebenso sei jetzt er, Sokrates, wahrsagerisch, singe über das Gute in der Unterwelt und gehe freudig in den Tod.[3]

Als erster Römer wandte Cicero das Bild des Schwanengesangs auf den Redner L. Crassus an, der starb, bald nachdem er eine großartige Rede gehalten hatte: »Dies war sozusagen eine Schwanenstimme und Schwanenrede eines göttlichen Menschen.«[4] Seitdem ist der Schwanengesang ein häufiges Motiv bei lateinischen Schriftstellern.[5] Im Deutschen erscheint es bereits vielfach in der mittelhochdeutschen Dichtung,[6] das Substantiv »Schwanengesang« für die letzte Äußerung eines Sterbenden hingegen erst seit dem 18. Jh.[7]

Der Shakespeare beigegebene Beiname »(Holder) Schwan vom Avon« (»[sweet] swan of Avon«; Avon ist der Fluß, an dem Shakespeares Geburtsstadt Stratford-upon-Avon liegt) wurde von dem englischen Dichter Ben Johnson (1572-1637) geprägt.[8]

[L] Büchmann 298; Der neue Büchmann 364; Duden 12,41 7 und 227; Grimm 15,2204-2205, 2209-2211 u. 2214-2215; Kluge 688; Macrone 96; Otto 105 (Nr. 497) u. Nachträge 19.55.72.151.235.267; Rannacher 38-39; Röhrich 4,1430-1431 mit weiterführender Lit.; S. Singer, Beiträge zur vergleichenden Bedeutungslehre, Zeitschrift für dt. Wortforschung 3, 1902, 234. [1] Aisop. Nr. 215.216 Halm = Nr. 277.247 Hausrath/Hunger; vgl. Lukian. Tim. 47; Longos 2,5,1; vgl. Cic. Tusc. 1,73; Ov. met. 14,430; trist. 5,1,11-12; Stat. silv. 2,4,10. [2] Aischyl. Ag. 1444-1447. [3] Plat. Phaed. 84e-85b. Nach Diog. Laert. 3,5 habe Sokrates Platon im Traum als schön singenden Schwan gesehen; vgl. ferner: Apostol. 10,18 (CPG 2,490): »Schwanengesang« (κύκνειον ᾆσμα); Anthol. Pal. 7,12,2 (»mit Schwanenstimme«). [4] Cic. de or. 3,6: »Illa tamquam cycnea fuit divini hominis vox et oratio.« [5] Beispielsweise Sen. Phaedr. 302; eine Fülle weiterer Stellen nennt Otto 105 (Nr. 497) u. Nachträge 19.55.72.151.235.267; vgl. auch Er. ad. 1,2,55 (»cygnea cantio«). [6] Grimm 15,2206 mit Beispielen. [7] Beispiele bei Grimm 15,2214. [8] Erstmals gedruckt in der Folioausgabe der Dramen Shakespeares, London 1623: Macrone 96. [R] Den Titel »Schwanengesang« tragen die letzten 13 Lieder von Franz Schubert, von dem Musikverleger Tobias Haslinger zu einem Zyklus zusammengefaßt. [B] Klaus Mann (1906-1949) bezeichnet in seinem Lebensbericht »Der Wendepunkt« den Roman »Die Buddenbrooks« seines Vaters Thomas Mann als den epischen »Schwanengesang des deutschen Bürgertums«. [S] Engl. »(it is the) swan song« (nach der dt. Wendung, zuerst bei Thomas Carlyle, Sartor Resartus, 1831); frz. »c'est le chant du cygne«; ndl. »Hil zingt zijn zwanenzang«, schwed. »han har gjort sin sista svanesång«.

* schwarze Seele

Verbrecherseele, Leben eines Schurken (auch: schwarzes Herz).

Die Bezeichnung geht auf Homer zurück, der über Agamemnon schreibt, daß ihm, als er die Priestertochter Chryseis freilassen sollte, vor Zorn »sein finsteres Herz schwoll, von

236

der Galle schwarz umströmt« (in der Übersetzung von Johann Heinrich Voß [1751-1826]).[1]

L Büchmann 287; Der neue Büchmann 354; Rannacher 39.
[1] Hom. Il. 1,103-104: »... μένεος δὲ μέγα φρένες ἀμφιμέλαιναι | πίμπλαντ'...« (eig.: ... und mit Zorn füllte sich sein ringsum schwarzes Zwerchfell [Gemüt, Seele]...).

* schwerhinwandelndes Hornvieh

Das unverständige, nur dahintrottende Vieh (auch: schwer-wandelndes Hornvieh).

Der Ausdruck stammt aus mehreren Stellen in Homers »Ilias« und → »Odyssee« in der Übersetzung von Johann Heinrich Voß [1751-1826; »Odyssee« 1781, »Ilias« 1793).[1]

Heinrich Heine verwendete ihn 1827 in seinem Gedicht »Seekrankheit«, in dem er über Deutschland sagt: »Mögen immerhin deine noblen Affen | In müßigem Putz sich vornehm spreitzen, Und sich besser dünken als all das andre | Banausisch schwerhinwandelnde Hornvieh; [...] Immerhin, mag Thorheit und Unrecht | Dich ganz bedecken, O Deutschland! | Ich sehne mich dennoch nach dir: | Denn wenigstens bist du doch festes Land.«[2]

L Büchmann 288-289; Der neue Büchmann 356. [1] Beispielsweise Hom. Il. 6,424: »βουσὶν ἐπ' εἰλιπόδεσσι καὶ ἀργεννῇς ὄιεσσιν« (bei weißwolligen Schafen und schwerhinwandelnden Rindern [Voß]). [2] Heinrich Heine, Seekrankheit, in: Reisebilder, Zweiter Teil [1827], Die Nordsee, Zweite Abteilung; oben zitiert sind die Verse 49-52 und die Schlußverse 63-66.

mehr sein als scheinen

Auf tatsächliches Können mehr Wert legen als auf den bloßen Anschein.

Dieser Gedanke erscheint in unterschiedlichen Formulierungen schon bei vielen griechischen Schriftstellern (z. B. Aischylos, Platon, Xenophon). Als Beispiel soll hier ein Zitat des Philosophen Epikur (→ Epikureer) dienen: »Man soll nicht vorgeben zu philosophieren, sondern tatsächlich philosophieren; denn wir brauchen nicht den Schein des Gesundseins, sondern das wahre Gesundsein.«[1]

Später war die Aufforderung »Mehr sein als scheinen!« ein Wahlspruch deutscher Adelsgeschlechter (z. B. Moltke) und wurde von dem preußischen Generalfeldmarschall von Schlieffen 1903 als Motto empfohlen.

L Duden 12,323.   [1] Epik. Weisungen 54 (ed. Krautz S. 91).

Sibylle

Alte und weise Frau, Prophetin; * sibyllenhaft: nach Art einer weisen Prophetin; sibyllinisch: dunkel, geheimnisvoll.

Die Sibyllen (Sg. Sibylle, griech. Σίβυλλα, lat. Sibylla o. Sibulla) waren Prophetinnen von sehr hohem Alter, die anders als die Orakelpriester von sich aus bevorstehendes Unheil ankündigten.[1] Zunächst in Kleinasien beheimatet, gelangte das Motiv der Sibyllen auch nach Griechenland (Fels der Sibylle in Delphi) und Rom. Aus ursprünglich einer einzigen Frau mit Namen Sibylle wurden später bis zu zehn »Sibyllen« mit jeweils neuen Eigennamen.[2] Am bekanntesten ist die Sibylle von Cumae, unter deren Führung der römische

Nationalheld Aeneas in die Unterwelt hinabsteigt.[3] Von ihr stammten auch die sog. Sibyllinischen Bücher, die auf Beschluß des römischen Senats in Krisenzeiten befragt wurden.[4] Ein Brand im Jahre 83 v. Chr. vernichtete die Bücher, doch wurde eine neue Sammlung aus griechischen Heiligtümern zusammengetragen, von deren 14 Büchern, von jüdischen und christlichen Autoren rezipiert, ergänzt und überarbeitet, heute noch 12 erhalten sind.

Bei Griechen und Römern war die Bezeichnung »Sibylle« sprichwörtlich für hohes Alter,[5] für eine weise Prophetin[6] und für die Verkündung untrüglicher Wahrheit.[7] Aristophanes bildete das Verb »sibyllieren« (σιβυλλιᾶν) im Sinne von »wirr reden, faseln«.[8] Im Deutschen wurde die »Sibylle« etwa im 18. Jh. zunächst als spöttische oder verächtliche Bezeichnung für eine alte Frau gebräuchlich, wie z. B. bei Goethe: »Ich erinnere mich noch deines personifizierten Gewerbes, deiner zusammengeschrumpften, erbärmlichen Sibylle.«[9] Später traten ihre Weisheit und Rätselhaftigkeit in den Vordergrund.

L Grimm 16,709; Otto 321 (Nr. 1639-1641) u. Nachträge 20-21.25.117.212; Rannacher 39; Wiesenthal 50; weiterführende Lit. nennt Hunger 376. [1] Herakl. Fr. 95 Diels/Kranz aus Plut. Pyth. or. 6 (mor. 397a); Aristoph. Pax 1095. 1116; Plat. Phaidr. 244b. [2] Die libysche, chaldäische, delphische, erythräische, kimmerische, samische, hellespontische, phrygische, tiburtinische und cumäische o. cumanische Sibylle; vgl. Lact. inst. 1,6,7-16. [3] Verg. Aen. Buch 6; Ov. met. 14,101-154. [4] Sie bot ihre neun Bücher dem König Tarquinius zum Kauf an, verbrannte aber zweimal drei Bücher, weil dem König der Preis jedesmal zu hoch war. Nur die letzten drei Bücher erwarb er, die fortan in Rom als heilig bewahrt wurden: Serv. Aen. 6,72; Lact. inst. 1,6,10-11. [5] Beispielsweise Macar. 7,61 (CPG 2,207): »Älter als eine Sibylle« (Σιβύλλης ἀρχαιότερος); lat. z. B. Prop. 2,2,16; zahlreiche weitere Stellen bieten Otto 321 (Nr. 1639) u. Nachträge 20-21.117 und Wiesenthal 50. [6] Beispielsweise Plaut. Pseud. 25-26;

weitere Belege bietet Otto 321 (Nr. 1640) u. Nachträge 25.212.
[7] Theokr. 15,63; Iuv. 8,126 m. Schol. [8] Aristoph. Equ. 61 (ein
Sklave über den neuen paphlagonischen Sklaven seines Herrn): »Und
er singt Orakel; der Alte aber sibylliert«; vgl. Macar. 7,60 (CPG 2,207):
»›Der Alte sibylliert‹: [Das sagt man] über die Senilen.« [9] 16,51
nach Grimm 16,709. Ⓡ Dichtungen und Romane nennt Hunger 375-
376.

* Sil<u>e</u>n

**Häßlicher Mann, Trunkenbold; * silenenhaft: fratzenhaft,
betrunken.**

S<u>ei</u>lenos (Σείληνος, lat. S<u>ī</u>l<u>ē</u>nus) ist im griechischen Mythos ein älterer Satyr (→ Satyr) und weiser Erzieher des
Weingottes Dionysos (lat. B<u>a</u>cchus); er wird als ein betrun-
kener und häßlicher alter Mann mit Glatze, dickem Bauch
und stumpfer Nase, manchmal auf einem Esel reitend, dargestellt.

Der Silen war ursprünglich ein Naturwesen ohne Verbindung zu Dionysos und war überall in Griechenland bekannt. Die auch in der Mehrzahl auftretenden Silene sind
Mischwesen aus Mensch und Pferd (Pferdeohren, -schweif,
-beine oder -hufe, Behaarung) und haben damit denselben
Charakter wie die Satyrn (→ Satyr), wie diese Wesen zunächst nur auf der Peloponnes genannt wurden. Im Satyrspiel, das von dort nach Attika gelangte, setzte sich für den
Vater der den Chor bildenden jungen Satyrn die Bezeichnung »Silen« durch; in der Mitte des 5. Jh. entwickelte sich
daraus der oben geschilderte Silentypus des greisen, kahl-
köpfigen Erziehers des Dionysos. Bocksattribute erhielten
die Silene erst in hellenistischer Zeit unter dem Einfluß des
Pan (vgl. → Panik).

L Rannacher 39-40. Weiterführende Lit.: F. Brommer, Satyroi, Würzburg 1937; Herwig Stiegler, Stichwort »Silenos-Satyros« in: Der Kleine Pauly 5,191-193; Gerhild Conrad, Der Silen. Wandlungen einer Gestalt des griechischen Satyrspiels, Trier 1997. R Oper »Silène et Bacchus« von A. Campra, 1722.

Sirenengesang

Bezaubernder, verführerischer Gesang (auch: * Sirenenlied, * Sirenenstimme, * Sirenenklänge, * Sirenenkünste); Sirene: Signaltongeber, Nebelhorn; * Sirene: bezaubernde Sängerin, reizende Verführerin; * Sireneninsel: Capri.

Die Sirenen (Σειρῆνες, lat. Seirēnes o. Sirēnes, in der Vulgata: sirenae) waren zwei oder mehr Frauen (oder unter dem Einfluß orientalischer Kunst Zwitterwesen: halb Frau, halb Vogel, später halb Fisch), die mit verführerischem Gesang die Seefahrer anlockten, um sie zu töten. Sie sind somit als Meeresgeister eine Parallele z. B. zu Nixen und Meerjungfrauen. Odysseus entging den Sirenen bei seiner Vorbeifahrt, weil er, von der Zauberin → Kirke gewarnt,[1] seinen Männern befahl, sich Wachs in die Ohren zu stopfen, und sich selbst am Mast festbinden ließ, um den Gesang gefahrlos hören zu können.[2]

Bei nachhomerischen Schriftstellern wurden die Sirenen schnell zur Metapher für unwiderstehliche, aber gefährliche weibliche Anziehungs- und Überzeugungskraft. Bei Euripides spricht Hermione, die kinderlose Frau des Neoptolemos, davon, daß sie sich gegen ihre Rivalin, die Kriegsgefangene Andromache, durch »Sirenenworte listiger, durchtriebener und verschlagener Schwätzerinnen« habe aufstacheln lassen.[3] In Platons »Staat« berichtet ein von den Toten ins Leben Zurückgekehrter von acht himmlisch singenden Sirenen, die auf den Rändern der Weltsphären stehen und deren harmonischen Klang erzeugen (→ Sphärenmusik).[4] Der Gesang der Sirenen konnte also auch positiv für süße und helle Töne stehen.[5]

Auch bei den Römern waren die Sirenen ein wiederkehrendes Motiv.[6] Das lateinische Wort »sirenae« fand als Übersetzung des hebräischen »םיִנַּת« (Schakale, sprich: tannim; Sg. ןַתּ) Eingang in die lateinische Übersetzung von Jes. 13,22. Aus mittellateinisch »sirena« entstanden dann französisch »sirène« und die deutsche »Sirene«, die im übertragenen Sinn einen wunderschönen Gesang oder auch gefährliche Verführung symbolisiert.

1819 erfand Charles de la Tour eine tonerzeugende Vorrichtung (mit einer perforierten Scheibe in einem Wasserstrom), die er »Sirène« nannte; von dort ging die Bezeichnung auf Fabrikpfeifen, Nebelhörner und auf alle möglichen anderen – freilich wenig verlockenden – lauten Tongeber über.

[L] Büchmann 67; Duden 12,431; Grimm 16,1231-1235; Kluge 710; Macrone 18-19; Otto 324 (Nr. 1657) u. Nachträge 64.117.213.245; Rannacher 40; Stichwörter 16-19 u. Komm. 35-38. [1] Hom. Od. 12,39-54 und 154-200. [2] In späteren Versionen der Geschichte konnte er den Sirenen dennoch nicht widerstehen: Macrone 18. [3] Eur. Andr. 936-937: »κλύουσα τούσδε Σειρήνων λόγους | Σοφῶν, πανούργων, ποικίλων λαλημάτων.« [4] Plat. rep. 10,617b. Krat. 403d-e meint dagegen Sirenen als Todesdämonen in der Unterwelt. [5] Vgl. CIG 6268,1: »die noch viel heller [singende] als die Sirenen« (ἡ πολὺ Σειρήνων λιγυρωτέρη); Anth. Pal. 5,241,7 (»süßer als Sirenen«). [6] Beispielsweise Hor. sat. 2,3,14-15: »Meiden muß man die schlimme Sirene | Faulheit« (vitanda est improba Siren | desidia); zahlreiche weitere Stellen bietet Otto 324 (Nr. 1657) u. Nachträge 64.117.213.245. [R] Hans Sachs, Ulysses mit den Meerwundern der Sirenen (Schwank, 1557). [S] Engl. »Siren song«; die frühesten englischen Bibelübersetzer hielten die Sirenen nach Jes. 13 für fliegende Schlangen; Geoffrey Chau-

cer (1340-1400) hingegen verwies darauf, daß die Franzosen unter
Sirenen Nixen verstünden. Der »Siren song« erscheint ab dem 16. Jh.:
Roger Ascham, Erzieher von Königin Elisabeth I., verglich Italien mit
der trügerischen See und rühmte »noble personages ... whom all the
Siren songs of Italy could never untwine from the mast of God's word«.

Sisyphusarbeit

**Mühevolle und zugleich vergebliche Arbeit (auch: * sisy-
phische Anstrengung); * Sisyphuslast: schwere, nicht
zu bewältigende Last; den Stein des Sisyphus wälzen: eine
übermenschliche Anstrengung machen, sich vergeblich
mühen, leeres Stroh dreschen; * den großen Stein wälzen:
im gewohnten Arbeitstrott sein.**

Sisyphos (Σίσυφος, lat. Sisyphus), der Erbauer und König
von Korinth, war ein Ausbund von List und Verschlagen-
heit. Unter anderem[1] erschlich und verriet er das Geheimnis,
daß Zeus die Aigina verführt hatte;[2] dafür mußte er in der
Unterwelt, wo Odysseus ihn sah, einen schweren Felsblock
auf einen Berg wälzen, von dem er auf der anderen Seite
wieder herunterrollte.[3]

Bei Griechen und Römern war Sisyphos vor allem wegen
seiner Schlauheit sprichwörtlich.[4] Der Komödiendichter
Terenz spielt auf den Stein des Sisyphos an: »Schon lange
genug wälze ich diesen Stein.«[5] Der Grammatiker Donat
bezeichnete später »einen Stein wälzen« als ein »Sprichwort
auf diejenigen, die mit einer unaufhörlichen Arbeit geschlagen sind, wie Sisyphus bei den Unterirdischen«.[6]

Die Wendung »Sisyphusarbeiten« erscheint erstmals bei
Properz (»Sisyphios labores«).[7]

[L] Büchmann 66-67.290; Der neue Büchmann 357; Duden 12,431;
Grimm 18,1971; Otto 310 (Nr. 1596), 325 (Nr. 1659) u. Nachträge

213.248; Rannacher 40; Röhrich 4,1483; Stichwörter 31-36 u. Komm. 50-61; Wiesenthal 52. [1] Ferner fesselte er den Tod, so daß niemand sterben konnte, bis Herkules diesen wieder befreit hatte; oder er entging selbst dem Tod, indem er seiner Frau verbot, ihn nach seinem Tod zu bestatten, und sich von Hades Urlaub in die Oberwelt erbat, angeblich um seine Frau zurechtzuweisen: Soph. Phil. 624-625; vgl. Thgn. 702-716. [2] Paus. 2,5,1; Apollod. bibl. 1,9,3; vgl. Schol. Il. 1,180. [3] Hom. Od. 11,593-600; Hyg. fab. 60. [4] Vgl. Otto 325 (Nr. 1659) und Wiesenthal 52 mit Quellen; der römische Dichter Lukrez meinte, daß Sisyphos' Schicksal im wirklichen Leben bei den Machthungrigen zu beobachten sei: Lucr. 3,995-1002. [5] Ter. Eun. 1085: »Sati' diu hoc iam saxum vorso.« [6] Donat nach Otto 310. [7] Prop. 2,17,7; 2,20,32. [R] Aischylos, Sophokles, Euripides und Kritias von Athen schrieben Dramen über Sisyphus, von denen Fragmente erhalten sind: Aischyl. Fr. 225-234 TGrF (= TrGF 3,337-341); Soph. Fr. 502 TGrF (= TrGF 4,415 Fr. 545); Eur. Fr. 673-674 TGrF; Krit. Fr. 1 (TGrF 771-773). Spätere Dramen, Dichtungen und Ballette nennt Hunger 380. Philosophischer Essay: Albert Camus (1913-1960), »Mythe de Sisyphe« (»Der Mythos des Sisyphos«; über den Menschen in seinem aussichtslosen Streben nach Weltüberwindung). [S] Engl. »Sisyphian task/labour«; frz. »un travail de Sisyphe«; ndl. »een Sisyphusarbeid«.

Skepsis

Kritischer Zweifel; skeptisch: kritisch, zweifelnd, zurückhaltend; Skeptiker: kritischer, im Urteil zurückhaltender Mensch; Skeptizismus: Position eines grundsätzlichen Zweifelns.

Die »Skepsis« (griech. σκέψις »Betrachtung, Überlegung, Untersuchung«; von σκέπτομαι »betrachten, überlegen, untersuchen«), d. h. das grundsätzliche Mißtrauen und die Zurückhaltung im Urteil, war das grundlegende Prinzip und zugleich der Name einer Richtung der griechischen Philosophie, die um 300 v. Chr. Pyrrhon von Elis (um 365-275

v. Chr.) begründete. Danach besteht jedes Urteil auf menschlicher Konvention, weshalb man sich seiner am besten ganz enthalten solle und alles im Leben als gleich gültig (und somit gleichgültig) hinnehmen solle; aber auch die Erkennbarkeit der Dinge selbst wurde in Frage gestellt. Ein späterer bekannter skeptischer Philosoph war der Arzt Sextus Empiricus (Ende des 2. Jh. n. Chr.), dessen philosophische Schriften in der Renaissance im 15. Jh. wiederentdeckt wurden und eine rege Diskussion um den Skeptizismus auslösten. Auch in der Philosophie der Neuzeit haben skeptizistische Positionen angesichts der Zurückdrängung absoluter Wahrheitsansprüche eine weite Verbreitung.

Der Begriff der Skepsis hat sich zudem immer mehr von der Philosophie gelöst. Er wurde seit dem 17. Jh. auch in der Theologie verwendet[1] und hat sich inzwischen so verallgemeinert, daß er heute für jede Art von zurückhaltendem Zweifel verwendet wird.

L Macrone 74. [1] Thomas Edwards (1646): »First bring in skepticism in doctrine and looseness of life and afterwards all atheism« (»Führe zuerst Skeptizismus und lockere Lebensweise in die Lehre ein und danach jeden Atheismus«; engl. nach Macrone 74).

von Skylla zu Charybdis

Von einem Unglück in ein noch schlimmeres, »vom Regen in die Traufe«, »vom Galgen auf das Rad« (auch: Scylla o. Szylla; z. B. von S. zu C./von der S. in die C./aus der S. in die C. kommen/geraten/verfallen; der S. entfliehen und in die C. fallen; auch umgekehrt: der C. entfliehen und in die S. geraten); zwischen Skylla und Charybdis: zwischen zwei gleich großen Gefahren, in auswegloser Lage.

Skylla (Σκύλλα, lat. Scylla) ist ein Meerungeheuer mit sechs Köpfen, mit jeweils dreireihig gezähnten Mäulern und mit zwölf Füßen, das in einer Höhle unter einer Klippe wohnt, wie ein junger Hund heult und nach den Vorbeifahrenden schnappt;[1] sie war schon bei den Griechen ein Synonym für ein fürchterliches Ungeheuer.[2] Ihr gegenüber haust – nach Homer noch schrecklicher – die Charybdis (Χάρυβδις, lat. Charybdis), die dreimal täglich das Meerwasser einsaugt und es laut brüllend wieder ausspeit.[3] Odysseus verliert bei der Durchfahrt durch die Meerenge zwischen Skylla und Charybdis sechs seiner Männer, die von Skylla gefressen werden.[4] Beide Ungeheuer sind wahrscheinlich ein Bild für die bei Seefahrern berüchtigte Meerenge von Messina.

Als Inbegriff der Habgier war bei den Griechen und Römern zunächst die Charybdis verbreitet;[5] erst in der Spätantike wurde sie mit der Skylla (oft als einem Sinnbild des Neides) verbunden.[6] Im Mittelalter wurden sie als zwei Übel sprichwörtlich, von denen man, wenn man dem einen entgehen will, dem anderen verfällt (wie etwa »vom Regen in die Traufe«).[7]

Heute gelten beide zumeist als Synonym für zwei gleichermaßen unangenehme Umstände, von denen man mindestens einem nicht entkommen kann.

[L] Borchardt-Wustmann-Schoppe 398; Büchmann 352; Duden 11,649; Duden 12,566; Macrone 20-21; Otto 82 (Nr. 382) u. Nachträge 23.54.71.98.148.211.265; Rannacher 39; Röhrich 4,1453-1454; Stichwörter 26-30 u. Komm. 44-49. [1] Hom. Od. 12,85-100; Apoll. Rhod. 4,789-790.825-832.922-923; Hyg. fab. 125,14; vgl. fab. 199. [2] Bei Aischylos nennt Kassandra die zukünftige Gattenmörderin Klytaimnestra eine »Schlange oder eine Skylla, wohnend in Felsen, Verderben der Seefahrer« (Aischyl. Ag. 1233-1234). [3] Hom. Od. 12,222-259. [4] Hyg. fab. 125,14. [5] Aristoph. Equ. 248 (»eine Charybdis des Raubes«); die lat. Belege siehe bei Otto 82 (Nr. 382) u. Nachträge

23.54.71.98.148.265. [6] z. B. Anth. Pal. 11,271; weitere griech. u. die lat. Belege (darunter wird Skylla auch einzeln genannt) siehe bei Otto 82 (Nr. 382) u. Nachträge 23.54.71.98.148.265; zu Skylla als Inbegriff reißender Gier siehe Otto, Nachträge 211. [7] Walter von Châtillon, Alexandreis (verfaßt 1178-1182) 5,301: »Incidis in Scillam cupiens vitare Charibdim« (während du wünschst, der Charybdis zu entgehen, verfällst du der Skylla); griech. vgl. Apostol. 16,49 (CPG 2,672-673); vgl. Er. ad. 1,5,4 (»Evitata charybdi in Scyllam incidi«). Gerlingius (1649) Nr. 94 zitiert und deutet: »Incidit in Scyllam cupiens vitare Charybdin. Der der Troffen entlauffen will, der kömpt mit all in den Platzregen. Ich wil den Rauch umbgehen, und komme gar ins fewr« (nach Borchardt-Wustmann-Schoppe 398). [S] Engl. »in trying to avoid Charybdis to drift into Scylla«; frz. »tomber de Charybde en Scylla«, parodiert zu »tomber de canif en syllabe« (vom Taschenmesser in die Silbe fallen); ndl. »van Scylla in Charybdis vervallen«.

solonische Weisheit

Vorausschauende Klugheit, höchste Weisheit.

Solon (Σόλων, lat. Solō), athenischer Staatsmann und Gesetzgeber, führte um 600 v. Chr. verschiedene Reformen durch. Wenn er Athen auch nicht eine neue Verfassung gab, so bewirkten doch seine Gesetzesinitiativen zum Erb-, Familienrecht und verschiedene Regelungen zum Wirtschaftsleben eine grundlegende Reform der athenischen Gesellschaft. Bereits bei römischen Schriftstellern erscheint er als Synonym für Fleiß, Ernsthaftigkeit oder Gesetzeskenntnis.[1]

[L] Otto, Nachträge 214; Rannacher 40. Weiterführende Lit.: Der Kleine Pauly 5,262-266. [1] Plaut. Asin. 599; Pers. 3,79; Apoll. Sidon. ep. 5,5,3.

Geh mir aus der Sonne!

Geh mir aus dem Licht! Auch: Geh mir aus den Augen! Störe mich nicht, sondern verschwinde! (auch: Geh mir ein wenig aus der Sonne!); ein/der Platz an der Sonne: ein Ort, an dem es sich zufrieden leben läßt, allgemeiner: Glück und Erfolg im Leben.

Als Alexander der Große dem Philosophen Diogenes (Διο-γένης, lat. Diogenēs) anbot, ihm einen beliebigen Wunsch zu erfüllen, soll dieser nur gesagt haben: »Geh mir aus der Sonne!«[1] Damit lehnte Diogenes indirekt die Annahme von Geld oder anderen materiellen Güter ab, da es ihm nur darauf ankam, zufrieden und ohne Bedürfnisse zu leben (→ Diogenestonne). Gerade darum beneidete ihn Alexander, der gesagt haben soll: »Wäre ich nicht Alexander, so wäre ich gern Diogenes.«[2]

In keinem nachweisbaren Zusammenhang mit dieser Anekdote steht der Ausdruck »Platz an der Sonne«, den der deutsche Reichskanzler von Bülow 1897 prägte, als er koloniale Ansprüche Deutschlands mit den Worten rechtfertigte: »Wir [Deutschen] verlangen auch unseren Platz an der Sonne.«[3] Heutzutage symbolisiert die Sonne in dieser Wendung vor allem materielles Glück, insbesondere in der Werbung oder als ehemaliger Name einer Fernsehlotterie.

[L] Büchmann 361; Duden 12,176.385; Röhrich 4,1490-1491; Rössing 126. [1] Diog. Laert. 6,38: »Ἀποσκότησόν μου.« [2] Diog. Laert. 6,32: »Φασὶ δὲ καὶ Ἀλέξανδρον εἰπεῖν ὡς εἴπερ Ἀλέξανδρος μὴ ἐγεγόνει, ἐθελῆσαι ἂν Διογένης γενέσθαι.« [3] Rede vor dem Reichstag am 6. 12. 1897 nach Duden 12,385.

sophistisch

Spitzfindig, trügerisch; Soph**i**st: Wortverdreher, Spiegel-
fechter; Soph**i**smus/Sophister**ei**: Spitzfindigkeit, rhe-
torischer Trugschluß.

Unter den »Sophisten« (σοφισταί, Sg. σοφιστής Weiser, Gelehrter, Redekünstler [von σοφός »weise«]; lat. soph**i**stēs,ae
o. soph**i**sta) versteht man eine Reihe von griechischen Red-
nern, Wanderlehrern und Philosophen des 5. Jh. v. Chr., die
eine neue, am Menschen orientierte philosophische Haltung
(Kritik an den traditionellen Gottesvorstellungen, erkennt-
nistheoretischer Skeptizismus) und ein neues Bildungsideal
(hohe Bedeutung der Rhetorik zur praktischen Anwendung
in der Politik) vertraten und gegen Geld als Lehrer verbreiteten. Am bekanntesten von ihnen sind Gorgias von Leonti-
noi, Hippias von Elis und Protagoras von Abdera (»Der
Mensch ist das Maß aller Dinge«). Jedoch wurden sie von
Sokrates scharf kritisiert, da sie ihr rhetorisches Geschick
dazu benutzten, »die schwächere Position zur stärkeren zu
machen« (τὸν ἥττω λόγον κρείττω ποιεῖν), ohne wahres
Wissen zu erlangen oder zu vermitteln.

Diese negative Bewertung der Sophisten wurde von Platon in seinen sokratischen Dialogen verbreitet und prägte
bis in jüngste Zeit das Bild der Sophistik. Da die Sophisten
außerdem die Kunst der Rhetorik tatsächlich perfektionier-
ten und rhetorische Übungen zum Beweis oder zur Widerlegung jeder beliebigen Position betrieben, wurde der Begriff »Sophist« schon in der griechischen und römischen
Antike negativ im Sinne eines mit Scheinbeweisen arbei-
tenden Wortverdrehers verwendet.[1] Diese Bedeutung blieb
auch im Mittellateinischen (soph**i**sta: Sophist, soph**i**stica
[ars] / sophistic**a**tio: »Sophisterei«, sophistic**a**re: »sophisti-

zieren«) und Deutschen erhalten. So dichtete z. B. Johann Fischart im 16. Jh. über »allerhand Sophisterei, | verkehrt heidnisch Philosophei, | sophistisch Griff, Ränck, Tück und Stück«.[2]

Ⓛ Grimm 16,1751-1753; Macrone 75-76. [1] Für Belege siehe LS 2,1622. [2] Nach Grimm 16,1753. Ⓢ Engl. »sophism«, »sophistry« (Spitzfindigkeit), »to sophisticate« (verdrehen, verfälschen); ebenfalls bisweilen negativ das Adj. »sophisticated« (raffiniert, intellektuell, kompliziert).

spartanisch

Hart, streng, eisern, (z. B. s. Einfachheit, Sitte, Tugend, Strenge, Zucht); spartanische Mahlzeit: einfaches, bescheidenes Essen; spartanisch leben: einfach und genügsam leben; * Spartaner: bedürfnisloser, abgehärteter Mensch.

Die Einwohner von Sparta (Σπάρτη, lat. Sparta) entwickelten, um militärisch die Kontrolle über weite Gebiete der Peloponnes zu bewahren, ein hartes und streng soldatisch geregeltes Leben. Die deutsche Redewendung »spartanisch« erscheint ab dem 17. Jh.

Ⓛ Grimm 16,1957; Rannacher 40; Röhrich 4,1495; Rössing 159-160.

Sphärenmusik

Himmlische, feine Musik (auch: Sphärengesang, Sphärenklang, Sphärenlied, Sphärenmelodie); Sphärenharmonie: vollendete Harmonie der Natur.

Bereits in den altorientalischen Kulturen findet sich die Vorstellung, daß das Weltall von »heiligen« Zahlen, vor allem der Sieben, zusammengehalten wird, deren Verhältnisse denen in der Musik entsprechen: Die von den fünf Planeten, Sonne und Mond erzeugten Töne entsprechen in ihrem harmonischem Verhältnis dem der sieben Saiten der Leier und den uns bekannten Harmonien innerhalb einer Oktave.

Nach den Pythagoreern, denen die Zehn als heilige Zahl galt, ist die Erde von »Sphären« (σφαῖρα, lat. sphaera »Kugel«) umgeben, die das Himmelsgewölbe bilden und auf denen die Planeten um das Zentrum ziehen.[1] Platon schildert im Dialog »Timaios« die Harmonie der Planetenbahnnen der Zeit und gibt zudem im »Staat« eine mythische Ausgestaltung: Auf acht Sternenkreisen sitze je eine mitschwingende und tönende Sirene (→ Sirenen), während das Ganze von der Spindel der Ananke (griech. Ἀνάγκη, Verkörperung der schicksalhaften Notwendigkeit) um eine Achse gedreht werde.[2] Aristoteles hingegen lehnte den Gedanken einer Sphärenmusik ab, da es unvorstellbar sei, daß man sie angesichts der Größe der sich bewegenden Himmelskörper nicht hören oder spüren könne.[3] Der Römer Cicero griff in seinem »somnium Scipionis« später Platons Vorstellungen ohne ihre mythischen Elemente auf.[4]

Zur Zeit der Kirchenväter übernahmen die Christen zusammen mit diesem harmonikalen Weltbild der Antike auch die Vorstellung von der Sphärenmusik (lat. musica mundana: »Weltenmusik«), doch fällt sie hier mit der Musik der Engel zum Lobpreis Gottes zusammen.[5]

[L] Büchmann 360; Der neue Büchmann 438; Grimm 16,2209; Rannacher 40-41. Weiterführende Lit.: Reinhold Hammerstein, Die Musik der Engel. Untersuchungen zur Musikanschauung des Mittelalters, Bern 1962; Leo Spitzer, Classical and Christian Ideas of World Harmony, Baltimore 1963; weitere Lit. nennt Büchmann 360. [1] Porph. vit. Pyth. 30. [2] Plat. Tim. 38b-39e; rep. 617a-c. [3] Aristot. cael.

2,9 (Bekker 290b). [4] Cic. rep. 6,18-19. [5] Belege dazu und Näheres zum mittelalterlichen Verhältnis von Sphärenmusik und Engelsgesang bei Hammerstein (s.o.) 116-144.

Sphinx

Rätselhaftes Wesen (z.B.: rätselhaft wie eine S. sein);
* sphinxenhaft/sphinxhaft: befremdend, rätselhaft;
* einer Sache hilflos wie einer Sphinx gegenüberstehen:
völlig hilflos sein; * Sphinxgesicht: verschlossenes, undurchschaubares Gesicht; * Lächeln der Sphinx: kaltes,
geheimnisvolles Lächeln; * Sphinxaugen: rätselhafter,
undurchschaubarer Blick.

Die Sphinx (Σφίγξ, lat. Sphinx; Pl. Sphingen, veraltet: Sphinxe) ist zunächst aus Ägypten als Porträtstatue des Königs mit Löwenkörper bekannt; in Vorderasien dagegen ist sie weiblich und wurde so auch von den Griechen um 1600 v. Chr. nachgebildet. In der griechischen Sage erscheint die Sphinx zuerst bei Hesiod, der sie lediglich als »Verderben« bezeichnet.[1] In der Folge wurde sie vorwiegend als ein Ungeheuer mit Frauenoberkörper und geflügeltem Löwenunterkörper geschildert,[2] das auf einem Felsen in der Nähe von Theben lag und den Vorübergehenden ein Rätsel aufgab, um all jene, die die Lösung nicht fanden, zu verspeisen.[3] Als Ödipus den Sinn entschlüsselte, stürzte sie sich von der Akropolis von Theben in die Tiefe.[4]

Bei Sophokles hat die Sphinx noch den Charakter eines gefährlichen Monsters; später wurde sie jedoch literarisch zugleich mit unberechenbarer Gefährlichkeit zum Symbol geheimnisvollen Wissens und göttlicher Weisheit. Goethe nahm in seine »klassische Walpurgisnacht« (Faust II, 2) auch Sphingen auf.

L Büchmann 67; Grimm 16,2211-2213; Macrone 112; Otto, Nachträge 215; Rannacher 41; Röhrich 4,1499 mit weiterführender Lit. [1] Hes. Theog. 326. [2] Apollod. bibl. 3,5,8,2; Schol. Eur. Phoen. 45.806-807. [3] Das Rätsel lautete: »Es gibt ein Ding auf Erden, das zwei und vier und drei Füße hat. Von allen Wesen, die sich auf der Erde kriechend oder in der Luft und im Meer bewegen, wechselt es allein seine Natur, und wenn es sich auf die meisten Füße gestützt fortbewegt, ist die Kraft seiner Glieder am geringsten« (Soph. Oid. T. ed. Willige/Bayer S. 900-903, Einführung Nr. IV: Τὸ αἴνιγμα τῆς Σφιγγός). Die Lösung lautet: Der Mensch, nämlich als Kleinkind (auf vier Beinen), als Erwachsener (auf zwei Beinen) und im Alter (mit Stock auf drei Beinen; Soph. Oid. T. ed. Willige/Bayer S. 902-903, Einführung Nr. IV: Λύσις τοῦ αἰνίγματος). [4] Apollod. bibl. 3,5,8,7; Diod. 4,64,4; vgl. Eur. Phoen. 45-50. **R** Einige dramatische Bearbeitungen und Dichtungen nennt Hunger 383. **S** Engl. »the Riddle of the Sphinx«, »Sphinx« vorwiegend positiv, z. B. Berowne, Love's Labor's Lost (nach Shakespeare) 4,3: Liebe wird beschrieben als »Subtle as Sphinx« (Macrone 113).

Spreeathen

Berlin.

Athen war durch Einfluß, Handelstätigkeit und Kultur die führende Stadt des antiken Griechenland. Daher werden andere Städte gern damit verglichen; die Bezeichnung »Spreeathen« für Berlin erscheint zuerst in einem Gedicht Erdmann Wirckers von 1706 (»An seiner Königl. Majestät in Preußen in Nahmen eines andern«): »Die Fürsten wollen selbst in deine Schule gehn, drumb hastu auch für sie ein Spree-Athen gebauet.«[1] Auch andere Städte verglichen sich mit Athen:

Beltathen (Kiel)[2]
deutsches Athen (Weimar)[3]
Elbathen (Wittenberg)[4]
Embach-Athen (Dorpat)[2]

Isarathen (München)[5]
Lahnathen (Gießen)[6]
Leinathen (Göttingen)[7]
Neißeathen (Görlitz)[8]
Pleißathen (Leipzig)[6]
Rheinathen (Duisburg)[2]
Ryckathen (Greifswald)[2]
Saalathen (Halle und Jena).[9]

[L] Büchmann 93-94; Rannacher 8. [1] Die Stelle wird belegt bei
Büchmann 93. [2] W. Fabricius, Zur Studentensprache, Zeitschrift
für deutsche Wortforschung 3,1902,93. [3] Kotzebue, »Der Freimü-
tige« v. 4. 1. 1803 nach Büchmann 94. [4] Karl Burdach, Studentensprache und Studentenlied in Halle vor hundert Jahren. Neudruck des
›Idiotikon der Burschensprache‹ von 1795 und der ›Studentenlieder‹
von 1781 (Neuausgabe von C.F.B. Augustins »Bemerkungen eines
Akademikers über Halle«, 1795), Halle 1894, S. 94. [5] Wohl erst
seit König Ludwig I.: Büchmann 94. [6] Karl Burdach, Studentensprache und Studentenlied in Halle vor 100 Jahren (s.o.) 94; nach Otto
Ladendorf, Studentendeutsch (s.o.) 309 erscheint der Ausdruck in
Breitingers Satire »Der gestäupte Leipziger Diogenes« (Zürich 1723,
S. 231). [7] Karl Burdach, Studentensprache und Studentenlied in
Halle vor 100 Jahren (s.o.) 94; nach Otto Ladendorf, Studentendeutsch (s.o.) 309 bei Friedrich Mohn (Gedichte 1795, S. 51).
[8] Rannacher 8. [9] Die Bezeichnung findet sich nach Otto Ladendorf, Studentendeutsch, Zeitschrift für deutsche Wortforschung 4,
1903, 309 zuerst in einem Gratulationsgedicht Philanders von der
Linde zum Jahr 1698 (Scherzhafte Gedichte 1713, S. 66); Chr. Wilh.
Kindleben, Studenten-Lexikon, Halle 1781, S. 179: »Saalathen ist eine
unter den Studenten gewöhnliche Benennung der Universitäten Halle
und Jena, weil beyde Orte an der Saale liegen, wie Leipzig Pleißathen
heißt.« Ende des 19. Jh. war die Bezeichnung nach Karl Burdach,
Studentensprache und Studentenlied in Halle vor hundert Jahren
(s.o.) 94 Anm. 2 schon nicht mehr gebräuchlich. Als Beleg für den Ausdruck nennt Burdach die Gedichte von Christian Friedrich Hunold
(gen. Menantes), z.B. die »Akademischen Nebenstunden« von 1713,
S. 161.163.168.302.

jeden Stein umdrehen

Alles lückenlos absuchen.

In Euripides' Drama »Die Herakliden« (d. h. »Die Kinder des Herakles«) verfolgt der korinthische König Eurystheus, in dessen Dienst der Held Herakles (→ Herkules) seine Arbeiten verrichtet hatte, nach dessen Tod seine Nachkommen, da er seine Herrschaft durch sie bedroht sieht. Er erklärt der Stadt Athen, wohin sich die Herakliden geflüchtet haben, den Krieg, wird aber geschlagen, gefangengenommen und vor Herakles' Mutter Alkmene gebracht, die ihn bitter verflucht. Eurystheus rechtfertigt sich, er habe eben »jeden Stein bewegen müssen«, um die ihn bedrohenden Herakleskinder aufzuspüren.[1]

Euripides' Wendung wurde bereits in der griechisch-römischen Antike zur sprichwörtlichen Redensart. Plinius d. J. zitiert sie griechisch in einem Brief an seinen Freund, den Geschichtsschreiber Tacitus.[2]

Im Deutschen begegnet »jeden Stein umkehren« zuerst bei Eichendorff (1788-1857): »Da habe der brave Alvarez ... sie beide zurückgeschickt, um ihn aufzusuchen, und wenn sie jeden Stein umkehren und jede Palme schütteln sollten.«[3]

Ⓛ Macrone 119. [1] Eur. Heracl. 1000-1004: »κείνου δ' ἀπαλλαχθέντος οὐκ ἐχρῆν μ' ἄρα | μισούμενον πρὸς τῶνδε καὶ ξυνειδότα | ἔχθραν πατρῴαν πάντα κινῆσαι πέτρον | κτείνοντα κἀκβάλλοντα καὶ τεχνώμενον;« (War es nach seinem [d. h. des Herakles] Tod nicht notwendig, daß ich daher, | diesen hier [d. h. Herakles' Kindern] verhaßt und mir der väterlichen | Feindschaft wohl bewußt, jeden Stein bewege, | tötend, verbannend und listig denkend?). [2] Plin. epist. 1,20,15-16 (über sein Vorgehen bei einem Plädoyer): »Ich taste alles ab, versuche alles, bewege schließlich jeden Stein« (omnia pertempto, omnia experio, πάντα denique λίθον κινῶ). [3] Nach Grimm 18,1970-1971.

S Engl. »to leave no stone unturned«; vgl. ndl. »De onderste steen boven halen« (Den untersten Stein nach oben holen, d. h. einer Sache auf den Grund gehen). **B** Comicszene in: »Der doppelte Stefan Stenzel«, Walt Disneys Lustiges Taschenbuch 260, S. 46.

Stentorstimme

Laute, donnernde Stimme (z. B.: mit einer S. schreien); Stentor: Mensch mit lauter Stimme; * stentorisch: laut, donnernd.

Stentor (Στέντωρ »Brüller«) war der stimmgewaltige Herold der Griechen vor Troja. Er konnte mit seiner bronzenen Stimme so laut schreien wie fünfzig andere zusammen.[1]

Übertragen benutzte den Begriff bereits Aristoteles: »Wer wird Feldherr der heftig überschäumenden Masse sein oder ein Herold, wenn er nicht ein Stentor ist?«[2] Nach Lukian wisse ein älterer Mann, daß lautes Gejammer nichts nütze, »auch nicht wenn er lauter als Stentor schreie«.[3] Daneben finden sich Verweise auf Stentor noch bei weiteren griechischen und lateinischen Autoren.[4]

Im Deutschen erscheint er in Vergleichen ab dem 16. Jh., daneben im übertragenen Sinne »Stentorbrust« und »stentorisch«; im 18. Jh. ist »Stentor« als Bezeichnung für einen Ausrufer oder Marktschreier belegt.[5]

L Büchmann 288; Der neue Büchmann 355; Grimm 18,2369-2370; Macrone 7; Otto 331 (Nr. 1690) u. Nachträge 64.118.215; Rannacher 41; Röhrich 5,1547; Wiesenthal 45.   [1] Hom. Il. 5,785-786 über das Auftreten der Göttin Hera: »Στέντορι εἰαμένῃ μεγαλήτορι χαλκεοφώνῳ, | ὃς τόσον αὐδήσασχ', ὅσοι ἄλλοι πεντήκοντα« (... dem Stentor gleichend, dem großherzigen, bronzen tönenden, | der so laut zu reden pflegte wie fünfzig andere).   [2] Aristot.pol. 7,4 (Bekker 2,1326b): »τίς γὰρ στρατηγὸς ἔσται τοῦ λίαν ὑπερβάλλοντος πλήθους, ἢ τίς κῆρυξ μὴ Στεντόρειος.«   [3] Lukian. luct. 15: »οὐδ' ἂν

256

μεῖζον ἐμβοήσῃ τοῦ Στέντορος.« [4] Belege nennt Otto 331 (Nr. 1690) u. Nachträge 64.118. [5] Grimm 18,2369-2370. S̲ Engl. »Stentor« (zuerst Thomas Nashe [1600]; Ben Jonson, Epicoene 4,2 [1609]), Adj. »stentorian«: »a stentorian voice«; frz. »une voix de Stentor«; ndl. »een stentorstem«.

stoische Ruhe

Unerschütterliche Ruhe, völlige Gelassenheit (auch: * Stoizismus); * Stoiker: gleichmütiger, unerschütterlicher Mensch; * stoisch: gleichmütig, unerschütterlich.

Die nach der »bunten Halle« (Στοὰ ποικίλη, sprich: Stoa poikile) in Athen benannte Philosophenschule der Stoiker (Στωϊκοί, Sg. Στωϊκός; lat. Stoicus) lehrte als Ideal die völlige Leidenschaftslosigkeit und Gelassenheit in allen Wechselfällen des Lebens. Über alle Regungen der Seele müsse man sich mit Gleichmut hinwegsetzen.

Im Deutschen bildeten sich »Stoiker«, »Stoizismus« und »stoisch« mit dem 16. Jh. und werden seitdem vorzugsweise als Synonyme für höchste Gelassenheit und Seelenruhe verwendet.

L̲ Büchmann 309; Der neue Büchmann 375; Grimm 19,191-194; Macrone 78; Rannacher 41-42.

* Beim Styx!

(scherzhaft): »Zum Henker!« o. ä. (korrekt eigentlich: Bei der Styx! oder: Beim Fluß Styx!); * stygisch: schauerlich, verabscheut.

Die Styx (ἡ Στύξ »die Verabscheute«) war ein eiskalter, dunkler Fluß in der Unterwelt, den die Toten überqueren mußten und bei dem die Götter ihre Eide schworen.[1] Das

deutsche Adjektiv »stygisch« (nach griech. στύγειος) erscheint noch im eigentlichen Sinne zuerst im 17. Jh. bei dem
Tasso-Übersetzer Michael Schneider: »Und zwar schwere
ich durch die stygische Gewalt, daß ich meinem Versprechen
Genugen leisten wil.«[2] Übertragen findet sich Ende des
19. Jh. z. B. »stygische [d. h. völlige, schauderhafte] Finsternis«.[3]

L̲ Grimm 20,808-809; Otto, Nachträge 215; Rannacher 42.
[1] Hom. Il. 14,271.15,37-38 u. Od. 5,185-186; Apoll. Rhod. 2,291-
292; vgl. Verg. Aen. 6,322-324; Ov. met. 11,500.   [2] Amintas (1632)
130 nach Grimm 20,808.   [3] Grimm 20,809. R̲ »Styx« ist auch der
Name einer Popgruppe.

Sybari̲t

Genußmensch, Schwelger, Weichling; * sybaritisch:
üppig, weich, schlemmerhaft (z. B.: * s. Dasein, * s. Neigungen); * Sybaritenleben: weichliches, genüßliches Leben
(auch: * Sybaritismus); * Sybaritenland: Ort, an dem
Genußsucht herrscht; * Büchersybarit: Mensch, der Bücher nicht kritisieren, sondern nur genießen will.

Die wohlhabende griechische Stadt Sybaris (Σύβαρις, Einwohner: Συβαρίτης der Sybari̲t; lat. Sybarit̲ānus, Sybari̲ta)
in Unteritalien galt als besonders üppig und verschwenderisch. 709 v. Chr. von griechischen Auswanderern gegründet, wurde die Stadt bereits 510 v. Chr. durch das benachbarte Kroton zerstört.

Der Name »Sybaris« konnte daher bei den Griechen
übertragen im Sinne von »Schwelgerei« verwendet werden,
und »sybaritisch« (Συβαριτικός, lat. Sybari̲ticus) bedeutete »verschwenderisch« oder »wollüstig«;[1] daher nannte
der römische Dichter Ovid anzügliche Gedichte »Sybarite-

reien« (lat. Sybaritica).[2] Im Deutschen ist der »Sybarit« ab
dem 17. Jh. (mit »sybaritisch« ab dem 18. Jh.) über das Lateinische und Französische aufgenommen worden.[3] Beispielsweise dichtete Wieland 1794: »Wem dürft' ich, wie ich
bin, die feige Stirne bieten? | Mein bloßer Aufzug zeigt schon
einen Sybariten!«[3]

L̲ Büchmann 291; Grimm 20,1367-1368; Otto 338 (Nr. 1727) u.
Nachträge 216; Rannacher 42; Rössing 160. Weiterführende Lit.: E. W.
Eschmann, Im Amerika der Griechen, Düsseldorf 1961, S. 24 ff.
[1] Beispielsweise Martial. 12,95,2: »mit sybaritischen Büchern« (Sy-
bariticis libellis); weitere Belege und Näheres siehe LS 2,1659 sowie
Otto 338 (Nr. 1727) u. Nachträge 216. [2] Ov. trist. 2,417. [3] Vgl.
Grimm 20,1367. [4] Werke (1794) 17,288 nach Grimm 20,1367.
S̲ Frz. »sybarite« (seit dem 16. Jh.).

Sykophant

**Verleumder, falscher Ankläger, Denunziant; sykophan-
tisch: verleumderisch, denunziatorisch.**

Ein Sykophant (συκοφάντης, aus σῦκον [Feige] und φαίνειν
[zeigen]; lat. sȳcophanta) war eigentlich ein »Feigenanzei-
ger«, d. h. ein Mensch, der in Athen Leute anzeigte, die
entgegen dem staatlichen Verbot Feigen aus Attika expor-
tierten. Später wurde der Begriff zum »Denunzianten« verallgemeinert. Im Deutschen erscheint er seit dem 16. Jh.[1]

L̲ Grimm 20,1368; Rannacher 42. [1] Grimm 20,1368.

Symposion

**Gastmahl, Schlemmermahl, Weinabend, Umtrunk; (häufi-
ger jedoch): wissenschaftliche oder politische Konferenz,
Vortrags- oder Diskussionsveranstaltung; * Symposiarch:
leitende Person beim Gastmahl.**

259

Ein Symposion (συμπόσιον »gemeinsames Trinken«; Pl. Symposien) war ein Trinkgelage mit Tanz und Flötenspiel. Im Dialog »Symposion« schildert Platon ein solches Gastmahl, bei dem die Teilnehmer reihum eine Rede auf den Gott der Liebe (Eros) halten.

Als feierliches, üppiges und leicht anzüglich gestaltetes Gelage wurde der Begriff ins Deutsche übernommen. Seine heute vorherrschende »alkoholfreie« Bedeutung erhielt das Symposion erst im 19. Jh.

L Grimm 20,1416; Macrone 92; Rannacher 42.

T

Man soll den Tag nicht vor dem Abend loben

Man kann noch kein positives Urteil fällen.

Nach dem Geschichtsschreiber Herodot weigerte sich der athenische Gesetzgeber Solon (um 600 v. Chr., vgl. → solonische Weisheit), den lydischen König Kroisos nach dessen Wunsch als den glücklichsten Menschen zu bezeichnen. Denn vor dem Lebensende könne man höchstens sagen, es gehe dem Menschen gut, aber noch nicht, er habe ein glückliches Leben geführt;[1] man müsse »bei jeder Sache auf das Ende sehen, wie sie ausgehen wird«.[2] Der römische Dichter Ovid zitiert diese Mahnung in seinen Metamorphosen;[3] nach seinen lateinischen Worten ist die heute bekannte Fassung gestaltet: »Nemo ante mortem beatus est« (Niemand ist vor seinem Tode glücklich [zu nennen]).[4]

Das deutsche »Man soll den Tag nicht vor dem Abend loben« ist eine allgemeine Form desselben Gedankens und wurde von Schiller in seinem Drama »Die Piccolomini« geprägt.[5]

Ⓛ Bartels 19.111; Büchmann 155; Der neue Büchmann 438; Duden 11,709; Rannacher 27. [1] Hdt. 1,32,7: »Πρὶν δ' ἂν τελευτήσῃ, ἐπισχεῖν μηδὲ καλέειν κω ὄλβιον, ἀλλ' εὐτυχέα.« [2] Hdt. 1,32,9: »σκοπέειν δὲ χρὴ παντὸς χρήματος τὴν τελευτὴν κῇ ἀποβήσεται.« Aristoteles problematisiert den Ausspruch Aristot. eth. Nic. 10 (Bekker 1100a). [3] Ov. met. 3,135-137: »Aber natürlich muß immer der letzte | Tag eines Menschen abgewartet werden und darf niemand glücklich genannt werden | vor seinem Hinscheiden und seinem Begräbnis« (Sed scilicet ultima semper | expectanda dies hominis, dicique beatus | ante obitum nemo supremaque funera debet). [4] Bartels 111. [5] Die Piccolomini (1800) 5,4 nach Büchmann 155.

Es ist noch nicht aller Tage Abend

Es ist noch nicht zu spät, es gibt noch eine Chance.

Bei dem griechischen Hirtendichter Theokrit heißt es: »Merkst du nämlich, daß die Sonne uns schon ganz untergegangen ist?«[1] Die »Sonne *aller Tage*« erscheint dann zuerst bei dem römischen Geschichtsschreiber Livius, der über Philipp von Makedonien schreibt: »Von Zorn beflügelt, fügte er hinzu, es sei noch nicht aller Tage Sonne untergegangen«,[2] d. h. er habe die Hoffnung noch nicht aufgegeben.

Ⓛ Büchmann 333; Duden 11,21; Otto 327 (Nr. 1668). [1] Theokr. 1,102: »Ἤδη γὰρ φράσδῃ πάνθ' ἅλιον ἄμμι δεδύκειν;« [2] Liv. 39,26,9: »Elatus deinde ira adiecit, nondum omnium dierum solem occidisse.« Ⓑ Thomas Mann, Buddenbrooks (Frankfurt a. M. 1961) 376: »Noch ist nicht aller Tage Abend. Noch ist er ja nicht verurteilt.«

Tantalusqualen

Unerträgliche Qualen (z. B.: T. erdulden müssen; auch:
* tantalische Marter), furchtbare Angst, ungestilltes Verlangen (auch: * tantalische Gier).

Tantalos (Τάνταλος, lat. Tantalus), König von Sipylos in
Phrygien, war Sohn des Zeus und Liebling der Götter, miß-
brauchte aber die Nähe zu ihnen, indem er ihre Geheimnisse
ausplauderte und für seine sterblichen Freunde → Nektar
und → Ambrosia stahl;[1] schließlich zerstückelte er sogar, um
die Allwissenheit der Götter auf die Probe zu stellen, seinen
eigenen Sohn Pelops und setzte ihn ihnen zum Mahl vor.[2]
Dafür wurde er verdammt, in der Unterwelt im Wasser unter einem Zweig voller Früchte zu stehen, aber doch nicht
essen oder trinken zu können, da Wasser und Früchte zu-
rückweichen. So leidet er ewigen Hunger und Durst.[3] Nach
anderer Überlieferung bedroht ihn außerdem ein über ihm
hängender Felsblock,[4] was bei den Griechen und Römern
einige Sprichwörter hervorbrachte, die eine große Furcht
und Gefahr beschreiben, wie: »Der Stein des Tantalos hängt
über dem Kopf« (vgl. → Damoklesschwert);[5] auch verglich
man mit ihm gern reiche Geizhälse, die ihren Überfluß nicht
mehr genießen können.[6]
  Vor allem aber lieferte der berühmte Unterweltsbüßer
mit seinem Namen die Bezeichnung für schlimmste, unaufhörliche Qualen: Sprichwörtlich erscheint er bereits in
den griechischen Ausdrücken »Tantalusstrafen«, »Tantalus-
leben«, »Tantalusdurst« und anderen.[7] Durch Erasmus' Be-
sprechung der lateinischen Übersetzung »Tantali poenae«
(Tantalusstrafen)[8] fanden die »Tantalusqualen« auch im
Deutschen Eingang.

L Büchmann 66; Duden 12,449-450; Otto 340 (Nr. 1742) u. Nachträge 80; Rannacher 42-43; Röhrich 5,1598; Stichwörter 37-40 u. Komm. 62-65; Wiesenthal 15-16.47-48. [1] Zu Tantalos als Inbegriff großen Reichtums in der Antike vgl. Wiesenthal 47-48. [2] Beispielsweise Schol. Pind. Ol. 1,40a. [3] Hom. Od. 11,582-592; Lukian. dial. mort. 17; Ov. met. 4,458-459; Tib. 1,3,77-78. [4] Pind. Ol. 1,55-64; Isthm. 8,9-11; Eur. Or. 4-10; weitere Stellen nennen Otto 340 (Nr. 1742) u. Wiesenthal 15-16. [5] Bereits bei Pindar (Pind. Isthm. 8,9-11, vgl. Anm. 2) erscheint der »Stein des Tantalos« in übertragener Verwendung: »Denn es hat doch den Stein des Tantalos | über dem Kopf uns zur Seite | gewendet ein Gott«; weitere Stellen und Sprichwörter siehe bei Wiesenthal 15-16 und Otto 340 (Nr. 1742) u. Nachträge 80. [6] Otto, Nachträge 80 Anm. 1 mit Stellen. [7] Beispielsweise Pol. 4,45,6: »eine tantalische Strafe« (τιμωρίαν Ταντάλειον); Belegstellen für alle o.g. Ausdrücke bietet Wiesenthal 15-16. [8] Er. ad. 2,6,14. **R** Dramatische Bearbeitungen, Romane, Novellen und Opern nennt Hunger 389. **B** »Die Tantaluswonnen gehören in die Mythologie des Christentums«: Karl Kraus, Beim Wort genommen, hrsg. von H. Fischer, München 1955, S. 54 nach Mieder 130.

Tartarus

Düsterer, unheimlicher Ort; * tartarisch: düster, unheimlich, höllisch.

Der Tartaros (Τάρταρος, lat. Tartarus) war für die Griechen ein noch unter dem Hades gedachter tiefer Raum der Unterwelt, in dem Dämonen und Verdammte (wie z. B. die Titanen, → Titan) leben mußten. Bei den Römern war die »tartarische Dunkelheit« (lat. tenebrae Tartareae) sprichwörtlich.[1]

Hingegen haben die Tataren (fälschlich oft Tartaren), Reitervölker der asiatischen Steppe, mit der griechischen Unterwelt nichts zu tun.

L Otto, Nachträge 215 s. v. Styx u. 217; Rannacher 43. [1] Beispielsweise Arnob. 2,30; weitere Stellen bietet Otto, Nachträge 217.

* Telemach

Schützling, Pflegebefohlener.

Telemach (Telemachos, griech. Τηλέμαχος, »der in der Ferne Kämpfende« lat. Telemachus), Sohn von Odysseus und Penelope, wurde während der Abwesenheit seines Vaters im Trojanischen Krieg von dem weisen → Mentor erzogen. Als er erwachsen geworden war, unterstützte er seine Mutter gegen die Freier, erkundigte sich in Pylos und Sparta nach dem Schicksal seines Vaters[1] und half schließlich dem zurückgekehrten Odysseus, die Freier zu töten.[2]

Ⓛ Rannacher 43. Weiterführende Lit. nennt Hunger 393. [1] Hom. Od. 2.-4. Gesang. [2] Hom. Od. 22. Gesang. Ⓡ Dramatische Bearbeitungen, Epen, Dichtungen, Romane, Opern und Ballette nennt Hunger 393.

* »Thalatta, Thalatta!«

»Welch freudige Überraschung!«, »Endlich gerettet!«, »Geschafft!« o. ä. (auch: »Das Meer! Das Meer!«)

Die von Kyros d. J. zum Sturz des Perserkönigs angeheuerten 10000 griechischen Söldner zogen nach dessen Tod in der Schlacht von Kunaxa 401 v. Chr. durch Kleinasien zurück an die Schwarzmeerküste, um von dort in die Heimat zu segeln. Als sie nach langem und gefährlichem Marsch das Meer erblickten, riefen sie froh und erleichtert »Das Meer! Das Meer!« (griech. θάλαττα, θάλαττα).[1]

Bekannt wurde der Ausruf vor allem durch Heinrich Heines Gedicht »Meergruß«, in dem er seine eigene Sehnsucht nach der Heimat mit Bezug auf die Szene bei Xenophon beschreibt: »Thalatta! Thalatta! | Sey mir gegrüßt, du ewiges Meer! | Sey mir gegrüßt zehntausendmal, | Aus jauchzen-

dem Herzen, | Wie einst dich begrüßten | Zehntausend
Griechenherzen, Unglückbekämpfende, heimathverlangen-
de, | Weltberühmte Griechenherzen [...]«.[2]

[L] Bartels 17; Büchmann 189; Duden 12,452; Rannacher 43.
[1] Xen. an. 4,7,24: »Und bald hörten sie also, wie die Soldaten ›Das
Meer! Das Meer!‹ riefen und den Ruf weitergaben.« [2] Heinrich
Heine (1797-1856), Gedicht »Meergruß« (in »Die Nordsee« [1825-
1826] 2,1); die Zeile »Thalatta! Thalatta!« kommt in dem Gedicht
noch dreimal vor.

* kundiger Thebaner

Unerwartet kluger Bauerntölpel.

Theben war in der Antike die Hauptstadt der bäuerlich
geprägten Landschaft Böotien in Mittelgriechenland. »In
Theben großgezogen« steht daher wohl bereits bei dem römischen Dichter Horaz für »arm, aus einfachen Verhältnissen«.[1] So verwendet auch Shakespeare den Ausdruck für
einen bäuerlichen, einfach gekleideten Menschen: Der ver-
stoßene und wahnsinnige König Lear trifft in der Wildnis
auf Edgar, den Sohn des Herzogs von Gloucester, der auf
der Flucht vor seinem Vater als wahnsinniger Bettler (»Poor
Tom«) verkleidet und nur mit einem Lendenschurz beklei-
det ist. Lear glaubt in Tom die wahre, reine menschliche
Natur zu erkennen und wirft, um wie Tom zu werden, seine
Kleider ab; außerdem nennt er ihn einen Philosophen und
einen »kundigen Thebaner«,[2] also einen trotz (oder gerade *wegen*) seines schlichten Aussehens weisen Menschen.
Das Wort »Thebaner« wurde von Shakespeare hier also als
»bäuerlicher, einfach gekleideter Mensch« verwendet; das
Adjektiv »kundig« könnte dabei auch noch auf Ödipus, den
Löser des Rätsels der → Sphinx und König von Theben, an-

spielen. Im deutschen Verständnis von »kundiger Thebaner« trat allerdings eine negative Wertung in den Vordergrund, da die Thebaner und allgemein die → Böotier in der Antike als plump und stumpfsinnig verschrien waren. Damit wurde ein »kundiger Thebaner« ein Mensch, dem man Klugheit eigentlich gar nicht zugetraut hätte.

Ⓛ Büchmann 268; Rannacher 43. [1] Hor. ars 118: »[intererit multum] Thebis nutritus an Argis« ([es wird einen großen Unterschied machen …,] ob ein in Theben oder in Argos Großgezogener [spricht]); dazu erklärt Schol. Hor. ars 118: »›in Theben großgezogen‹ wird für jeden beliebigen Armen gesetzt« (›nutritus Thebis‹ ponitur pro quolibet misero). [2] Shakespeare, King Lear 3. Akt, 4. Szene: »I'll talk a word with this same learned Theban« (Auf ein Wort mit diesem kundigen Thebaner).

* die Waage der Themis

Das unbestechliche, unbeugsame Recht.

Themis (Θέμις, Personifikation von θέμις »Satzung, Recht, Gesetz«) ist die griechische Göttin der gesetzlichen Ordnung und der ausgleichenden Gerechtigkeit, die auch die Götter zur Versammlung ruft.[1] Sie wird mit einer Waage dargestellt, mit der sie die Gerechtigkeit ermittelt, ebenso wie ihre römische Entsprechung Iustitia.

Ⓛ Rannacher 45. [1] Hom. Il. 20,4-6, vgl. 15,87-94; Aischyl. Prom. 18, Eum. 2-4; Eur. Iph. T. 1259-1260; Paus. 10,5,6. Ⓡ Walzer: Joh. Strauß Vater, Themis-Klänge, »den Herrn Hörern der Rechte« gewidmet, 1847.

* Thersites

Häßlicher und boshafter Schwätzer und Lästerer.

Der Grieche Thersites (Θερσίτης, von achäisch θέρσος = θάρσος Mut, Frechheit; lat. Thersĭtēs) wird in der homerischen »Ilias« als häßliches und freches Lästermaul geschildert; Odysseus bringt ihn unter Beifall und Gelächter der Soldaten mit Worten und Schlägen zum Schweigen.[1] Weniger seine Frechheit als vielmehr seine besonders häßliche Erscheinung wurde in der Antike sprichwörtlich gebraucht.[2]

Im Mythos fand Thersites denn auch kein erfreuliches Ende: Er wurde von Achilleus mit einem Faustschlag getötet, als er über dessen Liebe zur toten → Amazone → Penthesilea spottete: »Und ihm wurden alle | Zähne auf die Erde ausgeschüttet, und er selbst fiel vornüber; | und ihm schoß das Blut durch den Mund heraus | in Strömen; und sogleich wich aus den Gliedern das feige Leben | des nichtsnutzigen Mannes; und es freute sich daher das Volk der Achäer.«[3]

[L] Büchmann 288; Der neue Büchmann 355; Otto, Nachträge 92; Rannacher 43; Wiesenthal 47. [1] Hom. Il. 2,212-277. [2] CPG 1,419; Suda s. v. Θερσίτης (Nr. 257); Liban. ep. 1493,4 u. ö.; Sen. dial. 5,23,3; Iuv. 8,269. Vgl. Dion Chrys. 66,21. [3] Q. Smyrn. 1,743-747; vgl. Apollod. epit. 5,1; Schol. Lycophr. 999. [R] Theaterstück »Thersites« (anonym, 1537).

* Thespiskarren

Tourneetheater, Wanderbühne, provinzielles Schmieren-theater.

Thespis (Θέσπις, lat. Thespis), Dichter und Schauspieler um 530 v. Chr., führte 534 in Athen an den von Peisistratos eingerichteten »Großen Dionysien« die erste Tragödie auf;

nach Diogenes Laertios stellte er dabei dem vorher allein agierenden Chor einen Schauspieler gegenüber, der nun einen Sprechvers vortrug.[1] Thespis soll auf einem Karren, der zugleich als Bühne diente, umhergezogen sein.[2] Doch ist das Motiv des Karrens als Bühne eher für die Anfänge der Komödie als für die der Tragödie glaubhaft.[3]

L Büchmann 332; Duden 12,453; Macrone 110; Rannacher 43-44; Rössing 124. [1] Diog. Laert. 3,56. [2] Plut. Sol. 29,6; Hor. ars 275-277: »Thespis soll die unbekannte Gattung der tragischen Muse | erfunden und auf Karren die Werke gefahren haben, | die man dann, weinhefebeschmiert die Gesichter, sang und agierte.« Das Schminken mit Weinhefe (Bodensatz des frisch gekelterten Weines) verwechselt Horaz mit der Komödie, während bei der Tragödie Bleiweiß verwendet wurde. S Engl. »Thespian«, zunächst im Sinne von »zum Drama gehörig«, seit dem 19. Jh. jedoch im Sinne von »Schauspieler«.

* Thyrsusschwinger

Lebenslustiger, genießerischer Mensch (auch: * Thyrsosträger); * »Es gibt viele Thyrsosträger, aber wenig von Bacchus Begeisterte« (griech. Sprichwort): Mancher gibt sich den Anschein von Größe, die er nicht besitzt; auch im Sinne von: Viele sind berufen, aber wenige auserwählt.

Der Thyrsos (θύρσος, lat. thyrsus) war ein leichter, mit Efeu und Weinlaub umwundener und mit farbigen Bändern geschmückter Stab mit einem Pinien- oder Fichtenzapfen am oberen Ende. Er wurde von den Bacchantinnen, den Anhängerinnen des Weingottes Dionysos (lat. Bacchus), an dessen rauschhaften Umzügen getragen (vgl. → bacchantisch).

Das Sprichwort »Es gibt viele Thyrsosträger, aber wenig von Bacchus Begeisterte« (griech. Πολλοί τοι ναρθηκοφό-ροι[1] παῦροι δέ τε Βάκχοι, lat. multi thyrsigeri, pauci Bacchi) wird bereits von Platon als gebräuchlicher Satz im Zusammenhang mit den Dionysosmysterien genannt:[2] Viele sind nur dem äußeren Anschein nach, nicht aber innerlich geweiht und gereinigt. Das Wort wurde später von Erasmus auf alle Arten nur äußerlich vorhandener Weihe übertragen: So sei nicht jeder, der eine Krone auf dem Kopf hat, schon dadurch ein echter König und nicht jeder Mann mit einer Tiara auch schon ein echter Papst.[3]

L Rannacher 44. [1] Eigentlich »Narthexträger«: Auch diese Pflanze wurde von den Bacchanten getragen. [2] Plat. Phaid. 69c; vgl. Plut. adv. Col. 2 (mor. 1107f):« Er ist nicht nur ein Thyrsosträger der Akademie, sondern ein begeisterter Myste des Platon.« Spätere Belege: Anth. Pal. 10,106; Zenob. 5,77 (CPG 1,151); Diogen. 7,86 (CPG 1,301-302); Apostol. 14,61 (CPG 2,619). [3] Er. ad. 1,7,6.

Titan

Riese, überragende Gestalt, großer Künstler (auch feminin: Titanin); titanisch, titanenhaft: riesig, gewaltig, ungeheuer, trotzig, widerstandsbereit (z. B.: t. Kampf, Trotz, Kraft).

Die Titanen (Τιτᾶνες, Sg. Τιτάν,-ᾶνος; fem. Τιτανίς,-ίδος; lat. Titānes, Sg. Titān, -ānis oder Titanus) waren 12 riesenhafte Söhne und Töchter des Uranos und der Gaia,[1] die ihren Vater stürzten und somit Kronos zur Macht verhalfen,[2] doch von diesem sogleich wieder in den Tartaros gestoßen wurden. Nach dem Sturz des Kronos durch seinen Sohn Zeus kämpften sie in der sogenannten »Titanenschlacht« (Titanomachie) an den Bergen Othrys und Olymp erneut für Kronos gegen Zeus, woraufhin sie endgültig in den → Tartarus verstoßen wurden.[3]
   Wegen ihres Angriffs auf den Olymp, aber auch weil der selbstbewußte Prometheus (→ prometheisch) zu den Nach-

kommen der Titanen zählt, konnte bereits in der Antike mit dem Adjektiv »titanisch« auch der Kampf gegen Unterordnung oder Unterdrückung bezeichnet werden.[4] Der Beiklang des Himmelsstürmerischen findet sich im Deutschen seit dem 18. Jh.[5]

Ⓛ Grimm 21,521-522; Rannacher 44. Weiterführende Lit. bei Hunger 408. [1] Hes. Theog. 132-138; Apollod. bibl. 1,1,3. [2] Nach Hes. Theog. 167-168 jedoch beteiligten sich die Titanen aus Furcht nicht an der Machtergreifung des Kronos. [3] Hes. Theog. 617-735; Aischyl. Prom. 199-221. [4] Plat. leg. 701 c; Cic. leg. 3,5; Dion Chrys. 30,10. [5] Grimm 21,522. Ⓡ Symphonische Dichtungen, Kantaten und Opern nennt Hunger 408. Benennungen: »Titan« ist u. a. der Name eines metallischen Elements, eines Saturnmondes und einer amerikanischen Mehrstufenrakete; die »Titanic« war ein engl. Ozeanriese (gesunken 1912).

ein tragischer Fehler

Ein verhängnisvoller Fehler; tragisch: furchtbar, verhängnisvoll, zum Scheitern verurteilt (z. B.: t. Flugzeugabsturz, Verlust, Unfall); Tragödie: schreckliches, verhängnisvolles Ereignis.

Der Begriff »tragisch« entstammt dem ernsten griechischen Drama: Die »Tragödie« (τραγῳδία »Bocksgesang« [τράγος Bock, ᾠδή Gesang], lat. tragoedia) war eine aus dem rauschhaften Dionysoskult hervorgegangene szenische Darstellung, bei der ein »tragischer Held« in Schuld verfällt und unvermeidlich Strafe auf sich zieht. Weitere Elemente des »Tragischen« oder von »Tragik« sind ein unentrinnbares Schicksal, das es letztlich zu ertragen gilt, und oftmals ein tiefgreifender, unlösbarer Konflikt (z. B. zwischen dem Einzelnen und den Normen der Gesellschaft). Übertragen wurde der Begriff »Tragödie« schon bei den Römern gebraucht, jedoch im Sinne von »großer Lärm, Aufregung« (etwa wie deutsch »ein großes Drama«).[2]

Heute dagegen bezeichnen die Wörter »tragisch« und »Tragödie« in erster Linie das Erschütternde oder Schreckliche an einer Entwicklung, deuten aber auch Unvermeidbarkeit und »Verhängung« durch ein übermächtiges Schicksal an.

Ein »tragischer Fehler« ist also eigentlich eine solche Tat, durch die dieses Verhängnis seinen weiteren Lauf nimmt. Diesen Punkt behandelt bereits Aristoteles in seiner »Poetik«: Der tragische Held erfahre das Unglück nach einem bestimmten »Fehler« (griech. ἁμαρτία, sprich: hamartia), womit jedoch keine einzelne Fehlentscheidung, sondern eine im Charakter des Helden angelegte Handlungsweise gemeint ist. Dessen Schicksal ist dann im echten Sinne »tragisch«, da sein bevorstehendes Unglück zwar unverdient schlimm und für den Zuschauer schockierend ist, aber zugleich doch auch von ihm selbst in Gang gesetzt worden ist.

L Grimm 21,1143-1145; Macrone 107. [1] Otto 350-351 (Nr. 1795). [2] Aristot. poet. 13 (Bekker 2,1452 b-1453 a). S Engl. »a tragic flaw«.

unter Tränen lächelnd

Mit einem fröhlichen und einem traurigen Auge, mit gespielt heiterem und zugleich bitterem Gesichtsausdruck, mit gequältem Lächeln (auch: lächelnd unter Tränen; vgl. auch: mit einem lachenden und einem weinenden Auge).

Der griechische Dichter Homer schildert in der »Ilias«, wie der trojanische Held Hektor, bevor er in den für ihn tödlich endenden Zweikampf gegen Achill zieht, von seiner Frau

Andromache Abschied nimmt. Am Schluß der Szene übergibt er ihr den kleinen Sohn Astyanax –»und sie nahm ihn denn an ihre duftende Brust, tränenvoll lächelnd«.[1] Ihr Lächeln ist gespielt, eine freundliche Geste, die den Schmerz überdecken soll.

Die deutsche Wendung »mit einem lachenden und einem weinenden Auge« meint hingegen echte Freude und Zuversicht, die durch eine negative Schattenseite getrübt wird. Sie geht auf Shakespeare zurück, in dessen »Hamlet« der dänische König Claudius, der durch Ermordung seines Bruders dessen Frau und den Thron erlangt hat, meint, er habe die Witwe seines Bruders »mit einem heiteren, einem traurigen Auge« (With one auspicious and one dropping eye)[2] zur Frau genommen. Ob Shakespeare dabei an Homer dachte, ist angesichts der Formulierung fraglich; sie erinnert eher an das verbreitete Märchenmotiv vom König, dessen eines Auge lacht, das andere weint.[3]

[L] Büchmann 289; Duden 12,337; Macrone 209; Rannacher 44. [1] Hom. Il. 6,483-484: »... ἣ δ' ἄρα μιν κηώδεϊ δέξατο κόλπῳ | δακρυόεν γελάσασα ...« (sprich: hä d'ara min käōdeï dexato kolpō | dakryoen gelasāsa). [2] Shakespeare, Hamlet 1. Akt, 2. Szene. [3] Röhrich 1,115 mit Belegen. [S] Engl. »to smile through tears«.

Die Trauben hängen zu hoch

Das Ziel ist unerreichbar (auch: Die/Diese Trauben sind [zu] sauer), oder: Das unerreichte Ziel hinterläßt einen sauren Nachgeschmack; er macht es wie der Fuchs mit den Trauben/dem Fuchs sind die Trauben zu sauer/saure Trauben!: er verschleiert eine Niederlage.

In der äsopischen Fabel »Der Fuchs und die Trauben«[1] gelingt es einem Fuchs nicht, hochhängende Trauben herunterzuholen. Da läuft er fort und sagt: »Ich dachte, diese Trauben seien reif, doch jetzt sehe ich, daß sie ziemlich sauer sind!«[2] Die Fabel wurde durch den französischen Dichter Jean de La Fontaine (1621-1695) bearbeitet (frz. Titel: »Le renard et les raisins«) und allgemein bekannt.

Im übertragenen Sinne ist die deutsche Redensart »Die Trauben hängen zu hoch« seit Ende des 16. Jh. bezeugt;[3] sie findet sich in unterschiedlichsten Zusammenhängen, z. B. in Hermann von Barths Schilderung des Schneeferners (eines Gletschers auf dem Zugspitzplatt weit unterhalb des Gipfels): »Die günstigen Verhältnisse seiner Ersteigung würden ihn namentlich denjenigen Touristen empfehlen, welchen die Trauben auf der Zugspitze etwas zu hoch hangen.«[4]

»Die Trauben sind mir zu sauer« ist auch mundartlich verbreitet, z. B. niederdeutsch: »De Beeren (Birnen) sün doch suur, sä de Foß, as he se nich langen kunn«.[5]

[L] Borchardt-Wustmann-Schoppe 491-492; Büchmann 294; Der neue Büchmann 360; Duden 11,732; Duden 12,457; Grimm 21,1296-1297; Rannacher 38; Macrone 30; Röhrich 2,482 und 5,1634-1635. [1] Nr. 33 und 33b Halm; vgl. Babr. 19; Phaedr. 4,3. [2] Griech. »Ῥᾶγες ὄμφακές εἰσιν« bzw. »ὀμφακίζουσιν μάλα«. [3] 1601 bei Eyering (Proverb. cop. 1,462): »Gleich wie der fuchs auch etwan sprach, dem die drauben hingen zu hoch«. [4] Aus den nördlichen Kalkalpen (Gera 1874), 534. [5] Borchardt-Wustmann-Schoppe 492. Weitere Varianten bei Röhrich 5,1635. [B] In Shakespeares »Ende gut, alles gut«, 2. Akt, 1. Szene, fragt Lord Lafeu den König von Frankreich, ob er nicht wieder gesund werden wolle: »Wollt ihr nicht die schönen Trauben essen, Mein königlicher Fuchs? O ja, ihr wollt; Wenn nur mein königlicher Fuchs die Trauben | Erreichen könnt!« (O, will you eat | no grapes, my royal fox? Yes, but you will | my noble grapes, and if my royal fox | could reach them; dt. nach Röhrich 2,482). [S] Engl. »the grapes are sour«; frz. »Les raisins sont trop verts« (zu grün), »Il trouve les raisins trop verts«, »Il fait comme le renard avec les raisins«; ndl. »de druiven zijn zuur«.

ein Trojanisches Pferd

Ein gefährliches Geschenk, unheilvolle List; dagegen: jemand ist schon auf dem T. P. geritten: jemand ist schon uralt.

Nach zehnjährigem vergeblichem Kampf der Griechen vor Troja erdachte Odysseus die List, ein großes Holzpferd zu bauen, mit Bewaffneten zu füllen und als vermeintliches Geschenk an Athene bei einer vorgetäuschten Abfahrt zurückzulassen. Die Trojaner zogen das Pferd freudig in die Stadt, wodurch die Griechen in der Nacht die Tore von innen öffnen und Troja erobern konnten (vgl. auch → Danaergeschenk).[1] Die Geschichte ist dann in späteren Versionen, vor allem von dem römischen Dichter Vergil, detailreich ausgestaltet worden.[2]

Der Begriff »Trojanisches Pferd« wurde zuerst bei den Römern für eine nahe und große Gefahr sprichwörtlich. So rief Cicero in einer Rede: »Eingedrungen, eingedrungen, sage ich, ist ein Trojanisches Pferd!«[3]

Als »Trojanisches Pferd« bezeichnet man heute auch ein Computerprogramm, das in einen Computer eingeschmuggelt wird und dort bei Aktivierung etwas völlig anderes bewirkt, was häufig der illegalen Beschaffung von Daten dient.

⌊L⌋ Macrone 13-14; Otto 126 (Nr. 610); Röhrich 4,1168; Stichwörter 20-25 u. Komm. 39-43. [1] Hom. Od. 8,499-520. [2] Verg. Aen. Buch 2 mit der ungehörten Warnung des Neptunpriesters Laokoon. In Dantes »Göttlicher Komödie« führt Vergil den Dichter zu Odysseus und Diomedes im achten Kreis der Hölle (Inferno 26,58-60): »Und in der Flamme müssen sie beklagen | die Hinterlist des Pferdes, das die Pforte | geöffnet für der Römer edlen Samen« (E dentro dalla lor fiamma si geme | l'aguato del caval che fe' la porta | onde uscì dei Romani il gentil seme). [3] Cic. Mur. 78: »intus, intus, inquam, est equus

Troianus«; zu weiteren Stellen siehe Otto 126 (Nr. 610). $\boxed{S}$ Engl.
»a Trojan horse«.

* tyrt<u>ä</u>isch

Schwungvoll, begeistert.

Tyrtaios (Τυρταῖος, lat. Tyrt<u>ae</u>us) war ein spartanischer
Dichter um 640 v. Chr., der die Krieger (Spartiaten) mit
Kampfliedern zu höchstem Einsatz anfeuerte. Später nannte
man C. J. Rouget de Lisle (den Verfasser der Marseillaise)
den »Tyrtaios der französischen Revolution« oder Theodor
Körner (1791-1813) – bekannt ist sein patriotisches Gedicht »Lützows wilde Jagd« – den »Tyrtaios des Befreiungs-
krieges«.

$\boxed{L}$ Rannacher 44.

U

das kleinere Übel

**Etwas nicht Gutes, aber immerhin Besseres als anderes
Schlechtes (z. B.: das kleinere Übel wählen; von mehreren
Übeln das kleinere/kleinste wählen).**

In Platons Dialog »Protagoras« sagt der Philosoph Sokrates: »Immer wenn jemand gezwungen wird, aus zwei Übeln
das eine zu wählen, wird niemand das größere wählen,
wenn es möglich ist, das kleinere zu wählen.«[1] Ähnlich äußert sich später Aristoteles, der die Wendung bereits als
Sprichwort zitiert.[2] Nach dem römischen Dichter Plautus ist
dementsprechend »von vielen Übeln dasjenige, was das

kleinste ist, am wenigsten ein Übel«.[3] Cicero zitiert das offenbar gängige Prinzip, »von Übeln die kleinsten auszuwählen« (»ex malis eligere minima«),[4] und dessen eingängige Kurzform »die kleinsten von den Übeln« (»minima de malis«).[5]

Später erscheinen bei lateinischen Schriftstellern ähnliche Formulierungen wie auch die Auswahl aus *zwei* Übeln wie bei Aristoteles.[6] Im Deutschen findet sich das Motiv zuerst im 16. Jh.[7] Oft wird seitdem die Ehe als das »kleinere Übel« dargestellt, so z. B. bei August von Kotzebue, bei dem der Zollvisitator Bäbbel doch lieber bei seiner Frau bleibt als eine Prinzessin zu heiraten und dann bei deren Tod mit ihr verbrannt zu werden: »Laß sehen, was sprechen Kant, Fichte, Schelling u. s. w.? oder was hätten sie sprechen sollen? – *Aus zweien Übeln muß man das kleinste wählen*, das ist ein goldner Spruch! Da nun offenbar geprügelt werden ein kleineres Übel ist, als verbrannt zu werden, so ergreift mich plötzlich eine ganz besondere Zärtlichkeit für meine liebe Suse ...«[8]

Ⓛ Büchmann 306; Der neue Büchmann 372; Duden 11,742-743; Duden 12,280; Grimm 23,30; Macrone 205; Otto 207 (Nr. 1020) u. Nachträge 240.278; Rannacher 45; Röhrich 5,1654. [1] Plat. Prot. 358d: »ὅταν τε ἀναγκασθῇ δυοῖν κακοῖν τὸ ἕτερον αἱρεῖσθαι, οὐδεὶς τὸ μεῖζον αἱρήσεται ἐξὸν τὸ ἔλαττον.« [2] Aristot. eth. Nic. 2,9 (Bekker 1109a): »ἐπεὶ οὖν τοῦ μέσου τυχεῖν ἄκρως χαλεπόν, κατὰ τὸν δεύτερόν φασι πλοῦν τὰ ἐλάχιστα ληπτέον τῶν κακῶν« (Wenn also die Mitte zu halten äußerst schwierig ist, muß man, wie man sagt, als das Zweitbeste das kleinste der Übel nehmen); eth. Nic. 5,3 (5,7 Bekker 1131b): »ἔστι γὰρ τὸ ἔλαττον κακὸν μᾶλλον αἱρετὸν τοῦ μείζονος, τὸ δ᾽ αἱρετὸν ἀγαθόν, καὶ τὸ μᾶλλον μεῖζον« (Denn das kleinere Übel ist eher wählbar als das größere; und das Wählbare ist gut, und das eher [Wählbare] besser). [3] Plaut. Stich. 120: »Ex malis multis malum quod minimum est, id minume est malum.« [4] Cic. off. 3,1,3. [5] Cic. off. 3,28,102 und 3,29,105. [6] Beispielsweise Ps.-Cic. ad

Octav. 8: »Weil aber von zwei Übeln das größere zu meiden ist, muß das kleinere gewählt werden« (In duobus autem malis cum fugiendum malus sit, levius est eligendum); zahlreiche weitere Stellen nennt v. a. Otto 207 (Nr. 1020) u. Nachträge 240.278. [7] J. Knebel, Die Chronik des Klosters Kaisheim (1531) 448. [8] August von Kotzebue, »Bäbbel oder aus zwei Übeln das kleinste. Historische Posse in Einem Akt« (Werkausgabe Stuttgart 1822, Bd. 7, 25-68) S. 58. [S] Engl. »of/between two evils choose the least/less«, »the esser evil«; frz. »choisir le moindre mal«.

ein notwendiges Übel

(griech. ἀναγκαῖον κακόν, lat. malum necessarium):
etwas, was man notwendigerweise in Kauf nehmen muß.

Der griechische Dichter Euripides schreibt in seiner Tragödie »Orest« (um 410 v. Chr.): »Dem Kranken ist das Bett willkommen: ein übles Ding, aber doch notwendig.«[1] Auf die Heirat wandte der Komödiendichter Menander das Motiv an: »Heiraten ist, wenn man die Wahrheit betrachten will, zwar ein Übel – aber ein notwendiges Übel.«[2] In einem anderen Fragment Menanders heißt es, die Zeit sei der Arzt für alle »notwendigen Übel«[3] (vgl. → Die Zeit heilt alle Wunden). Von dort an findet sich die Wendung, vornehmlich auf Frauen bezogen, bei noch weiteren griechischen Autoren.[4]

Die lateinische Übersetzung »malum necessarium« findet sich zuerst im 4. Jh. in der Biographie des römischen Kaisers Alexander Severus, der seine Rechnungsprüfer so bezeichnete.[5] Die deutsche Übersetzung »notwendiges Übel« wurde von Luther eingeführt: »Das eyn Weyb sey eyn nöttigs Übel.« Seitdem wird sie auch in bezug auf verschiedenste andere Dinge gern gebraucht, wie z. B. auf den Krieg, schlechte Schriftsteller oder Eisenbahnen.[6]

L Büchmann 308; Der neue Büchmann 374; Duden 12,364-365; Grimm 23,30; Macrone 207; Rannacher 27; Röhrich 5,1654. [1] Eur. Or. 229-230: »φίλον τοι τῷ νοσοῦντι δέμνιον | ἀνιαρὸν ὂν τὸ κτῆμ', ἀναγκαῖον δ' ὅμως.« [2] Fr. 578 Körte (= CAF 3,192 Fr. 651) überliefert bei Stob. 4,22c,77: »Τὸ γαμεῖν, ἐάν τις τὴν ἀλήθειαν σκοπῇ, | κακὸν μὲν ἔστιν, ἀλλ' ἀναγκαῖον κακόν.« Vgl. Men. monost. 399-400: »Ein schlimmes Gewächs ist im Leben die Frau, | und wir erwerben sie wie ein notwendiges Übel« (Κακὸν φυτὸν πέφυκεν ἐν βίῳ γυνή, | καὶ κτώμεθ' αὐτὰς ὡς ἀναγκαῖον κακόν). [3] Men. Fr. 652 Körte (= CAF 3,196 Fr. 677) aus Stob. 4,56,22; vgl. Fr. 620,7 Körte (= CAF 3,158 Fr. 534,7) aus Stob. 4,34,7. [4] Macar. 5,7 (CPG 2,178); Strab. 14,2,24; Philemon Fr. 196 (CAF 2,531); Anth. Pal. 11,286,3. [5] H. A. Alex. Sev. 46; vgl. Er. ad. 1,5,26. [6] Grimm 23,30. S Engl. »a necessary evil« seit der Übersetzung des Menander-Verses ins Englische 1547; noch 1721 war sprichwörtlich: »Wives and wind are necessary evils«; Tom Paine löste das Motiv von der Ehe: »Government, even in its best state, is but a necessary evil; in its worst state, an intolerable one« (Common Sense, 1776).

überall und nirgends

(griech. κοὐδαμοῦ καὶ πανταχοῦ, sprich: kudamu kai pantachu): nicht an festem Ort und damit an keiner bestimmten Stelle.

Bei Euripides sagt Orest über sich selbst zu Iphigenie, er lebe »nirgendwo und überall«.[1] Der römische Philosoph Seneca formulierte daraus die lateinische Mahnung »Nusquam est qui ubique est« (Nirgendwo ist, wer überall ist),[2] die sich ähnlich bei dem Dichter Martial findet.[2] Im Deutschen ist die verkürzte Form »überall und nirgends« am gebräuchlichsten, z. B. wenn man sagt: »Ohne Ehe ist der Mensch überall und nirgends zu Hause.«[4]

L Büchmann 301-302; Der neue Büchmann 368; Duden 11,743; Rannacher 45. [1] Eur. Iph. T. 568: »ἔστ', ἄθλιός γε, κοὐδαμοῦ καὶ πανταχοῦ« (Er ist, gewiß unglücklich, nirgends und überall). [2] Sen.

epist. 2,2. [3] Martial. 7,73,6 (Martial beklagt sich über einen Patron, der wegen seiner vielen Wohnungen nirgends aufzufinden ist): »Quisquis ubique habitat, Maxime, nusquam habitat« (Wer überall wohnt, Maximus, wohnt nirgends). [4] Eduard Müller, Kaum zu glauben …, Berlin o.J., S. 182. B In dem deutschen Spielfilm »Das Riesenrad« (1961) sagt ein Künstler: »Ich bin immer überall und nirgends zu Hause.«

ein unbeschriebenes Blatt sein

Unerfahren, unwissend, unvoreingenommen, naiv, harmlos sein; auch: unbekannt sein.

Aristoteles unterscheidet in seiner Seelenlehre einen »leidenden« und einen »tätigen« Verstand. Der leidende Verstand gleiche »einer unbeschriebenen Tafel, die jedoch bestimmt ist, beschrieben zu werden.«[1] Der Aristoteleskommentator Alexander von Aphrodisias (um 200 n. Chr.) spricht von dem »Verstand, einer unbeschriebenen Tafel gleichend, eher aber dem Unbeschriebenen der Tafel, nicht der Tafel selbst«.[2] Plutarch (um 46-120 n. Chr.) setzte anstelle der »Tafel« das »Blatt« (χαρτίον): »Die Stoiker sagen: Immer wenn der Mensch geboren wird, verhält sich der führende Teil der Seele wie ein Blatt, das zum Aufschreiben gut zu gebrauchen ist [griech. ὥσπερ χαρτίον εὐεργὸν εἰς ἀπογραφήν). Auf dieses schreibt er sich einen jeden seiner Gedanken …«[3]

Im Mittelalter verwendete Albertus Magnus (um 1200-1280) die bereits bei Ovid[4] vorkommende lateinische Wendung »tabula rasa« (reine, geglättete Tafel) im Sinne von Aristoteles' »unbeschriebener Tafel«;[5] auch sein Schüler Thomas von Aquin verwendete das Bild der Wachstafel noch mit deutlichem Bezug auf Aristoteles.[6]

Heute meint man mit der »tabula rasa« jedoch »klare

Verhältnisse« oder einen völligen Neuanfang (v. a.: »tabula rasa machen«, vgl. »reinen Tisch machen«). Auch das deutsche »unbeschriebene Blatt« wird heute oft nicht mehr im Sinne eines unerfahrenen, unbeeinflußten Geistes, sondern für einen nach außen hin noch unbekannten Menschen verwendet, der sozusagen auf seinem »Blatt« noch keine Erfolge eingetragen hat.[7]

L̲ Büchmann 307; Der neue Büchmann 373; Duden 11,113; Duden 12,465-466; Grimm 24,349-350; Rannacher 45; Röhrich 1,206. [1] Aristot. an. 3,4 (Bekker 430a): »ὥσπερ ἐν γραμματείῳ ᾧ μηδὲν ἐνυπάρχει ἐντελεχείᾳ γεγραμμένον.« An eine Wachstafel denkt wohl auch schon Platon, der von einer »Abdruckmasse aus Wachs« in der Seele spricht: Plat. Tht. 191c u. ö. [2] Alex. Aphr. de an. 84, Z. 24-26: »νοῦς ... ἐοικὼς πινακίδι ἀγράφῳ, μᾶλλον δὲ τῷ τῆς πινακίδος ἀγράφῳ, ἀλλ᾽ οὐ τῇ πινακίδι αὐτῇ.« [3] Plut. Plac. phil. 4,11 (mor. 900b). [4] Ov. ars 1,437. Näheres zur »tabula rasa« nennt Der neue Büchmann 373. [5] De anima 3,2,17: »tabula rasa et plana et polita« (eine glatte, ebene, saubere Tafel) nach Büchmann 307. [6] Summa theologiae 1,79,2: »Der menschliche Verstand ..., ist am Anfang nach den Worten des Philosophen »wie eine Tafel, auf der nichts geschrieben ist« (intellectus humanus ... in principio est ›sicut tabula, in qua nihil scriptum‹, ut Philosophus dicit). [7] Vgl. die Beispiele für beide Verwendungsweisen bei Grimm 24,349-350.

ungeschriebenes Gesetz

(griech. ἄγραφος νόμος): Regel, die auch ohne gesetzliche Fixierung für alle gültig ist, stillschweigende Übereinkunft.

Der Ausdruck kommt zum ersten Mal in einem Gesetz des athenischen Reformers Solon (um 600 v. Chr.) vor, in dem die Anwendung von nicht schriftlich fixierten Gesetzen ausdrücklich verboten wird.[1] Später bezeichnet es vor allem das natürliche oder göttliche, trotz fehlender oder dagegenstehender Gesetzesausformung unvermindert gültige Recht. Zum Beispiel beruft sich bei Sophokles Antigone gegenüber Kreon auf die »ungeschriebenen und festen Gesetze der Götter«.[2] Auch Platon, Thukydides und Aristoteles führen den Begriff an.[3]

[L] Bartels 7-8; Büchmann 293; Der neue Büchmann 359; Duden 11,748; Duden 12,475; Rannacher 45. Weiterführende Lit.: R. Hirzel, Ἄγραφος νόμος, Abh. d. phil-hist. Classe d. Kgl. Sächs. Akad. d. Wiss. 20,1900,1 ff. [1] And. 85-89. [2] Soph. Ant. 454-455. [3] Plat. rep. 563 d; leg. 793 a; Thuk. 2,37,3; Aristot. rhet. 1,10 (Bekker 1368 b) u. ö.

V

Volk in Waffen

(griech. δῆμος ἐν ὅπλοις, sprich: dämos en hoplois): ein absolut kampfbereites Volk.

Diesen Ausdruck prägte Flavius Josephus (37-95 n. Chr.) in seiner Selbstbiographie: »Und eine maßlose Furcht ergriff mich, als ich das Volk in Waffen sah, selbst aber ratlos war, was ich tun sollte.«[1] Eine »Stadt in Waffen« (πόλις ἐν ὅπλοις, sprich: polis en hoplois erscheint schon bei dem Tragödiendichter Euripides.[2]

Die Wendung wurde Ende des 18. Jh. zum Schlagwort für ein Volksheer im Gegensatz zum stehenden Berufsheer: Der habsburgische Reichsminister Fürst von Kaunitz (1711-1794) soll zu Kaiser Joseph II. gesagt haben: »Ein ganzes Volk in Waffen ist an Majestät dem Kaiser ebenbürtig.«[3] Wilhelm I. von Preußen sagte am 12. 1. 1860 in seiner Thronrede als Prinzregent: »Die preußische Armee wird auch in Zukunft das preußische Volk in Waffen sein.«[4]

L Büchmann 309; Der neue Büchmann 375; Grimm 26,465. [1] Ios. vita 22: »... ὁρῶντας τὸν μὲν δῆμον ἐν τοῖς ὅπλοις ...« [2] Eur. Heraclid. 399-400 (der athenische König Demophon angesichts der herannahenden Streitmacht des korinthischen Königs Eurystheus): »πόλις τ᾽ ἐν ὅπλοις σφάγιά θ᾽ ἡτοιμασμένα | ἕστηκεν οἷς χρὴ ταῦτα τέμνεσθαι θεῶν« (Die Stadt steht in Waffen, und auch vorbereitete Opfertiere | stehen da für die von den Göttern, denen man diese schlachten muß). [3] Nach Georg Webers »Weltgeschichte«, 12. Aufl., Bd. 1, 819 laut Büchmann 309. [4] Büchmann 309.

W

wandelndes Nachschlagewerk

Vielwisser, Gedächtnisgenie, höchst bewanderter Gelehrter (auch: wandelndes Konversationslexikon, wandelndes Lexikon).

Der Philologe und Neuplatoniker Longinos (213-273 n. Chr.) war nach dem Sophisten und Historiker Eunapios (um 345 bis nach 414 n. Chr.) »zu seiner Zeit eine lebendige Bibliothek und ein wandelndes Museum«.[1]

Im Anschluß daran nannte E. T. A. Hoffmann (1776-1823) in seiner »Brautwahl« den Sekretär Tusmann »ein lebendiges Konversations-Lexikon, das man aufschlug, wenn es auf irgendeine historische oder wissenschaftliche Notiz ankam«.[2] Daraufhin wurde die Wendung zur geflügelten Redensart.

L Büchmann 310; Der neue Büchmann 376; Duden 11,451; Duden 12,500; Rannacher 45. [1] Eun. Vit. soph. 4,1,2: »κατὰ τὸν χρόνον ἐκεῖνον βιβλιοθήκη τις ἦν ἔμψυχος καὶ περιπατοῦν μουσεῖον«; vgl. 4,1,5. [2] Zuerst im »Berlinischen Taschen-Kalender auf das Schalt-jahr 1820«, erschienen Herbst 1819, dann im 3. Band der »Serapions-Brüder«, Berlin 1820 nach Büchmann 310.

kein Wässerchen trüben können

Ungefährlich sein, niemandem etwas zuleide tun können (oft mit dem Beiklang: vermeintlich).

In der äsopischen Fabel vom Wolf und dem Lamm be-schuldigt der Wolf das weiter unterhalb am Fluß stehende Schaf, ihm das Wasser getrübt zu haben; das Schaf vertei-digt sich vergeblich mit dem Einwand, daß es das Wasser nicht habe trüben können, da es nicht von ihm zum Wolf fließe.[1]

Die Redensart kommt im übertragenen Sinn bei Berthold von Regensburg im 13. Jh.,[2] in Sebastian Brants »Narren-schiff«, bei Luther und bei Hans Sachs vor: »und hat kein Wasser nie betrübet«. Die Verkleinerungsform »kein Wäs-serchen betrüben« erscheint seit Mitte des 17. Jh. und hielt sich noch bis ins 18. Jh.; in der Altmark kennt man die Wen-dung: »He hat keen Minschen dat Waoter gelömert« (»gelö-mert« zu »lumig«, trübe).

L Borchardt-Wustmann-Schoppe 502; Duden 11,783; Grimm 27,2378; Rannacher 45; Röhrich 5,1699 [1] Aisop Nr. 274 Halm; vgl. Phaedr. 1,1; Babr. 89. [2] Röhrich 5,1699.

die Sieben Weisen

Gruppe sachverständiger Männer (z. B. die S. W. der deutschen Wirtschaft).

Die »Sieben Weisen« (οἱ ἑπτὰ σοφοί lat. septem sapientes) waren eine Reihe berühmter Persönlichkeiten des 6. Jh. v. Chr., die zuerst von Sokrates in Platons »Protagoras« aufgelistet werden: »Unter diesen [d. h. denen, die Liebe zur Weisheit besaßen] waren Thales von Milet, Pittakos von Mytilene [auf Lesbos], Bias von Priene, unser [d. h. der Athener] Solon, Kleobulos von Lindos, Myson von Chenai, und als der siebte wurde unter diesen der Lakedämonier Cheilon genannt.«[1] Bei anderen Autoren weichen die Namen ab oder werden nur einzelne als weise Männer aufgeführt – insgesamt werden 17 Namen in verschiedenen Kombinationen genannt[1] –, bis schließlich seit Demetrios von Phaleron (um 350-283 v. Chr.) ein Kanon der folgenden sieben Weisen feststeht: Kleobulos, Solon, Cheilon, Thales, Pittakos, Bias und (anstelle des Myson bei Platon) Periander von Korinth.[3]

In erster Linie waren die sieben Weisen die Urheber von Spruchweisheit wie »Erkenne dich selbst« (Chilon), »Nichts im Übermaß« (Solon) oder »Die meisten Menschen sind schlecht« (Bias), die bis ins Mittelalter immer wieder gesammelt und zitiert wurde. Zudem aber war für alle diese Weisen nicht theoretische Weisheit typisch, sondern praktische Klugheit auf politischem oder ökonomischem Gebiet (z. B. als Gesetzgeber, Tyrann oder Geschäftsmann). Insofern ist es durchaus passend, daß die Sachverständigen der Forschungsinstitute, die in Deutschland regelmäßige Prognosen über die wirtschaftliche Entwicklung abgeben, als die »Weisen der deutschen Wirtschaft« bezeichnet werden.

Von einem »achten Weisen« sprachen Griechen und Römer dann, wenn jemand ernsthaft (oder aber nur ironisch) den griechischen Weisen gleichgestellt werden sollte.[4]

[L] Grimm 28,1042; Macrone 72-73; Otto 308 (Nr. 1581) u. Nachträge 208.244.287. [1] Plat. Prot. 343 a. [2] Der Kleine Pauly 5,177-178 mit weiterführender Lit. [3] Stob. 3,1,172. [4] z. B. Hor. s. 2,3,296: »Stertinius, sapientum octavus« (ironisch: Stertinius, der achte der Weisen); weitere Stellen siehe Otto 308 (Nr. 1581) u. Nachträge 244.287. [S] Engl. »the seven sages«.

die Welt aus den Angeln heben

Großartiges tun, Weltbewegendes erreichen (z. B.: die Welt aus den Angeln heben wollen); auch negativer: alles aus dem Gleichgewicht bringen, alles grundlegend ändern.

Der Mathematiker Archimedes (um 285-212 v. Chr.) soll zu König Hieron von Syrakus gesagt haben: »Gib mir [eine Stelle], wo ich hintreten kann, und ich bewege die Erde« (griech. Δός μοι ποῦ στῶ καὶ κινῶ τὴν γῆν, sprich: Dos moi pū stō kai kinō tān gān).[1] Damit brachte Archimedes überspitzt seine feste Überzeugung zum Ausdruck, jeder noch so schwere Körper könne unter Dazwischenschaltung einer Umsetzung von einem festen Punkt aus auch mit kleinster Kraft fortbewegt werden. Nach Plutarch habe Archimedes sogar gesagt, daß er, »wenn er eine andere Erde hätte, auf jene hinübergehen und diese [d. h. die eigentliche Erde] bewegen würde«.[2] Anschließend demonstrierte er vor dem König die Richtigkeit seiner Überlegung, indem er mit Hilfe eines Flaschenzuges ein schweres Lastschiff mitsamt der Ladung und Besatzung bequem emporhob.

Sein Ausspruch wurde später zur »goldenen Regel der

Mechanik« erhoben.[3] Außerdem wurde der »Punkt des Archimedes« sprichwörtlich für die gesuchte Lösung eines Problems mit gewaltiger Wirkung.[4]

Im Deutschen wurde »die Welt bewegen« noch um das Bild der Angeln (also Verankerungen), aus denen die Welt wie eine Tür herausgehoben wird, erweitert. Die dafür benutzte Wendung »aus den Angeln heben« begegnet zuerst bei Bettina von Arnim (1785-1859): »Du hast mich aus den Angeln gehoben, wo steh ich fest?«[5]

Ⓛ Bartels 13-14; Büchmann 364-365; Der neue Büchmann 440; Duden 11,795; Duden 12,517; Grimm 1,345; Rannacher 45; Röhrich 4,1210 und 5,1714. [1] Pappos, Collectio ed. Hultsch 3,1060 (Kap. 11); ähnlich Simpl. zu Aristot. phys. 7,5 (Bekker 250a19) in CAG 10,1110,5: »πᾷ βῶ καὶ κινῶ τὰν γᾶν;« Vgl. Tzetzes, Historiarum variarum chiliades 2,130. [2] Plut. Marc. 14,12-13. [3] Bartels 14. [4] Karl Friedrich Wilhelm Wander, Dt. Sprichwörter-Lexikon (Leipzig 1867-1880) 3,1425, Nr. 19. [5] Tagebuch (Berlin 1835) 222 nach Grimm 1,345.

eine Welt für sich

Ein eigener Bereich, ein eigenes Gebiet.

Der griechische Philosoph Demokrit (um 470-380 v. Chr.) nannte nach einer spätantiken Quelle den Menschen eine »kleine Welt« (griech.: μικρὸς κόσμος sprich: mikros kosmos, vgl. »Mikrokosmos«: »kleine Welt«).[1] Anschließend erscheint das Motiv in ähnlichen Formulierungen – bezogen auf den Menschen oder auf die Stadt Rom – bei mehreren lateinischen Schriftstellern.[2]

Als »Welt für sich« bezeichnet man heute vor allem ein Fachgebiet, das so umfangreich ist, daß es wie eine ganze Welt erkundet werden muß; vom »Mikrokosmos« ist oft in der Biologie die Rede.

[L] Otto, Nachträge 44. [1] David Proleg. S. 38,17-18 (Diels/Kranz 68 B 34). [2] Auf Rom: Cic. fin. 4,7: »[Sie sagen,] daß diese unsere Stadt [d. h. Rom] eine ganze Welt ist« (mundum hunc omnem oppidum esse nostrum); vgl. Plin. 36,101-102; auf den Menschen: Macr. somn. 2,12,10; Arnob. 2,25.

Weltwunder

Großartige architektonische Leistung, berühmtes Bauwerk. Ein »achtes Weltwunder«; ein Bauwerk, das den sieben Weltwundern der Antike beizugesellen ist.

Die Griechen, zuerst der Epigrammdichter Antipater von Sidon im 2. Jh. v. Chr. und Philon von Byzanz im 3. Jh. v. Chr. (oder in der Spätantike; seine Identität ist umstritten), stellten die berühmtesten Bauwerke ihrer Zeit in einer je nach Überlieferung leicht unterschiedlichen Siebenergruppe zusammen, und zwar (nach Philon): die ägyptischen Pyramiden, die hängenden Gärten der Semiramis in Babylon, den Tempel der Artemis in Ephesos, die Zeusstatue des Phidias in Olympia, das → Mausoleum in Halikarnassos, den Koloß von Rhodos (→ Koloß) und den Leuchtturm »Pharos« auf der gleichnamigen ägyptischen Mittelmeerinsel.

Im Deutschen wurde der Begriff »Weltwunder« seit dem 17. Jh. auch für andere großartige Bau- oder Kunstwerke verwendet (bisweilen in der Formulierung »achtes Weltwunder«); noch heute werden manchmal moderne Bauwerke oder Errungenschaften in einen Kanon von »Weltwundern« gestellt.[1]

Zudem können – was ebenfalls seit dem 17. Jh. belegt ist – beeindruckende Persönlichkeiten als »Weltwunder« bezeichnet werden, schließlich sogar in Übertreibung alles mögliche Erstaunliche: »Welches ist das vorzüglichste Weltwunder? – Eine Pastete!«[2]

L̲ Büchmann 360; Der neue Büchmann 437; Grimm 28,1736-1738; Macrone 209. [1] Beispielsweise G. Hennenkofer, Die sieben modernen Weltwunder, Stuttgart 1972 (nach Büchmann 360); eine dt. Fernsehdokumentationsreihe der 80er Jahre hieß »Die sieben Weltwunder der Technik«. [2] Ignaz Franz Castelli, Werke (1844) 10,8 nach Grimm 28,1737-1738. S̲ Engl. »the seven wonders of the ancient world«.

Windbeutel

Schwätzer, Flunkerer, leichtsinniger Mensch; * Windbeutelei: Flunkerei, Schwindel; * windbeuteln: flunkern.

Von Aiolos, dem Herrscher über die Winde, erhielt Odysseus einen mit Winden gefüllten Beutel, der ihn vor Stürmen schützen und guten Westwind bringen sollte. Doch als er so die Heimat schon fast erreicht hatte, öffneten seine Gefährten den Beutel in der Meinung, er enthalte Gold, und ließen einen Sturm frei, der das Schiff zur Insel des Aiolos zurücktrieb. Diesmal wies der König jedoch Odysseus ab, da er von den Göttern gehaßt sei.[1]

Im 15. Jh. wurde in anderem Sinne zunächst der Blasebalg von Orgeln englisch als »windbag« bezeichnet; später benannte man auch jemandes Lungen als »windbags«, seit dem 18. Jh. setzte sich im Deutschen wie Englischen dieses Wort als Bezeichnung für einen protzigen Schwätzer und Tunichtgut durch, dessen Lungen nur heiße Luft entströmt.[2] Im Deutschen kam – wie zur Bestätigung dieser Bedeutung eines »Windbeutels« – auch noch das gleichnamige Gebäck hinzu, das ebenfalls viel Luft und wenig Substanz enthält.

288

L Grimm 30,269-271; Macrone 15. [1] Hom. Od. 10,1-76.
[2] Vgl. dt. die zahlreichen Beispiele bei Grimm 30,269-271. S Engl.
»windbag«; vgl. »words are but wind« seit dem 13. Jh.: Macrone 15.

Wolf im Schafspelz

**Harmlos erscheinender Räuber (auch: Wolf im Schafs-
kleid).**

In der äsopischen Fabel »Der Wolf im Schafspelz« tarnt sich
ein Wolf mit einem Schafsfell, um unentdeckt unter die
Schafe zu gelangen; doch wird er enttarnt, als der Hirte ein
Schaf schlachten will und dabei auf den Wolf trifft.

   Große Verbreitung erlangte das Motiv durch sein Vor-
kommen in der Bergpredigt: Jesus warnt die Zuhörer vor
falschen Propheten, »die in Schafskleidern zu euch kommen, inwendig aber sind sie reißende Wölfe« (Matth. 7,15).
Im Deutschen ist das Bild schon seit dem Mittelhochdeutschen geläufig.

L Borchardt-Wustmann-Schoppe 515; Büchmann 40; Duden 11,811-
812; Grimm 30,1246; Macrone 31. S Engl. »a wolf in sheep's cloth-
ing«. A Zeichnung bei Macrone 31. B Hugo von Trimberg, Renner
385 ff.:« Der ist gar ein lemblin (Lämmlein) uzen, doch mac ein wölf-
lin da wol luzen (verborgen liegen).« Burkard Waldis, Der Verlorene
Sohn, 1993 ff.: »Wan der wulf wil roven gan, so tuet he schapes kleder
an.« Shakespeare, Heinrich VI., Teil 1, 1. Akt, 3. Szene (Herzog v.
Gloucester zum Bischof von Winchester): »Thee I'll chase hence, thou
wolf in sheep's array.«

Wolkenkuckucksheim

(griech. νεφελοκοκκυγία): Luftschloß, Träumerei, Phan-
tasiegebilde, Realitätsferne, Utopie (z. B.: in einem W.
leben); auch: * im Wolkenschiff sitzen: überspannte Pläne
machen.

In der Komödie »Die Vögel« des Dichters Aristophanes aus dem Jahre 414 v. Chr. überreden die athenischen Pläneschmieder Pisthetairos (»Vertrauefreund«) und Euelpides (»Hoffegut«) die Vögel, in den Lüften eine große Stadt zu gründen, woraufhin das »Wolkenkuckucksheim« (Νεφελο-κοκκυγία)[1] entsteht. Doch scheitert das Unternehmen dadurch, daß auch dort schädliche Charaktere, denen man zu entkommen hoffte, auftauchen.

Das deutsche Wort findet sich zuerst bei Arthur Schopenhauer (1814)[2] und auch als Titel eines 1859 in Frankfurt erschienenen Büchleins von Hermann Presber.[3] In Aristophanes-Übersetzungen erscheint zunächst »Wolkengukguksburg« (Wieland 1805), »Kukukswolkenheim« (Voß 1821) und später »Wolkenheim« (Minckwitz, 2. Auflage 1880).

[L] Büchmann 304-305; Der neue Büchmann 370-371; Duden 11,812; Duden 12,554; Grimm 30,1304; Macrone 111; Rannacher 45; Röhrich 5,1743. [1] Aristoph. Av. 819 und öfter. [2] Sämtliche Werke, hrsg. von P. Deussen und E. Hochstetter, Bd. 11, 153, München 1916, Erstlingsmanuskripte von 1814, S. 153 (nach Röhrich 5,1743). In »Die Welt als Wille und Vorstellung«, Leipzig 1819, S. 390 gibt Schopenhauer den Ausdruck als Übersetzung aus dem Griechischen an (nach Büchmann 305). [3] »Wolkenkukuksheim. Humoristisches Genrebild« nach Der neue Büchmann 371. [S] Engl. »Cloud-Cuckoo-Land«, z.B. Margaret Thatcher über die anderen Staatschefs der Europäischen Gemeinschaft, die in »Cloud-cuckoo-land« lebten (Macrone 111); amerikan. verkürzt zu »cloudland«.

X

Xanthippe

Streitsüchtige Frau, keifender Hausdrachen (z. B.: eine wahre X. sein, einer X. gleichen); * xanthippisch: zänkisch; * X.s Becken: Nachttopf; Xanthippen werden nicht geboren: böse Frauen werden durch die Umstände zu solchen; Xanthippen werden noch immer geboren: böse Frauen sterben nicht aus.

Xanthippe (Ξανθίππη »blonde Stute«), die Frau des Sokrates, galt schon in der Antike als streitbare, kaum erträgliche Frau.[1] Grund zum Ärger hätte sie gewiß genug gehabt, zumal Sokrates auf dem Marktplatz seiner Berufung des Philosophierens nachging, anstatt für Frau und drei Kinder Geld nach Hause zu bringen; zudem mußte sie ihren Mann vielleicht mit einer Frau namens Myrto teilen, da angeblich wegen des Männermangels im Peloponnesischen Krieg die Polygamie in Athen erlaubt und empfohlen worden war.[2] Sokrates selbst sagte auf die Frage, warum er alle Menschen erziehe, nicht aber seine so schwierige Frau, er habe sie sich zur Übung genommen wie ein Meisterreiter die wildesten Pferde: Wenn er es mit ihr aushalte, komme er auch mit allen anderen Menschen zurecht.[3] Als Alkibiades Xanthippe als unerträglich bezeichnete, soll Sokrates geantwortet haben: »Du erträgst doch auch schnatternde Gänse«, und auf den Einwand »Aber sie bringen mir auch Eier und Küken hervor!«, habe Sokrates erwidert: »Und mir gebiert Xanthippe Kinder!«[4] Eine Stilisierung Xanthippes zum zänkischen Weib eignete sich offenbar gut dazu, die

philosophische Gelassenheit ihres Ehemannes hervorzu-
kehren.

Lessing unternahm 1747 einen Rechtfertigungsversuch,
später Fritz Mauthner 1884 mit dem Roman »Xanthippe«;
Eduard Zeller veröffentlichte 1865 einen Beitrag »Zur Eh-
renrettung der Xantippe«: »Hätte Xantippe keinen Sokrates zum Manne gehabt, so wäre uns ihr Name wohl kaum
überliefert; und finge dieser Name nicht mit dem leidigen X
an, so läsen wir schwerlich in den Fibeln: Xantippe war ein
böses Weib, | Der Zank war ihr ein Zeitvertreib.«[5]

Übertragen oder in Sprichwörtern ist Xanthippe in der
Antike noch nicht zu finden; erst seit dem 16. Jh. wird ihr
Name für eine bösartige, den Ehemann drangsalierende
Ehefrau gesetzt.[6] Der deutsche Volksmund kennt auch die
Verfremdung »Zanktippe«.[7]

[L] Büchmann 361; Der neue Büchmann 438; Grimm 30,2564; Ranna-
cher 46; Röhrich 5,1753; Rössing 95-96; Wiesenthal 60. [1] Diog.
Laert. 2,36-37. [2] Diog. Laert. 2,26; Lukian. Halc. 8; Plut. Arist. 27;
Athen. 555d. [3] Xen. symp. 2,10; Diog. Laert. 2,37. [4] Diog.
2,36-37. [5] Vorträge und Abhandlungen geschichtlichen Inhalts
(Leipzig 1865) 1,51-61; vgl. einen Bilderbogen des 19. Jh., in dem
Mädchen vor den Folgen ähnlichen Verhaltens gewarnt werden: »Die
Jungfrau, die ist übel d'ran, | Die der Xanthippe gleicht, | Vor ihr scheut
sich ein jeder Mann, | Es nimmt sie Keiner leicht.« [6] Vgl. die Bei-
spiele bei Grimm 30,2564. [7] Der neue Büchmann 438. [S] Ndl.
»Xantippes worden nog wel geboren«.

Z

Zankapfel

Gegenstand oder Anlaß eines Streits (z. B.: der Z. sein; auch: * Erisapfel, Apfel der Zwietracht); den Zankapfel werfen: Anlaß zu Streit geben, Streit hervorrufen.

Eris (Ἔρις, lat. Discordia), die Göttin des Streits und des Wettkampfes, erschien uneingeladen zur Hochzeit von Peleus und Thetis und störte die Feier, indem sie einen goldenen Apfel mit der Aufschrift »für die Schöne« (τῇ καλῇ)[1] in den Saal warf, so daß Hera, Aphrodite und Athene in Streit gerieten. Der trojanische Königssohn Paris mußte im sog. »Parisurteil« zwischen ihnen entscheiden (→ einer Frau den Apfel reichen).

Der lateinische Begriff »mālum Discordiae« (»Apfel der Discordia«) erscheint zuerst bei Justinus im 3. Jh. n. Chr.,[2] der deutsche Ausdruck »Zankapfel« seit 1570: »Sie wollten zum wenigsten ein neu Pomum Eridis, das ist, wie sie es gedeutscht, ein Zanckapffel in hauffen werffen.«[3] Goethe schrieb: »Gott bewahre mich aber, einen solchen Zankapfel nach Weimar zu werfen.«[4]

[L] Büchmann 65; Duden 12,557; Grimm 31,232-233; Kluge 873; Rannacher 13; Röhrich 5,1758. [1] Schol. Lycophr. 93; vgl. Apollod. epit. 3,1-2. [2] Iust. 12,15 u. 16,3. [3] Vgl. den Beleg bei Kluge 873 und weitere Beispiele bei Grimm 31,232-233. [4] Weimarer Ausgabe 4,26,16. [S] Frz. »pomme de discorde«; russ. »яблоко раздора« (jabloko rasdora).

Die Zeit heilt alle Wunden

**Mit der Zeit läßt ein Schmerz nach, kann ein Schicksals-
schlag verkraftet werden (vgl. »Kommt Zeit, kommt
Rat«).**

Bei Stobaios ist dieses Wort als ein Fragment des griechischen Komödiendichters Menander (342-291 v. Chr.) erhalten: »Der Arzt für alle notwendigen Übel (vgl. → notwendiges Übel) ist die Zeit; dieser wird auch dich jetzt heilen.«[1]
Der Gedanke von der Zeit als einem Arzt klingt aber auch
schon bei dem Arzt Euryphon von Knidos im 5. Jh. v. Chr.
an, der die Zeit als seinen Lehrmeister bezeichnet haben
soll.[2]

Das Motiv der Zeit als Ratgeber ist sogar noch älter und
wird auf Thales von Milet zurückgeführt, der sagte: »Das
deutlichste Beweismittel für alle Dinge ist die Zeit, denn
diese macht die Wahrheit offenbar.«[3]

L̄ Büchmann 308; Der neue Büchmann 374; Duden 11,828. [1] Fr.
652 Körte (= CAF 3,196 Fr. 677) aus Stob. 4,56,22 »Πάντων ἰατρὸς
τῶν ἀναγκαίων κακῶν | χρόνος ἐστίν· οὗτος καὶ σὲ νῦν ἰάσεται.«
[2] Stob. 1,8,40a: »Als der Arzt Euryphon nach dem Lehrer gefragt
wurde, bei dem er zur Schule gegangen sei, sagte er: ›Bei der Zeit‹.«
[3] Stob. 1,8,40a.

Zeit ist Geld

**Zeit ist kostbar und darf nicht verschwendet werden,
da sie mit Geldverdienen genutzt werden kann.**

Schon der Aristotelesnachfolger und Schriftsteller Theo-
phrast (um 300 v. Chr.) soll die Zeit ständig als kostbar
bezeichnet haben.[1]

Goethe benutzte 1797 in einem Brief eine sich an diese

griechischen Vorbilder anlehnende lateinische Fassung unbekannter Herkunft: »Tempus divitiae, tempus ager meus« (Die Zeit ist mein Schatz, Zeit ist mein Acker).[2] Das englische »Time is money« wurde bereits Mitte des 18. Jh. von Benjamin Franklin verwendet.[3] Daraus oder aus dem Lateinischen ist das deutsche »Zeit ist Geld« übersetzt.

L Büchmann 307-308; Der neue Büchmann 374; Duden 11,827; Duden 12,558; Macrone 210. [1] Diog. Laert. 5,40: »Und er sagte unablässig, daß die Zeit eine kostbare Ausgabe sei« (συνεχὲς τε ἔλεγε πολυτελὲς ἀνάλωμα εἶναι τὸν χρόνον) [2] Brief vom 26. 4. 1797 an Fritz von Stein, Weimarer Ausgabe 4,12,99; im »Westöstlichen Diwan. Buch der Sprüche« Nr. 12 übersetzt Goethe den Spruch selbst mit »Die Zeit ist mein Besitz, mein Acker ist die Zeit«. [3] Advice to a young tradesman written anno 1748, Werke, London 1793, 2,55: »Remember that time is money«. Vgl. Bacons Essayes (1620): »Time is the measure of business, as money is of wares« (Zeit ist der Arbeitsmesser, wie Geld der Warenmesser ist): Büchmann 308. S Engl. »Time is money«.

»Was tun?« spricht Zeus

Ausdruck so völliger Ratlosigkeit, daß sogar der Göttervater keinen Ausweg wüßte. * Beim Zeus!: Ausdruck der Verwunderung oder des Schreckens; * der zürnende Zeus: strenger Vorgesetzter; »Bedecke deinen Himmel, Zeus!« (ironisch): Halte dich zurück, misch dich nicht ein! Oder auch konkret: Hoffentlich spenden bald Wolken Schatten!

Der griechische Göttervater Zeus (Ζεύς, lat. Iuppiter) besaß für Götter und Menschen unumschränkte Macht und Autorität.

»Was tun? spricht Zeus« stammt aus Schillers Gedicht »Teilung der Erde«,[1] gelegentlich erweitert zu »Was tun, spricht Zeus, die Götter sind besoffen!«. Die Redensart »Bedecke deinen Himmel, Zeus!« ist der Beginn von Goethes Gedicht »Prometheus«, in dem dieser stolz seine Verachtung gegenüber Zeus zum Ausdruck bringt: »Bedecke deinen Himmel, Zeus, | mit Wolkendunst, | und übe, dem Knaben gleich, | der Disteln köpft, | an Eichen dich und Bergeshöhn; | mußt mir meine Erde | doch lassen stehn ...« Indem Prometheus den Menschen gegen den Willen des Zeus das Feuer brachte, zog er sich dessen Zorn und Strafe zu.

Ⓛ Büchmann 67; Duden 11,739; Duden 12,66; Rannacher 46.
[1] Anonym erschienen in seiner Monatsschrift »Die Horen«, Tübingen 1795, 4,11, S. 17.

* Zoïlus

Hämischer, kleinlicher Kritiker.

Zoïlos (Ζωΐλος, lat. Zoilus) war ein griechischer Historiker und Grammatiker im 4. Jh. v. Chr., der seine Zeitgenossen respektlos kritisierte.[1] Er verriß auch die Gedichte Homers, indem er sie zerpflückte und dabei bewußt zu wörtlich nahm oder mißverstand, um sprachliche und inhaltliche Fehler aufzudecken und vorzuführen. Er erhielt daher den Beinamen »Homerpeitscher« (griech. Ὁμηρομάστιξ, sprich: Homäromastix) und wurde von späteren Autoren selbst heftig angegriffen oder korrigiert.

Ⓛ Rannacher 46.   [1] Platon: Dion. Hal. ep. ad Pomp. 1,4.16; Ail. var. 11,10; Isokrates: Suda s. v. Ζωΐλος (Nr. 130).   [2] Zu Details und Quellen siehe Der Kleine Pauly 5,1549-1550 Nr. 4.

zyklopisch

Riesig, gewaltig, maßlos (auch: zyklopenhaft; z.B.:
z. Mauer, Tiefe, Dicke, Höhe; * z. Zeit der Recken und
Rüpel/* z. Rechte [Tatze]; Zyklopenbau, Zyklopenhände,
Zyklopenarme); oder: grob, roh, ungeschlacht, gemein;
Zyklop: grober, dümmlicher Mensch (z.B. * ungeschlach-
ter Z.: [berlinerisch] grober Handlanger, Müll- oder
Bierkutscher; schwarz wie ein Z.: dreckig, ungepflegt);
Pl. * Zyklopen: [Marinesprache] Maschinenpersonal;
* Zyklopensuppe: [berlinerisch] Suppe, auf der nur ein
Fettauge schwimmt.

Die Zyklopen (»Rundaugen«, gr. Κύκλωπες, Sg. κύκλωψ,
lat. Cyclops) waren von Poseidon abstammende Riesen mit
einem einzigen runden Auge auf der Mitte der Stirn;[1] sie
wurden von Uranos gefesselt in den Tartaros geworfen, von
Zeus jedoch befreit.[2] Für ihn schmiedeten sie Donnerkeile
und Blitze[3] und dienten in der Schmiedewerkstatt des Hephaistos als Gehilfen.[4] Auch sollen sie die gewaltigen Stadt-
mauern der Burgen Tiryns und Mykene errichtet haben.[5]
Schließlich aber tötete Apollon die Zyklopen aus Rache dafür, daß Zeus mit ihrem Blitz seinen Sohn Asklepios getötet hatte.[6] Am bekanntesten ist der Zyklop Polyphem, der
sechs Gefährten des Odysseus fraß und von diesem gebeln-
det wurde.[7]

Im übertragenen Sinne erscheinen die Zyklopen in der
Antike nur als Bezeichnung für einen bestimmten schlechten Wurf beim Würfelspiel.[8] Deutsch hingegen findet sich
die metaphorische Verwendung von »Zyklop« wie auch
»zyklopisch« seit Mitte des 16. Jh.;[9] z.B. spricht in Goethes
»Faust II« Mephistopheles (als Phorkyas) zu Helena über
eine neue Burg bei Sparta, viel kunstvoller als die Burgen

der Frühzeit errichtet: »Das ist was anderes gegen plumpes
Mauerwerk | Das euere Väter, mir nichts dir nichts, aufge-
wälzt, | Cyklopisch wie Cyklopen, rohen Stein sogleich | Auf
rohe Steine stürzend ...«[10]

L Grimm 32,1451-1452; Küpper 959; Rannacher 46-47; Röhrich
4,1436. [1] Apollod. 1,1,1. [2] Apollod. 1,1,1; Hes. Theog. 501-
506. [3] Hes. Theog. 139-141. [4] RE 11,22,328-2347 mit Quellen. [5] Tiryns: Bakchyl. 11,77-81; Paus. 2,25,8; Apollod. bibl. 2,2,1;
Mykene: Paus. 2,16,5. [6] Eur. Alc. 3-7; Diod. 4,71,3; Apollon tötete
ihre Söhne: Schol. Eur. Alc. 1. [7] Hom. Od. 9,166-566. [8] Vgl. RE
11,22,346. [9] Grimm 32,1451-1452 mit diversen Beispielen. 10:
V. 9018-9021.

Zyniker

**Zu bissigem Spott neigender, höhnischer, gemeiner
Mensch; zynisch: bissig, höhnisch, gemein, abwertend,
verächtlich (z. B. z. Lachen, Grinsen, Verhalten, Auftreten,
Benehmen, z. Frechheit); Zynismus: bissiges Auftreten,
grausamer Spott.**

Die Anhänger des griechischen Philosophen Antisthenes erhielten wegen ihres »hündischen« Lebens, d. h. wegen ihrer
bedürfnislosen Lebensweise und ihrer rücksichtslos-bissi-
gen Umgangsformen, den Namen »Kyniker« (griech. κυνι-
κός »hündisch« [von κύων »Hund«], lat. Cynicus).[1] Nach
anderer Deutung entstand die Bezeichnung dadurch, daß
Antisthenes in Athen im Gymnasion »Kynosarges« (Κυνό-
σαργες) lehrte[2] – die Bedeutung des Wortes ist zwar umstritten, enthält aber in jedem Fall das Wort κύων (Hund). »Die
Hündischen« als Gruppenbezeichnung deutete in jedem Fall
auch an, daß die »Kyniker« auf körperliche Hygiene wenig

Wert legten und sich mit ihrer radikal-asketischen Lebensweise an den Rand der Gesellschaft stellten.

Der bekannteste Kyniker ist Diogenes von Sinope (um 400-325 v. Chr.), der auf asketische Weise in einer Tonne lebte. Er bekannte sich vor Alexander dem Großen stolz zu seinem Spitznamen »der Hund« und begründete ihn mit den Worten: »Weil ich die umwedle, die mir etwas geben, die anbelle, die mir nichts geben, und die Schlechten beiße.«[3] So soll denn auch das Grab des Diogenes ein Hund aus parischem Marmor geschmückt haben.[4]

In der abgewandelten Bedeutung von »unkonventionell, die Normen mißachtend« wurde das französische »cynique« im 17. Jh. von Boileau und Voltaire gebraucht und als »Cyniker/Zyniker« und »cynisch/zynisch« ab dem 18. Jh. ins Deutsche übernommen;[5] heute wird damit noch weitergehend eine Gefühllosigkeit bis hin zu bewußter Verletzung anderer bezeichnet. Bereits Theodor Fontane erklärte: »Zynisch ... ist ein oft gebrauchtes Wort, und ich möchte sagen, zynisch ist so viel wie roh und brutal.«[6]

Oscar Wilde definierte einen Zyniker so: »Was ist ein Zyniker? – Eine Person, die den Preis von allem und von nichts den Wert kennt«.[7] George Meredith formulierte überspitzt: »Zyniker sind nur glücklich, wenn sie die Welt für andere so öde machen, wie sie sie für sich selbst gemacht haben.«[8]

[L] Büchmann 361; Grimm 32,1455-1456; Macrone 55-56; Rannacher 47. Weiterführende Lit.: RE 12,23,3-24. [1] Elias CAG 18, 111,1-2. [2] Diog. Laert. 6,13. [3] Diog. Laert. 6,60; vgl. 6,33. [4] Diog. Laert. 6,78. [5] Grimm 32,1455-1456 mit diversen Belegen. [6] Werke (1905) 1,4,400 nach Grimm 32,1456. [7] Oscar Wilde, Lady Windermere's Fan (1892): »What is a cynic? – a person who knows the price of everything and the value of nothing.« [8] George Meredith, The Egoist (1879): »Cynics are only happy in making the world as barren to others as they have made it for themselves.« [S] »a Cynic« seit dem 16. Jh., zunächst im Sinne von »hündisch, verwahrlost« (z. B. Robert Greene, Pandosto, 1588; anonym, The Pilgrimage to Parnassus, 1597, 4,468; Phrase »snarling cynics« häufig bei John Marston), seit dem 19. Jh. im heutigen Sinne; frz. »cynique«.

Literaturhinweise

Bartels: Klaus Bartels, Veni vidi vici. Geflügelte Worte aus dem Griechischen und Lateinischen, 3. Aufl. München 1997

Borchardt-Wustmann-Schoppe: W. Borchardt/G. Wustmann/G. Schoppe, Die sprichwörtlichen Redensarten im deutschen Volksmund nach Sinn und Ursprung erläutert, 7. Aufl. (neu bearb. von Alfred Schirmer) Leipzig 1954

Boschius: Jacobus Boschius, Symbolographia sive de arte symbolica sermones septem [...], Augsburg 1701, Nachdruck Graz 1972. [Zitiert werden jeweils die Abteilung (classis) und die Abbildungsnr. (beides in arabischen Ziffern; im Werk lateinisch)]

Büchmann: Geflügelte Worte. Der klassische Zitatenschatz, gesammelt und erläutert von Georg Büchmann, fortgesetzt von Walter Robert-tornow u. a., 41., durchges. Aufl., bearbeitet von Winfried Hofmann, Berlin 1998

Der neue Büchmann: Der neue Büchmann. Geflügelte Worte. Gesammelt und erläutert von Georg Büchmann. Fortgesetzt von Walter Robert-tornow u. a., bearbeitet und weitergeführt von Eberhard Urban, Niedernhausen/Ts. 1994

Der Kleine Pauly: Der Kleine Pauly. Lexikon der Antike, 5 Bde., München 1979

Die deutschen Museen: Stepan, Peter (Hrsg.), Die deutschen Museen, Braunschweig 1983

Duden 11: Duden Redewendungen und sprichwörtliche Redensarten. Wörterbuch der deutschen Idiomatik, Bearbeitet von Günther Drosdowski und Werner Scholze-Stubenrecht, überarb. Nachdr. der 1. Aufl., Mannheim 1998.

Duden 12: Duden Zitate und Aussprüche. Bearbeitet von Werner Scholze-Stubenrecht, überarb. Nachdr. der 1. Aufl., Mannheim 1998 [der Band enthält leider sehr viele Druckfehler bei griechischen Zitierungen].

Frenzel, Motive: Elisabeth Frenzel, Motive der Weltliteratur. Ein Lexikon dichtungsgeschichtlicher Längsschnitte, 2. Aufl. Stuttgart 1980

Frenzel, Stoffe: Elisabeth Frenzel, Stoffe der Weltliteratur. Ein Lexikon dichtungsgeschichtlicher Längsschnitte, 6. Aufl. Stuttgart 1983

Fritsch: Andreas Fritsch, Index sententiarum ac locutionum. Handbuch lateinischer Sätze und Redewendungen, Saarbrücken 1996

Grimm: Deutsches Wörterbuch von Jacob und Wilhelm Grimm, 33 Bde., Leipzig 1889, Nachdruck München 1984

Hunger: Herbert Hunger, Lexikon der griechischen und römischen Mythologie, Reinbek 6. Aufl. (gek.) 1974

Kerényi: Karl Kerényi, Die Mythologie der Griechen, 2 Bde., München 1966

Kluge: Friedrich Kluge, Etymologisches Wörterbuch der deutschen Sprache, Berlin 21. Aufl. 1975

Kunze: Max Kunze (Hrsg.), Antike(n) – auf die Schippe genommen. Bilder und Motive aus der Alten Welt in der Karikatur, Mainz 1998

Küpper: Heinz Küpper, Wörterbuch der deutschen Umgangssprache, Stuttgart 1987

Macrone: Michael Macrone, It's Greek to Me! Brush up your classics, New York 1991

Mieder: Wolfgang Mieder, Deutsche Sprichwörter in Literatur, Politik, Presse und Werbung, Hamburg 1983

Moritz: Karl Philipp Moritz, Götterlehre, mit einem Nachwort von Wilhelm Haupt, Frankfurt a. M. 1979

Otto: August Otto, Die Sprichwörter und sprichwörtlichen Redensarten der Römer, Leipzig 1890, Nachdruck Hildesheim 1962

Otto, Nachträge: Reinhard Häussler (Hrsg.), Nachträge zu A. Otto, Sprichwörter und sprichwörtliche Redensarten der Römer, Darmstadt 1968

Passe: Crispijn van de Passe, Metamorphoseon Ovidianarum, [Cologne] 1602, Edited with Introductory Notes by Stephen Orgel (The Philosophy of images, 8), New York 1979

Rannacher: Rannacher, Griechisches im täglichen Leben, Leipzig 1922

RE: Paulys Realencyclopädie der classischen Altertumswissenschaft. Neue Bearbeitung Stuttgart 1894 ff. [Band, Halbband, Spalte]

Röhrich: Lutz Röhrich, Lexikon der sprichwörtlichen Redensarten, 5 Bde., Freiburg i. Br. 1994

Rössing: Roger Rössing, Wie der Hering zu Bismarcks Namen kam. Unbekannte Geschichten zu bekannten Begriffen, o. O. o. J.

Stichwörter: Friedrich Maier (Hrsg.), Stichwörter der europäischen Kultur (Antike und Gegenwart). Lateinische Texte zur Erschließung europäischer Kultur), mit Lehrerkommentar (Komm.), 2. Aufl., Bamberg 1992

Stichwörter Komm.: Friedrich Maier (Hrsg.), Stichwörter der europäischen Kultur (Antike und Gegenwart). Lateinische Texte zur Erschließung europäischer Kultur). Lehrerkommentar, 2. Aufl. Bamberg 1992

Voss: Karl Voss, Redensarten der englischen Sprache (Englisch in der Tasche 2. Teil), Frankfurt a. M. / Berlin 1967

Wiesenthal: Maximilianus Wiesenthal, Quaestiones de nominibus propriis, quae Graecis hominibus in proverbio fuerunt, Barmen 1895